Ces pierres qui guérissent...

Ces pierres qui guérissent...

Guide pratique de lithothérapie

Philip Permutt

Le Courrier du Livre
21, rue de Seine
75006 PARIS

Chez le même éditeur :
L'énergie des cristaux, Mary Lambert
Cristaux au quotidien, Christina Rodenbeck

Conception : Jerry Goldie
Éditeur : Liz Dean
Illustration : Trina Dalziel
Photographie : Roy Palmer, Geoff Dann
Couverture : Goeff Dann

Titre original : *The Crystal Healer*
© Cico books, 2007
© Texte Philip Permutt, 2008
© Le Courrier du Livre, 2007
pour la traduction en français

Traduit de l'anglais par Laurence Le Charpentier

ISBN : 978-2-7029-0630-9
Imprimé en Chine

Les informations contenues dans cet ouvrage ne sauraient remplacer un avis autorisé. Avant toute automédication, consultez un praticien ou un thérapeute qualifié.

SOMMAIRE

Introduction aux cristaux — 6

Chapitre 1 : Préparation au travail avec les cristaux — 12
Choisir et travailler avec un pendule — 14
Nettoyer les cristaux — 16
Préparer son espace de travail — 18

Chapitre 2 : Travailler avec les cristaux — 20
La méditation avec le cristal — 21
Les élixirs de cristal — 23
Travailler sur ses chakras — 24
Les cristaux dans votre environnement — 28

Chapitre 3 : Le guide pratique des cristaux — 32
Choisir son cristal en fonction de sa couleur — 36
Rouge, orange, jaune, vert, rose, arc-en-ciel, multicolore, bleu, violet, blanc/transparent, noir, gris, brun

Chapitre 4 : Cristaux-remèdes — 104
Cristaux-remèdes pour les affections physiques — 106
Cristaux-remèdes pour les troubles émotionnels — 124
Cristaux-remèdes pour l'épanouissement spirituel — 134
Cristaux-remèdes pour l'amélioration de la qualité de vie — 137

Glossaire — 140
Index — 142
Remerciements — 144

Introduction aux cristaux

Les cristaux sont utilisés par les guérisseurs et les chamans du monde entier depuis des milliers d'années. Leur usage remonte à plus de 5 000 ans selon des traités de médecine traditionnelle chinoise, des textes ayurvédiques de l'Inde et la Bible, rassemblant plus de 200 références aux cristaux, à leurs pouvoirs curatifs et à leurs associations.

Des cristaux furent découverts dans le monde entier, à l'intérieur de tombes préhistoriques de diverses cultures, de la civilisation olmèque d'Amérique Centrale à celle des Pharaons de l'Ancienne Égypte. Le philosophe grec Théophraste (372-287 av. J.-C.) est l'auteur d'un texte intitulé *Peri Lithon* (Des Pierres), constituant la base de classification scientifique contemporaine des minéraux. Théophraste présentait une taxinomie des pierres connues, de leurs origines, de leurs propriétés physiques et magiques, et de leurs pouvoirs guérisseurs. Bien que leurs origines et propriétés physiques soient toujours d'actualité pour la communauté scientifique contemporaine, les pouvoirs magiques guérisseurs des cristaux sont toutefois restés dans l'ombre.

De nos jours, les peuples du monde entier entretiennent une affinité naturelle avec les cristaux et leurs pouvoirs thérapeutiques. Plusieurs de mes élèves affirment qu'utiliser les cristaux s'apparente « à une méthode de guérison naturelle », ou attestent : « J'ai l'impression de les avoir toujours utilisés ». Les propriétés curatives des cristaux sont universelles.

Quelle est la nature des cristaux ?

Les cristaux sont des éléments solides naturels constitués de minéraux, formés à l'intérieur de la surface de la Terre. Bien qu'il existe de nombreuses formes, couleurs et tailles différentes de minéraux, chaque type de cristal présente un arrangement atomique précis.

Les cristaux peuvent être identifiés par l'intermédiaire de leur couleur – bien qu'à l'intérieur d'un type de cristal particulier puissent exister des variations significatives de couleur – ainsi que par leur degré de dureté. Le degré de dureté d'un cristal est exprimé par l'échelle de dureté des minéraux de Mohs. Cette échelle porte le nom de son créateur, le scientifique allemand Friedrich Mohs, et indique la dureté de chaque minéral, les uns par rapport aux autres.

Comment agissent les cristaux

Il existe de nombreuses interprétations – mystique, magique, scientifique et pseudo-scientifique – pour expliquer les propriétés curatives des cristaux. Deux explications incluent l'effet piézoélectrique (la capacité à générer un voltage en réaction à une pression mécanique) et l'effet pyroélectrique (la capacité des cristaux de générer un potentiel électrique en réaction à un changement de température). D'autres explications communes relatives aux pouvoirs guérisseurs des cristaux se rapportent à la chaleur, à l'électricité et « à la concentration de l'énergie ». L'effet placebo (selon lequel un élément de guérison produit un effet thérapeutique, car le receveur en est convaincu) et la magie sont également utilisés pour confirmer les effets bénéfiques des cristaux.

La preuve scientifique

À ce jour, bien que la science n'ait pas réussi à prouver l'influence directe des cristaux sur une maladie ou une condition particulière, elle a pu démontrer que les minéraux émettent des vibrations et produisent des effets piézoélectriques et pyroélectriques. Il a pu également être observé que les cristaux retiennent la chaleur et l'électricité et concentrent l'énergie de la lumière. Ces propriétés spécifiques ont abouti a de nombreuses applications pratiques, allant de l'usage des cristaux de quartz dans les montres jusqu'au développement des lasers.

Il est également prouvé scientifiquement que l'effet placebo se produit au cours du travail avec les cristaux (en cela il se manifeste toujours au cours de tout type de procédé thérapeutique, y compris dans le cas de prescriptions de médicaments). Finalement, l'explication que les cristaux opèrent par magie présente également quelque validité si la magie est définie comme « ce qui se trouve au-delà de notre compréhension à ce point précis ».

Les recherches scientifiques sur les propriétés des cristaux se poursuivent. Des recherches récentes sur le quartz ont démontré ce que les lithothérapeutes « connaissaient déjà » : les cristaux accroissent la fréquence de la lumière les traversant. La physique quantique (une branche de la physique qui observe le mouvement et l'interaction des particules subatomiques) contribuera peut-être à une plus grande compréhension du fonctionnement des cristaux.

Des bienfaits thérapeutiques
L'unakite pourra vous aider à identifier les causes sous-jacentes d'une affection ; elle est aussi associée à la fertilité, et vous aidera à vivre pleinement le moment présent.

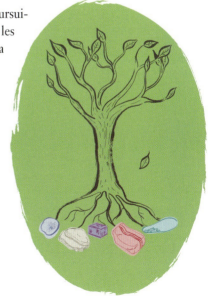

Introduction aux cristaux

Les cristaux en action

Ce simple exercice vous permettra d'observer la façon dont les cristaux canalisent l'énergie de la lumière.

1. Tenez une pointe de quartz transparent à une distance de 2 à 5 cm de la paume de votre main. Pointez le cristal vers votre paume.

2. Faites tourner le cristal en petits cercles, dans le sens des aiguilles d'une montre. Vous pourrez percevoir un point de lumière situé soit directement devant le cristal soit décalé sur le côté. Tandis que vous faites tourner le cristal, ce point lumineux se déplacera dans la paume de votre main. Plus le cristal sera transparent, plus il sera aisé de percevoir cet effet.

Essayez à présent ce deuxième exercice afin de ressentir l'énergie du cristal.

1. Mettez-vous debout, les yeux fermés et les mains tendues devant vous, les paumes tournées vers le haut.

2. Demandez à un ami de tenir un cristal de quartz à une distance de 2 à 5 cm d'une de vos paumes (la pointe dirigée vers la paume) et de le faire tourner lentement. Vous remarquerez la différence de sensation entre cette paume et celle de l'autre main. Comme nous ne possédons pas de vocabulaire pour décrire l'énergie, nous pouvons cependant décrire cette différence comme étant tangible. Observez vos sensations physiques comme une main semblant plus chaude, plus froide, plus lourde, plus légère, qui vous démange, etc. Prenez conscience de vos sensations ou sentiments. Ces sensations seront parfois très subtiles. Vous décrirez peut-être l'énergie du cristal comme étant agréable – la description vous appartient en propre.

Conseil : Essayez de secouer les mains énergiquement avant d'effectuer cet exercice ; cela permettra de favoriser votre perception de cette énergie subtile.

Ressentir l'énergie
Lorsqu'un cristal de quartz se trouve à quelques centimètres de votre paume, vous ressentirez peut-être l'effet du cristal en tant que changement de température ou comme une autre altération de sensation.

Qu'est-ce que la lithothérapie ?

Les cristaux canalisent l'énergie. Ils peuvent concentrer, emmagasiner, transmettre et transmuer cette énergie, pour obtenir une guérison bénéfique et des effets énergisants.

Accélérer les processus naturels

La lithothérapie est liée au changement ; elle consiste à travailler avec les cristaux afin d'améliorer votre santé physique et mentale, votre bien-être émotionnel et votre développement spirituel. Les cristaux n'effectueront pas ce que vous-même (ou votre corps) ne pouvez accomplir, mais ils accélèreront les évènements qui se produiraient inéluctablement. Par exemple, la cornaline (voir page 39) soulage les rhumes. Cependant, au lieu de guérir le rhume, elle en accélèrera les symptômes. De manière caractéristique, la cornaline fera empirer les symptômes de votre rhume sur une durée de 12 heures environ, pendant que votre corps se débarrassera rapidement du virus. Ensuite, au lieu de supporter les trois semaines habituelles d'écoulement nasal, de quintes de toux et d'éternuements, vous vous sentirez simplement soulagé. Votre corps est tout à fait capable de gérer le rhume à lui seul, cependant la cornaline accélèrera le processus de guérison.

La guérison pendant la vieillesse

À présent, pensez au procédé de guérison au cours de la vie : lorsque nous sommes jeunes, le corps se débarrasse de toutes sortes de maladies ; tandis que nous avançons en âge, résister à la maladie devient un challenge; et lorsque nous atteignons le troisième âge, les mêmes maladies dont nous nous étions débarrassés facilement par le passé peuvent mettre notre vie en péril. La raison pour laquelle nous devenons plus vulnérables physiquement alors que nous vieillissons est que notre corps n'est plus en mesure de se réparer tout seul aussi rapidement. Les cristaux permettent au corps d'accélérer sa capacité d'autoguérison.

Développement mental, émotionnel et spirituel

En supplément d'accélérer la guérison physique, les cristaux peuvent également accélérer d'autres processus, au niveau de la santé mentale, du soulagement émotionnel, du développement spirituel ou de l'éveil de la conscience. Tous les cristaux vous permettront d'accélérer ces processus, et certains minéraux, plus particulièrement ceux qui vous attirent (voir page 12), accroîtront votre épanouissement de manière exponentielle.

En étant assis tranquillement, focaliser votre esprit durant 10 minutes sur un cristal de quartz tenu dans votre main vous permettra de vous centrer et vous aidera à apaiser votre esprit. Les cristaux vous aideront à vous ouvrir à de nouvelles opportunités, et à ce moment précis, des changements surprenants commenceront à se manifester miraculeusement dans votre vie. Que vous commenciez tout juste votre voyage avec les cristaux ou que vous arriviez à une nouvelle étape sur votre chemin de vie, faites un grand pas en avant et appréciez pleinement cette expérience transformatrice apportée par les minéraux.

Des guérisseurs intuitifs
Les cristaux qui vous attireront refléteront les qualités et les valeurs que vous désirez intégrer à votre vie. À partir du haut et suivant le sens des aiguilles d'une montre : la rhodocrosite (rose foncé), la fluorite bandée (vert/violet), la fluorite pourpre, la chrysocolle (bleue), la citrine (jaune) et le quartz rose.

Introduction aux cristaux

Les bienfaits des cristaux

Les cristaux améliorent votre état de bien-être général, et réduisent ou même éliminent les symptômes de la maladie (fréquemment des symptômes chroniques). Ils accélèrent également l'arrivée de changements dans votre vie et facilitent des choix de style de vie bénéfiques à la santé et au rétablissement. Selon mon expérience, chaque personne travaillant avec les cristaux a pu généralement constater une amélioration de sa qualité de vie. Et celles bénéficiant d'un traitement complet ont pu percevoir un profond et durable changement à tous les niveaux. Il peut s'agir parfois d'une période particulièrement courte – presque instantanée – ou d'un changement qui s'opère sur une durée couvrant des semaines ou des mois.

Les bienfaits tangibles de la guérison par les cristaux au niveau de la vie quotidienne en prouvent l'efficacité. Sans aucun doute, un jour prochain on inventera une machine permettant de mesurer l'action des cristaux, ou on concevra une expérimentation prouvant l'existence de la guérison par les cristaux, mais d'ici là, les minéraux resteront des instruments magiques permettant de faciliter le processus de guérison à tous niveaux : physique, émotionnel, mental et spirituel.

Travailler avec les Esprits de Pierre

J'emploie dans ce livre le terme « travailler avec » les cristaux plutôt que le mot « utiliser ». La raison en est simple : les cristaux sont pour moi des Esprits de Pierre, et plus vous travaillerez avec un cristal particulier, plus vous le connaîtrez comme vous arrivez à connaître un partenaire ou un ami. Plus vous passerez de temps en sa compagnie, plus vous vous entendrez, plus vous apprendrez l'un de l'autre et plus vous travaillerez en collaboration avec efficacité. Tout comme vous n'utilisez pas les gens, vous ne devez pas utiliser les cristaux.

Plus vous travaillerez longtemps avec les cristaux, plus vous réaliserez qu'ils sont vraiment vos amis. Ils vous offriront une aide secourable en cas de besoin, et une excellente compagnie pendant les périodes plus heureuses et de bien-être. Les Esprits de Pierre, comme tout partenaire, arriveront dans votre vie, en sortiront, et certains deviendront vos amis éternels.

Familiarité
Travailler avec les cristaux sur une période donnée signifiera développer une certaine familiarité à leur égard, permettant d'intensifier leurs propriétés curatives.

Comment utiliser ce livre

Cet ouvrage est issu de mon parcours personnel en compagnie des minéraux au cours des treize dernières années. Mes informations proviennent directement de mes clients, de mes cours et des élèves. Certaines données ont également été obtenues à partir de recherches effectuées sur des textes anciens et contemporains. Lorsqu'elles ont été utilisées, dans la mesure du possible, j'ai personnellement testé ces données sur moi-même ou sur des élèves volontaires. Voici la manière de vous servir de ce livre.

Les deux premiers chapitres expliquent les principes de la guérison par les cristaux, examinant la manière dont les pierres peuvent transmettre et amplifier l'énergie. Vous apprendrez à pratiquer la radiesthésie avec un pendule de cristal, à vous connecter à vos capacités intuitives et à comprendre la manière dont les guérisseurs travaillent avec les cristaux et les chakras – ou centres d'énergie – du corps afin de rééquilibrer les systèmes énergétiques et favoriser la guérison.

Le chapitre "Guide pratique des cristaux" fournit un moyen particulièrement simple de découvrir ce que pourront vous apporter les cristaux. Nous en possédons fréquemment que nous ne pouvons pas identifier – sertis sur des bijoux reçus en cadeau ou sous forme de petites pierres éparpillées dans la maison. Nous ne possédons que des données relatives à leur forme et à leur couleur, mais rien quant à leurs propriétés. Comparez vos cristaux avec les images et les descriptions, identifiez votre pierre et découvrez ses propriétés étonnantes qui favoriseront votre équilibre au niveau mental, physique et spirituel.

Dans les "Cristaux-remèdes", localisez la maladie et sélectionnez les cristaux appropriés pour votre traitement. Répartis en quatre sections – affections physiques, troubles émotionnels, épanouissement spirituel et amélioration de la qualité de vie – vous trouverez certainement les cristaux adaptés pour vous assister, des migraines aux douleurs musculaires, du rhume jusqu'au rétablissement de la confiance en vous. Présentant des descriptions complètes sur la manière de travailler avec les cristaux pour traiter chaque situation, vous découvrirez que la guérison par les cristaux peut se révéler à la fois gratifiante et simple à pratiquer.

Où que vous vous situiez sur votre chemin de vie, que ce livre vous aide à aborder chaque changement, tandis que vous vous dirigez vers la santé, le bonheur et l'harmonie.

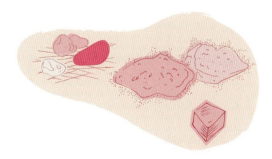

Chapitre 1: Préparation au travail avec les cristaux

Afin de commencer à travailler avec les cristaux, vous devrez choisir ceux qui seront adaptés à votre personnalité. Apprenez à entrer en contact avec leurs diverses énergies – développer vos capacités intuitives par la radiesthésie avec un pendule pourra vous aider à prendre confiance en ces capacités (voir pages 14-15). Découvrez ici la manière de nettoyer et purifier vos cristaux, et de préparer votre espace de travail, afin de démarrer le processus de guérison.

Choisir les cristaux

Vous pouvez choisir un cristal pour qu'il vous aide à résoudre un problème ou une affection spécifique (voir le répertoire des affections pages 107 à 123), ou simplement parce qu'il vous attire.

Les cristaux qui vous attirent

Lorsque vous contemplez une collection de cristaux, certains vous attireront plus que d'autres. Ils peuvent être magnifiques, étincelants ou intéressants, ou vous attirer encore et encore. Ils vous aideront toujours, parfois de façon étrange et merveilleuse. Après avoir fait votre choix parmi ces cristaux, vous découvrirez sans doute que ce sont les plus appropriés pour vous aider ou aider un de vos proches.

Parfois les cristaux peuvent se révéler prémonitoires, en ce qu'ils permettront de vous aider pour un problème ou un questionnement à venir. La première fois où j'ai pu observer ce phénomène, j'effectuais de la radiesthésie avec les cristaux pour un client dans mon magasin. La citrine fut choisie et je sus intuitivement qu'elle faisait référence à sa digestion. Il m'affirma vigoureusement qu'il ne ressentait rien d'anormal à cet instant, ou par le passé. J'insistais, lui de même, et il acheta le cristal. Quelques jours plus tard, il me téléphona pour m'apprendre qu'étant sorti dîner inopinément la veille au soir, il avait été le seul à échapper à l'intoxication alimentaire qui avait malheureusement sévi parmi la compagnie. Il portait la citrine sur lui au cours de ce dîner !

Quelle que soit la fonction des cristaux que vous aurez choisis, celle-ci ne vous sera révélée qu'au moment approprié. J'ai été personnellement attiré par des cristaux de quartz spécifiques sans en connaître la raison. J'en possède un certain nombre et ils reposent sur des étagères, parfois durant plusieurs jours ou plusieurs semaines – ou même en une occasion particulière, deux années durant – cependant leur objectif s'est toujours précisé.

Rétrospectivement, chacun d'eux correspondait au cristal adapté à un événement spécifique ou à une personne très particulière. Par conséquent, lorsque vous êtes attiré par un cristal, ne vous préoccupez pas d'en connaître la raison, faites-vous simplement confiance. Après avoir fait votre choix, vous pourrez découvrir les capacités du cristal choisi en consultant le chapitre "Guide pratique des cristaux" (voir pages 32 à 103).

Des cristaux pour une autre personne

Si vous devez choisir un cristal pour quelqu'un d'autre, pensez à cette personne ou à son objectif lors de la sélection. Vous pouvez regarder une photographie la représentant, tenir dans vos mains un de ses objets personnels, répéter son nom comme un mantra ou l'écrire sur une feuille de papier. Gardez l'esprit ouvert. Les cristaux vous choisiront, ils vous le signaleront en donnant l'impression de crier, de chanter, de danser et de sauter de leur étagère afin d'attirer votre attention.

Les cristaux qui ne vous attirent pas

Vous remarquerez peut-être des cristaux que vous n'aimez pas, cependant ils peuvent également s'avérer très utiles. Vous ne les aimez pas car ils touchent quelque chose d'inconfortable et de profondément enfoui à l'intérieur de vous que vous pensiez avoir refoulé. J'ai pu voir certaines personnes éclater en sanglots ou ressentir une aversion profonde et physique en présence d'un cristal particulier.

Vous constaterez peut-être que vous évitez certaines situations dans la vie sans en connaître la raison. Lorsque vous travaillerez avec des cristaux que vous n'aimez pas, ils permettront aux problèmes enfouis de refaire surface. En conséquence, vous pleurerez peut-être, vous vous emporterez ou bien vous vous libérerez des émotions refoulées. Ce procédé peut être une expérience dure à vivre, cependant accrochez-vous, cela ne durera pas longtemps. Vous vous sentirez soulagé par la suite, et même transformé. Vous n'aurez jamais plus à éviter quelque chose dû à des problèmes refoulés et enfouis. Vos clients et vos amis sont attirés vers vous en raison de votre personnalité et de votre énergie ; par conséquent, ne soyez pas surpris si des cristaux et problèmes similaires continuent à émerger à la surface.

Magnétisme naturel
La pyrite (à gauche) et le quartz titane (à droite) sont très agréables à l'œil, cependant ils possèdent également des propriétés curatives uniques que vous attirerez peut-être inconsciemment.

Choisir et travailler avec un pendule

Un pendule vous permettra de choisir les cristaux qui vous conviennent. Tenez simplement le pendule en suspension au-dessus d'un cristal, et demandez-lui si vous faites le bon choix, puis observez les mouvements du pendule. Cette méthode connue sous le nom de radiesthésie est une capacité ancestrale naturelle de l'homme, peut-être la forme la plus ancienne de divination. L'homme recours à la radiesthésie depuis la nuit des temps. Nous pouvons confirmer cela car les écrits les plus anciens y font référence.

De nos jours, cette méthode est employée dans plusieurs domaines. Un pendule ou tout autre instrument de radiesthésie peut être utilisé pour répondre à toutes les questions que vous souhaiterez poser ; que ce soit pour savoir si une personne est malade ou localiser à proximité une source cachée ou un gisement de pétrole. La radiesthésie est utilisée à travers le monde, par les compagnies des eaux et de pétrole.

Les pendules de cristal
Les pendules de cristal les plus populaires incluent les pendules de quartz rose, d'améthyste (ci-dessus) et de quartz transparent.

Les instruments de radiesthésie

Vous pouvez utiliser un pendule, des baguettes de cuivre ou une branche fourchue pour pratiquer la radiesthésie. Le pendule est l'instrument le plus pratique et le plus facile à transporter. Les pendules sont fabriqués simplement en métal ou avec des cristaux suspendus à une chaînette ou à de la ficelle. Si vous débutez en radiesthésie, les pendules de cristal seront d'un emploi plus facile car ils amplifient l'énergie.

Choisir le pendule qui vous convient

Tenez-vous debout face à divers pendules et choisissez le premier que vous remarquerez. Ne réfléchissez pas trop au choix que vous venez d'accomplir. Demandez ensuite à votre pendule s'il est approprié à l'emploi que vous souhaitez en faire. (Vous trouverez ci-dessous une méthode pour interroger votre pendule.) Continuez ainsi jusqu'à ce que vous trouviez le pendule qui vous réponde « oui ».

Posez une question à votre pendule

Pour utiliser un pendule, tenez-le dans votre main et posez une question simple dont vous connaissez la réponse comme étant « oui ». Par exemple, si vous êtes une femme, vous pouvez demander : « Suis-je une femme ? ». Le pendule fera un mouvement particulier. Posez-lui

TRAVAILLER AVEC UN PENDULE

la question contraire et le pendule fera un mouvement différent. À présent que vous avez identifié la manière dont votre pendule répond par « oui » ou par « non », vous pourrez lui poser toutes les questions que vous souhaiterez. Pour demander à votre pendule quel cristal vous convient, tenez-le suspendu au-dessus d'un cristal à la fois et demandez : « Ai-je besoin de ce cristal ». C'est aussi simple que cela.

Comme tout instrument spirituel, les pendules réagiront en fonction de la manière dont ils seront traités. Si vous êtes sérieux, votre pendule vous donnera toujours une réponse exacte (cependant, vous devrez prêter attention à la manière dont vous formulez vos questions). Si vous considérez cela comme un jeu ou répétez continuellement la même question, votre pendule répondra en conséquence d'une manière manquant de consistance. Les pendules n'opèrent qu'au temps présent et plus l'énergie des personnes sera engagée dans une situation donnée, plus la réponse semblera correcte sur une brève période de temps brève. Par exemple, si vous tenez votre pendule au-dessus d'un cristal et lui demandez : « Ai-je besoin de ce cristal ? », la réponse sera correcte à 100 % ; vous aurez besoin de ce cristal à ce moment précis. Cependant, si vous demandez ce que vous-même ainsi que vingt de vos amis feront l'année prochaine, votre pendule vous répondra en vous disant ce que vous et vos vingt amis ont l'intention de faire en ce moment au cours de cette année à venir.

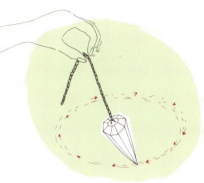

La réponse « oui »
Certaines personnes ont pu constater que leur pendule tourne suivant le sens des aiguilles d'une montre (voir à droite) pour répondre « oui » à une question.

La réponse « non »
La réponse « non » à une question peut être indiquée lorsque votre cristal oscille d'avant en arrière (voir à gauche) - cependant la réaction de votre cristal dépendra uniquement de votre personnalité.

Comment fonctionnent les pendules ?

Vous possédez un profond espace intérieur en vous. Certains l'appellent l'âme ou l'esprit, connecté à toute chose. Cet espace intérieur possède la connaissance universelle, indéniablement. Il sait s'il pleuvra ou si le soleil brillera. Il sait que cette nouvelle personne dont vous venez de faire la connaissance sera digne de votre confiance ; et il connaît les cristaux dont vous avez besoin. Lorsque vous posez une question au pendule, celui-ci oscille. Ainsi que votre bras. Mais vous ne le faites pas bouger consciemment ; vous ne pourriez pas vous arrêter si vous essayiez. Observez un radiesthésiste expérimenté à l'œuvre – ses bras bougent également. La raison est que cet espace très intelligent enfoui à l'intérieur de vous-même vous donne la réponse et la transmet à travers les muscles de votre bras. Un pendule vous donnera de cette manière une manifestation physique extériorisée de votre connaissance innée intérieure.

Nettoyer les cristaux

Les cristaux doivent être purifiés pour plusieurs raisons. Lorsque vous travaillez avec les cristaux, soit seul soit avec d'autres personnes, ils absorbent votre propre énergie, celle d'autrui et de l'environnement. Ils peuvent également devenir poussiéreux et ternes de manière flagrante. Vous reconnaîtrez qu'il est temps de nettoyer vos cristaux, lorsqu'ils auront perdu leur éclat, leur vivacité et même leur couleur. Les cristaux ayant besoin d'être purifiés semblent parfois collants au toucher.

Nettoyage à la géode
Vous pouvez nettoyer un petit cristal en le plaçant à l'intérieur d'une géode.

Bonne et mauvaise énergie

Les cristaux absorbent naturellement l'énergie de leur environnement. Toute méthode traditionnelle de purification des cristaux, allant de l'utilisation de la lumière du soleil à l'eau courante (voir page suivante) permettra d'éliminer l'excès d'énergie qu'ils auront absorbé et qui n'est plus nécessaire à présent.

Nous recherchons souvent à définir cette énergie absorbée comme étant bonne ou mauvaise, cependant il n'existe vraiment aucune différence entre les deux ; l'énergie est simplement de l'énergie, sans porter de jugement supplémentaire. Les Amérindiens utilisaient l'obsidienne pour fabriquer des pointes de flèches, et les guérisseurs recommandent de poser la pierre sur le ventre pour soulager les maux d'estomac. Les Grecs de l'Antiquité utilisaient de magnifiques globes de cristal de quartz pour cautériser les plaies, cependant, ce cristal laissé exposé à la lumière directe du soleil et cette même énergie seront capables d'incendier votre maison. Ne vous préoccupez donc pas trop de savoir si vos cristaux possèdent de l'énergie naturelle bonne ou mauvaise ; ils contiennent seulement de l'énergie, et les nettoyer permettra d'en éliminer l'excès, tout en les préparant pour leur travail de guérison.

Eliminer la poussière

Les cristaux prennent la poussière. La poussière adhérant par charge électrostatique affectera les propriétés spécifiques génératrices d'électricité des cristaux. Les cristaux poussiéreux n'opèreront pas aussi efficacement que les cristaux nettoyés, et la poussière occultera également la lumière, réduisant en conséquence la quantité de photons qu'un cristal peut focaliser. Afin d'éliminer la poussière, époussetez légèrement vos cristaux avec une brosse douce – une brosse à maquillage ou un petit pinceau seront efficaces. Époussetez-les régulièrement pour éviter toute accumulation de poussière.

Méthodes de nettoyage

Vous pouvez nettoyer vos cristaux en les plaçant dans un bol et en les immergeant dans une solution d'eau mélangée à un peu de détergent doux. Rincez-les ensuite soigneusement à l'eau pour les faire briller. Laissez vos cristaux sécher naturellement à l'air libre ou épongez-les doucement avec un chiffon doux.

Voici quelques-unes des autres méthodes traditionnelles de nettoyage des cristaux :

- À l'eau courante – Tenez votre cristal sous l'eau courante pendant quelques minutes. Cela nécessitera davantage de temps si votre pierre a été intensément mise à contribution ou n'a pas été nettoyée depuis longtemps. Évitez ce procédé si vos cristaux sont solubles dans l'eau.
- À la lumière du soleil – Laissez votre cristal exposé à la lumière du soleil. Vous pouvez également sécher vos cristaux au soleil après lavage. Attention cependant : les rayons du soleil sont concentrés par les cristaux de quartz, plus particulièrement les boules de cristal, pouvant représenter de ce fait un risque potentiel d'incendie. Prenez les précautions appropriées en ne laissant pas de quartz exposé à la lumière directe du soleil durant un long moment en votre absence ou ne le placez pas sur ou à proximité d'objets inflammables.
- À la lumière de la lune – Laissez votre cristal exposé à la lumière de la lune, plus particulièrement durant la pleine ou la nouvelle lune.
- Par la fumigation – Utilisez la fumée d'encens, de bois de santal et de sauge pour purifier votre cristal. Vous pouvez vous servir d'un bâton de plantes pour cette opération (fait d'un rouleau d'herbes séchées, brulé au cours des rituels et produisant une fumée purificatrice).
- Par la terre – Enterrez votre cristal dans la terre et laissez-le à cet endroit durant une à deux semaines ou durant les cycles lunaires. Enterrez-le lors de la pleine lune et déterrez-le à la nouvelle lune.
- Par le cristal – Placez votre cristal sur un lit d'améthystes ou un agrégat de quartz, ou encore à l'intérieur d'une géode.
- Par le son – Purifiez votre cristal des vibrations indésirables en chantant ou en tambourinant, ou encore en utilisant des cloches ou des symboles tibétains (*tingsha*).
- Par le souffle et la lumière – Soufflez sur votre cristal ou nettoyez-le par la lumière. Vous pouvez également pratiquer le reiki sur votre pierre.

Méthodes de nettoyage et de purification
Nettoyez votre cristal sous l'eau courante (ci-dessus), en le purifiant par la fumée des bâtons de plantes (à droite) et en l'exposant à la lumière naturelle du soleil (ci-dessous). Ne laissez à aucun moment les boules de quartz ou de cristal exposées à la lumière directe du soleil, car elles pourraient provoquer un incendie.

Préparer son espace de travail

Créer l'espace idéal dans lequel travailler est à la fois bénéfique et amusant. Créer un sanctuaire ou un espace sacré dans votre maison pourra vous aider à apporter à votre travail avec le cristal une ambiance spécifique significative ou cérémonielle. Si vous pouvez disposer d'une pièce entière ou en partie, votre espace de travail avec le cristal pourra être permanent. Sinon, installez-le puis rangez-le lorsque vous aurez terminé.

Situer les cristaux

Prenez le temps de préparer votre espace. Commencez par débarrasser la pièce ou la zone de travail de tout élément dont vous n'avez pas la nécessité, puis nettoyez complètement cet espace. Dressez une liste de toutes les choses qui vous sont importantes puis sélectionnez les cristaux les représentant. Vous trouverez naturellement que vous aurez besoin de cristaux de grandes dimensions pour certaines fonctions, et de plus petites pour d'autres. Placez les cristaux dans la pièce comme vous le souhaitez – rappelez-vous qu'il s'agit de votre espace ! Choisissez de la musique relaxante. Allumez quelques bougies et asseyez-vous tranquillement pendant quelque temps dans cet espace privilégié vous appartenant en propre.

Des cristaux pour votre espace personnel

Voici quelques idées de cristaux à intégrer à votre espace personnel :
- **Améthyste** – pierre relaxante, apaisante et énergisante au plan spirituel.
- **Citrine** – favorise le plaisir, le bonheur et la joie.
- **Péridot** – élimine les blocages émotionnels provoquant la manifestation d'événements et de situations indésirables dans votre vie. Il s'agit d'un excellent cristal avec lequel travailler pour le désencombrement de l'espace, ou vous donner l'impulsion nécessaire pour vous aider à vous débarrasser des possessions obsolètes et importunes.
- **Quartz** – apporte de l'énergie dans une pièce.
- **Quartz rose** – permet à l'amour de jaillir.
- **Zincite** – idéale en présentation dans les pièces consacrées à la lithothérapie, car elle établira un environnement propice à la guérison.

Plus vous travaillerez avec le même cristal afin d'obtenir un résultat, plus vous serez tous deux performants. Comme lors de l'apprentissage de toute chose, plus vous pratiquerez, plus vous vous améliorerez. Certains cristaux sont polyvalents, tandis que d'autres seront plus efficaces pour remplir une tâche spécifique ou répondre à un besoin particulier (fonctions s'apparentant au répertoire du touche-à-tout ou à la précision d'un neurochirurgien). Ces deux types de cristaux pourront s'avérer particulièrement utiles à différents moments.

Si vous choisissez de travailler avec un cristal pour un objectif particulier, programmer ce cristal permettra d'en accroître les effets bénéfiques.

Programmer un cristal

Une fois que vous avez choisi votre cristal et identifié ce que vous voulez qu'il vous aide à résoudre, prévoyez un peu de temps pour vous connecter à son énergie. Contemplez-le, remarquez ses formes, ses couleurs et les jeux de lumière. Tenez-le dans vos mains, fermez les yeux et percevez précisément la sensation que vous ressentez. Prenez conscience de ses aspects lisses, plats, en arêtes et pointus. Absorbez tous les sentiments que le cristal provoquera en vous : il peut s'agir de sensations physiques dans vos mains ou se matérialiser sous forme de sensations plus subtiles provenant de l'intérieur profond de vous-même. Rapprochez votre cristal au plus près de votre oreille et écoutez-le. De nombreuses personnes peuvent entendre la vibration physique d'un cristal. Si votre cristal ne présente aucune recommandation spécifique relative à son usage en élixir (voir page 23), goûtez-le avec la pointe de votre langue. Finalement, utilisez vos sens olfactifs afin d'explorer davantage votre cristal – de nombreuses personnes peuvent littéralement sentir la différence entre les cristaux avec cette méthode.

Le toucher cognitif
Tenir un cristal dans vos mains est l'une des manières les plus simples de vous connecter à son énergie.

Concentrez-vous sur l'objectif du cristal

Tenez maintenant votre cristal dans votre main et concentrez votre esprit sur l'objectif que vous lui réservez. Asseyez-vous au calme et imaginez (ou prétendez – ce qui est tout aussi efficace) que la pensée provenant de votre esprit pénètre au plus profond de votre pierre. Effectuez cela durant 5 à 10 minutes.

Répétez ce procédé pour programmer votre cristal

Idéalement, répétez ce procédé pour programmer votre cristal quotidiennement pendant deux semaines. Vous remarquerez que vous aurez besoin de moins de temps chaque jour pour vous connecter à un cristal donné. Demandez à votre cristal de vous assister dans l'objectif pour lequel vous l'avez programmé. Entre ces séances, vous pourrez porter votre cristal, le confier à quelqu'un ou le laisser à un endroit où il ne risquera pas d'être dérangé.

Préparation au travail avec les cristaux

Chapitre 2 : Travailler avec les cristaux

Vous pourrez ressentir les effets bénéfiques des cristaux en les plaçant simplement près de vous, en les tenant dans vos mains ou en les portant contre votre peau. Essayez de porter toujours sur vous un petit sac contenant des cristaux, à l'intérieur de votre sac à main ou de votre poche – ainsi ils opèreront à votre bénéfice à tout moment. Tenez dans vos mains ou manipulez les cristaux qui vous attirent.

Vous souhaiterez peut-être également tirer parti des bienfaits des cristaux par la méditation, afin d'apaiser votre esprit ; ou en buvant des élixirs de cristaux préparés en immergeant les pierres dans l'eau (voir page 23) – cependant, assurez-vous de vérifier que les élixirs préparés à partir des cristaux que vous aurez choisis sont consommables sans risque, en vous référant au chapitre "guide pratique des cristaux" (pages 32 à 103). Vous découvrirez également la guérison par les cristaux, relative aux centres d'énergie du corps, en plaçant des pierres spécifiques sur les sept points principaux des chakras.

Évidemment, vous choisirez peut-être simplement d'apprécier la présence de ces magnifiques cristaux dans votre environnement tout en exploitant les énergies particulières qu'ils apporteront dans votre lieu de vie – que ce soit pour favoriser la croissance des plantes de votre jardin ou la vente d'une propriété, ou encore pour adoucir l'eau ou harmoniser l'ensemble des relations importantes dans votre vie.

Des couleurs arc-en-ciel
De gauche à droite : lapis-lazuli, quartz rose, calcite orange, calcite jaune, calcite verte et fluorite pourpre.

La méditation avec les cristaux

La méditation est l'art d'apaiser l'esprit. Si vous méditez chaque jour avec vos cristaux, vous apercevrez que toutes sortes d'événements intéressants se produiront. Vous remarquerez que vous vous sentez mieux, en meilleure santé et plus fort émotionnellement. Vous serez plus calme, détendu et revitalisé. Votre esprit sera plus serein tout en vous permettant d'être réceptif à vos pensées. Et chaque projet que vous entreprendrez sera réalisé avec davantage d'efficacité. La qualité de votre vie s'améliorera progressivement.

Méditer avec les cristaux

Commencez par planifier du temps pour vous-même, où vous ne serez pas dérangé. Puis trouvez un espace calme, en temps voulu, cet espace calme pourra se situer à l'intérieur de vous, mais il est plus simple pour commencer de vous réserver un espace tangible. Débranchez le téléphone et tout autre équipement pouvant produire une sonorité ou vous distraire. Affichez un panneau « Ne pas déranger » pour éviter toute intrusion si cela est nécessaire, mettez de la musique douce, placez quelques cristaux autour de vous et allumez une bougie si vous le souhaitez.

Respirez de manière détendue et centrez-vous. Apaisez-vous. À présent, choisissez un cristal sur lequel vous focaliser, en l'explorant avec l'ensemble de vos sens. Connectez-vous au cristal et ayez conscience des sensations et sentiments qui émergent en vous, au niveau physique, émotionnel, mental et spirituel. Poursuivez ce procédé pendant au moins 10 minutes, et durant une heure entière si vous en avez le loisir. Il est important de pratiquer cette méditation quotidiennement, indépendamment du temps dont vous pourrez disposer.

Vous remarquerez que cette méditation semblera différente certains jours et variera en fonction du cristal que vous aurez choisi pour travailler. Par exemple, certains jours vous vous sentirez détendu, et à un autre moment revitalisé. Cette variation est tout à fait normale. Vous vous sentirez heureux, calme et paisible ou tendu, agité et triste. Tous ces sentiments sont parfaitement acceptables ; tenez-en compte et ne réprimez pas ceux qui vous sembleront désagréables. Ils finiront par disparaître.

Ouvrez-vous à l'énergie du cristal

Cette méditation est spécifiquement conçue pour vous permettre d'ouvrir et de libérer votre esprit, ainsi que d'apaiser votre corps, afin que vous soyez davantage réceptif à l'énergie guérisseuse des cristaux. Créez-vous un espace personnel (voir page 18). Entourez-vous d'autant de cristaux que possible. Installez-vous confortablement, soit en vous asseyant, soit en vous allongeant.

De manière à ce que vous n'ayez pas à interrompre votre méditation en vous référant aux instructions suivantes, un ami pouvant vous les lire à haute voix sera peut-être utile. Vous pourrez intervertir les rôles. Vous pourrez également vous enregistrer lisant les instructions et simplement vous réécouter sans aucune distraction.

La méditation sur le cristal

1. Tenez deux cristaux de quartz, un dans chaque main. Fermez les yeux. Sentez leur énergie dans vos mains. Imaginez que cette énergie circule vers le haut de vos bras, dans vos épaules et votre poitrine. Laissez-la remplir votre poitrine et votre cœur. Laissez-la circuler dans votre tête. Lorsque l'énergie des cristaux atteindra le centre de votre cerveau, elle commencera à lire vos pensées. L'une après l'autre, chaque pensée flotte vers l'énergie du cristal et y disparaît, encore et encore, jusqu'à ce que toutes vos pensées se soient éloignées.

2. À présent l'énergie du cristal circule lentement vers le bas de votre corps. Elle circule de nouveau par votre poitrine et entoure votre cœur, en le baignant délicatement dans une énergie de cristal limpide et calme. À partir de votre cœur, cette énergie du cristal limpide et calme se diffuse dans votre ventre et votre pelvis, vers vos jambes, dans vos pieds et au travers de vos orteils, jusqu'à ce que l'ensemble de votre corps soit rempli de l'énergie limpide et calme du cristal.

3. Immergez-vous dans cette énergie du cristal et calme pendant plusieurs minutes. Détendez-vous simplement en l'appréciant. Permettez-lui d'évacuer toutes les inquiétudes, l'inconfort ou la douleur que vous pouvez ressentir.

4. Lorsque vous vous sentez prêt, prenez conscience lentement de votre corps. Remarquez ses sensations. Ouvrez lentement les yeux et appréciez votre espace en regardant autour de vous. Vous êtes prêt à continuer de travailler avec vos cristaux, sur vous-même ou sur une autre personne.

La méditation avec le cristal
En tenant un cristal de quartz dans chaque main, visualisez l'énergie circulant au travers de votre corps.

Les élixirs de cristal

Les propriétés curatives des cristaux peuvent être constatées en buvant l'eau dans laquelle un cristal a été immergé – ce breuvage est connu sous le terme d'élixir de cristal. Les élixirs peuvent s'avérer particulièrement efficaces pour traiter certaines pathologies (voir Chapitre 4) ; notez également les cristaux ne devant pas être utilisés pour la préparation d'élixirs (voir Chapitre 3).

Les bienfaits des élixirs
Les élixirs de cristal, compléments indispensables à la panoplie du lithothérapeuthe, sont simples à préparer et facilement transportables. Ci-dessous la fluorite arc-en-ciel.

Préparation des élixirs

Prenez le cristal avec lequel vous allez travailler et nettoyez-le (voir page 17). Placez-le dans un verre (ou un autre récipient) d'eau. Il est recommandé de se servir d'eau distillée ou minérale provenant d'une source pure, cependant l'eau du robinet peut être utilisée. Couvrez le récipient et/ou placez-le au réfrigérateur pendant la nuit. En effectuant cela, focalisez votre intention sur ce que vous désirez que l'élixir fasse pour vous. Certaines personnes préfèrent intensifier les élixirs en les exposant à la lumière du soleil ou de la lune, ou en les entourant de cristaux de quartz. Le matin suivant, l'élixir sera prêt. Il pourra être bu ou appliqué localement au cours des prochaines 24 heures. Essayez de préparer des élixirs rapides et de constater les effets qu'ils auront sur vous. Prenez trois cristaux différents, par exemple, le quartz, l'améthyste et le quartz rose, et placez chacun dans son verre d'eau. Ayez également un verre d'eau pure comme instrument de contrôle. Laissez les verres d'eau reposer de 20 à 30 minutes, puis goûtez chacun d'eux. Le quartz a généralement un goût plus frais que l'eau pure, l'améthyste présente un goût distinctif métallique et le quartz rose un goût légèrement fade.

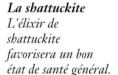

La shattuckite
L'élixir de shattuckite favorisera un bon état de santé général.

Les effets surprenants des élixirs

En travaillant de l'intérieur vers l'extérieur, les élixirs constituent des moyens de guérison efficaces. L'élixir de shattuckite est un tonifiant général pour le corps et est utile dans le traitement des maladies bénignes. L'élixir d'ambre est l'un des remèdes les plus doux et les plus efficaces contre la constipation, et après une dure journée, boire de l'élixir d'aragonite permettra de soulager les douleurs musculaires. Certains pourront être appliqués localement, directement sur la surface affectée de la peau. Par exemple, l'élixir d'ambre a une action antiseptique sur les coupures et les écorchures, et vous pourrez également vous tremper les pieds dans un élixir chaud de marcasite pour traiter les cors.

Travailler avec les cristaux

Travailler sur des chakras

Nous possédons un corps subtil en complément de notre corps physique consistant en des canaux d'énergie (connus sous le nom de méridiens ou de nadis). Lorsque le flot d'énergie au travers de ces canaux se ralentit ou est bloqué, nous tombons malades. Lorsque l'énergie circule librement, nous sommes en bonne santé physique, mentale, émotionnelle et spirituelle. De nombreuses thérapies, allant de l'acupuncture au reiki, favorisent la guérison en intensifiant la libre circulation de l'énergie au travers de ce corps subtil. La guérison par le cristal opère également sur le corps subtil, et plus particulièrement sur les chakras.

Qu'est-ce qu'un chakra

« Chakra » est un mot sanskrit signifiant « la roue ». Un chakra est situé à l'endroit où deux canaux au moins d'énergie se croisent dans le corps. Les chakras sont des centres d'énergie et sont les lieux d'échanges d'énergie les plus simples avec le monde extérieur. Les chakras apparaissent comme des balles ou des roues – d'où leur nom – aux personnes ayant la faculté de percevoir l'énergie.

La plupart des traditions occidentales font référence aux sept chakras majeurs, situés le long d'une ligne médiane du corps allant de la base de la colonne vertébrale jusqu'au sommet du crâne. Chaque chakra correspond à une partie du corps, à un organe ou une glande. Il existe également plusieurs chakras mineurs en complément des sept chakras majeurs (certaines personnes affirment même qu'ils seraient au nombre de 440), mais il est suffisant de se concentrer sur les sept chakras majeurs.

Les chakras fluctuent aux niveaux de l'équilibre et de l'alignement – ce phénomène se produit naturellement et à tout moment. Un chakra en bonne santé est souple, vibrant et fluctue légèrement en dedans et en dehors d'un état d'équilibre. Cependant, les chakras se déséquilibrent et se désalignent parfois tellement qu'il leur faut beaucoup de temps pour se rétablir, et à ce moment-là, le chakra aura besoin de soins.

Les cristaux des chakras
Chacun des sept chakras majeurs, ou vortex d'énergie, correspond à un cristal associé à la couleur de ce chakra (voir page 26).

Localiser les chakras

Il est facile de localiser vos chakras car ils seront perçus différemment du reste de votre corps. Placez une ou deux mains à l'endroit de chaque chakra (voir l'illustration ci-dessous) et concentrez votre esprit. Remarquez les endroits qui vous semblent différents. Ceux-ci peuvent être ressentis comme étant chaud, froid ou par une sensation de picotements. Vous ressentirez peut-être des fourmillements, ou une sensation étrange (peu importe la manière dont vous décrivez l'énergie – elle n'est ni bonne ni mauvaise). L'énergie peut être ressentie à la fois au-devant ou à l'arrière du corps. Vous pouvez également localiser les chakras sur une autre personne en utilisant un pendule (voir page 14 à 15).

LOCALISER LES SEPT CHAKRAS PRINCIPAUX

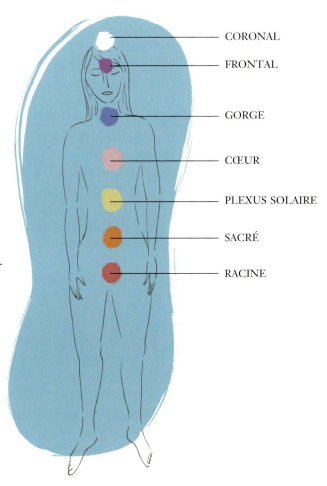

Chakra coronal – au sommet du crâne

Chakra frontal (connu également comme le chakra du troisième œil) – au milieu du front, au-dessus des sourcils.

Chakra de la gorge – au milieu de la gorge.

Chakra du cœur – au centre de la poitrine.

Chakra du plexus solaire – à l'arrière du cartilage mou en bas du sternum.

Chakra sacré – juste en dessous de votre nombril. Essayez de placer votre pouce sur votre nombril et la paume de votre main sur votre ventre – votre chakra sacré se trouvera exactement sous la paume de votre main.

Chakra racine – au niveau du coccyx, à la base de la colonne vertébrale.

Travailler avec les cristaux

Les cristaux associés aux sept chakras

Chacun des chakras intensifie des qualités spécifiques aux niveaux physique, mental, émotionnel et spirituel. Lorsque tous les chakras sont équilibrés et alignés, de nombreux bienfaits peuvent être ressentis. Les chakras sont associés à ces principes.

Vous pouvez placer les cristaux directement sur ou au pourtour des points des chakras afin de favoriser la guérison. Vous pouvez également placer les cristaux sur des zones douloureuses ou sensibles spécifiques. Les cristaux permettront de concentrer l'énergie directement dans le corps afin qu'elle atteigne les zones où elle est particulièrement nécessaire. Utiliser les cristaux sur les chakras permettra simultanément de prévenir et de guérir les maladies.

	Chakra	Correspondance / Association	Cristal
	Chakra racine	Survie, santé, abondance, connexion à la Terre et évolution dans la vie.	Jaspe rouge
	Chakra sacré	Connexion à autrui, créativité et conservation d'énergie.	Cornaline
	Chakra du plexus solaire	Puissance personnelle, contrôle émotionnel, centre physique.	Citrine
	Chakra du cœur	Sécurité, confiance, goût du risque et amour.	Malachite
	Chakra de la gorge	Communication.	Agate dentelle bleue (blue lace)
	Chakra frontal	Esprit, idées, pensées, rêves, facultés psychiques.	Lapis lazuli
	Chakra coronal	Spiritualité, connexion, imagination et éveil de la conscience.	Améthyste

Comment placer les cristaux

Préparez votre espace de travail personnel (voir page 18) dans lequel vous pourrez vous détendre et vous concentrer. Placez les cristaux appropriés (voir à gauche) sur chaque point des chakras et restez allongé calmement pendant 30 minutes, en vous reposant et vous détendant. Il est recommandé si possible de répéter cet exercice quotidiennement.

Essayez de prendre conscience de vos réactions durant le traitement. Vous remarquerez peut-être l'un ou plusieurs de ces cristaux, ou ressentirez une sensation globale. Chaque cristal peut être perçu comme étant chaud ou froid, lourd ou léger, ou comme s'il était absent, et vous ressentirez peut-être des picotements, comme des sensations électriques, à l'endroit où est placé le cristal ou dans d'autres parties de votre corps. Vous vous sentirez généralement très calme et détendu. Parfois, vous pourrez ressentir une sensation de lourdeur comme si vous étiez enraciné au sol ou sur le lit. Restez ouvert à toutes les sensations ou pensées qui émergent en vous.

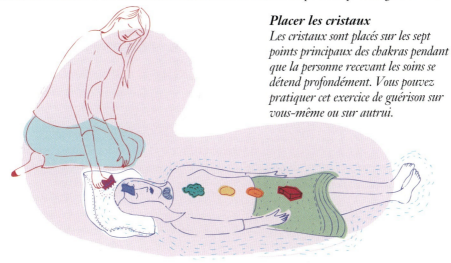

Placer les cristaux
Les cristaux sont placés sur les sept points principaux des chakras pendant que la personne recevant les soins se détend profondément. Vous pouvez pratiquer cet exercice de guérison sur vous-même ou sur autrui.

Les pointes de cristal
Ajoutez quatre pointes de cristal de quartz au pourtour de chaque cristal du chakra afin d'en intensifier les effets bénéfiques.

Si vous désirez une alternative plus puissante à l'exercice de guérison des chakras présenté ci-dessus, travaillez en utilisant la technique des pointes de cristal. Cette variante consiste à travailler avec quatre pointes de quartz, en les plaçant sur votre corps ou sur celui de la personne recevant les soins, en les dirigeant vers le cristal central du chakra (voir l'illustration à droite). Cela aura pour effet de concentrer l'énergie dans ce chakra spécifique, en intensifiant l'efficacité de la séance curative.

Travailler avec les cristaux

Les cristaux dans votre environnement

Les cristaux opèreront chaque fois que vous vous trouverez à leur proximité. Vous n'avez pas besoin d'agir pour bénéficier de ceux qui seront utiles pour améliorer l'atmosphère de votre lieu de vie, présentez-les simplement chez vous aux endroits où ils pourront être remarqués, ainsi que sur votre bureau ou vos meubles de classement sur votre lieu de travail, afin d'intensifier votre vie et votre sensation de bien-être.

La présence des cristaux dans votre environnement peut également être bénéfique du point de vue santé pour vos animaux domestiques et vos plantes. Si vous soignez les animaux domestiques avec des cristaux, placez les pierres dans leur bol d'eau ou leur couche, ou fixez-les à leur collier avec du ruban adhésif.

Des cristaux présentés en milieu de table

Si vous choisissez un cristal de grande dimension, vous pourrez le présenter en milieu de table comme une magnifique pièce décorative prépondérante. Cela permettra ainsi de transformer très facilement l'énergie de la totalité de votre environnement, en bénéficiant à toutes les personnes présentes chez vous ou sur votre lieu de travail.

Le pouvoir des géodes

Vous pourrez également placer des géodes de cristaux dans votre environnement. Elles seront efficaces dans les salles de séjour et toutes les pièces communes. Une géode est une roche présentant un centre creux. Les cristaux croissent à l'intérieur de cette cavité présentant de magnifiques formations cristallines. Les géodes de cristaux les plus communes incluent l'améthyste, la calcite, la citrine et le quartz.

Associées au signe astral de la Vierge, les géodes favorisent :
- Le voyage astral, la méditation et le développement spirituel.
- La communication, les décisions, les groupes et l'enseignement.
- Les mathématiques.
- La protection au niveau du lieu de vie et la transformation / l'élimination / la purification des énergies d'une pièce.

Les géodes possèdent les propriétés curatives associées à leur catégorie spécifique cristalline (voir le "Guide pratique des cristaux", pages 32 à 103). Elles permettent également de guérir tout élément placé à l'intérieur, plus la géode sera de grande dimension, plus ses propriétés en seront décuplées.

Conseils pour les cristaux dans votre environnement

Vous pourrez placer des cristaux dans votre environnement afin d'accomplir toute chose, que ce soit de meilleures relations et une meilleure communication ou pour améliorer la qualité de l'eau. Tout ce que vous devrez faire est de les présenter avec soin, aux endroits où ils ne risqueront pas d'être dérangés, et hors de portée des bébés et des enfants en bas âge. Rappelez-vous également de dépoussiérer vos cristaux et de les nettoyer régulièrement pour obtenir de meilleurs résultats (voir pages 16 à 17).

Pour l'énergie et l'équilibre

Les agrégats de cristaux d'améthyste et de quartz apporteront de l'énergie dans la pièce où vous vous trouvez. Chacun s'y sentira plus détendu et comme chez lui. Placez-en un dans votre salon ou toute pièce commune.

Pour éloigner les visiteurs indésirables

La cérusite vous aidera à vous débarrasser des animaux et insectes nuisibles, comme les rats, les souris et les cancrelats. Nettoyez les zones infestées avec de l'élixir de cérusite.

Pour le travail

L'opale commune est réputée pour favoriser un meilleur environnement professionnel. Il s'agit d'un excellent cristal à garder à proximité lorsque vous travaillez à domicile et dans des pièces d'études, ou sur votre bureau dans votre lieu de travail.

Pour des relations sentimentales heureuses

Un grand fragment de chrysocolle placé chez vous pourra vous aider à revitaliser des relations affaiblies.

Pour une meilleure atmosphère

La fluorite verte élimine continuellement la négativité présente dans une pièce et purifie l'atmosphère. Présentez ce cristal chaque fois que vous multipliez les contacts avec autrui, et placez-le dans la pièce après une dispute ou pour dissiper une atmosphère lourde de tensions.

L'énergie de l'améthyste
Présenter des améthystes chez vous équilibrera l'atmosphère, en y apportant de l'énergie ainsi qu'une sensation de calme.

Pour le contentement

La pierre de lune favorisant un heureux foyer, placez des cristaux de pierre de lune librement dans vos pièces. L'onyx apportera également la joie et le bonheur au foyer.

Pour vendre votre propriété
Si vous rencontrez des difficultés pour vendre votre propriété, mettez en présentation dans votre hall d'entrée ou votre salon un grand cristal de citrine, en géode ou en agrégat. Alternativement, vous pouvez placer un petit cristal de citrine dans chaque pièce de votre habitation. Lorsque vous aurez effectué cela, vous remarquerez que l'intérêt porté à votre propriété, les visites et les offres d'achat augmentent en conséquence.

De la citrine pour changer de domicile
Si vous rencontrez des difficultés pour vendre votre propriété, présentez la citrine dans vos pièces pour attirer les acheteurs potentiels.

Après une dispute
Si l'atmosphère semble lourde à la suite d'une dispute, la kunzite permettra d'évacuer tous mauvais sentiments résiduels de la pièce. Cela fonctionnera également lorsqu'un décès ou une maladie grave se seront produits.

Pour former des liens affectifs
La préhnite permet d'unir les gens ayant des objectifs communs.

Le soufre facilite les séparations
Le soufre permettra d'atténuer l'amertume suite à la fin d'une relation. La turquoise protège les propriétés.

Pour adoucir l'eau
Le quartz aidera à adoucir l'eau dure. Placez des cristaux à l'intérieur du réservoir d'eau ou fixez-les sur les canalisations. Le quartz vous permettra également de réduire votre consommation de carburant ; fixez-en sur le carburateur ou les injecteurs d'essence de votre voiture.

Pour purifier l'atmosphère
Les zéolites amélioreront votre environnement, placez-les par conséquent à votre domicile, dans votre bureau ou sur votre lieu de travail, à l'intérieur de votre voiture ou de l'abri de jardin ; à chaque endroit où vous passez beaucoup de temps. En présence d'odeurs désagréables dans une pièce, les zéolites permettront de les atténuer - placez une grille de zéolites (voir à droite) au pourtour de la zone d'où proviennent les odeurs.

Pour accepter la séparation
Le soufre élimine la négativité suite à des disputes. Il sera très utile durant un divorce, ainsi que la crocoïte et la mélanite.

Pour une meilleure communication

La blende zonée (schalenblende) aide à résoudre les disputes et à rétablir la communication entre les personnes ne se parlant plus. Ce cristal, utile en affaires, améliore les relations avec les collègues, les supérieurs et les autres personnes en général. Il est également efficace pour communiquer avec les enfants.

Pour favoriser la croissance de vos plantes

Le sphène favorisera la bonne croissance des plantes dans votre jardin. Présentez ce cristal en extérieur, à proximité de vos plantes, sur la terrasse en caillebotis ou dans le patio ; alternativement, vous pourrez en placer de plus petits fragments dans vos jardinières et pots de fleurs afin de revitaliser vos plantes d'intérieur.

Pour l'amour

Le quartz rose apportera l'amour dans votre foyer, en améliorant les relations avec vos proches. Ce cristal est également connu comme étant une pierre de beauté, plusieurs morceaux de quartz rose ajoutés à l'eau de votre bain pourront rafraîchir une complexion terne, en donnant une peau plus douce et une apparence physique plus fraîche et rajeunie.

Pour la paix

Présentez du quartz d'esprit pour apporter l'harmonie, la paix et l'organisation dans votre foyer et dans les relations familiales. Ce merveilleux cristal permettra de faire avorter toutes les tendances à la dispute.

Intensifier l'atmosphère du lieu de travail et du domicile
La blende zonée (schalenblende) (en haut) favorise la communication ; le sphène (en bas) favorise la croissance des plantes du jardin ou d'intérieur ; le quartz rose (à gauche) favorise généralement l'amour et la beauté.

Une grille de cristaux

Plutôt que de placer vos cristaux au hasard, vous pouvez les placer suivant un motif spécifique connu sous le nom de « grille de cristaux », dont la fonction est de modifier le flot d'énergie vers un objet, une maison, une personne ou un autre cristal. Par exemple, vous pourrez élaborer une grille de pointes de cristal de quartz autour de votre lit afin d'intensifier votre bien-être lorsque vous êtes couché. Si les cristaux pointent vers votre lit, ils accroîtront le flot d'énergie dirigé vers celui-ci. Si vous ressentez de l'inconfort, vous pourrez diriger la pointe des cristaux à l'opposé, éloignée du lit, afin d'évacuer l'énergie.

Si vous vous soignez vous-même ou vous occupez d'un ami pour une affection ou un problème particulier (voir Cristaux-remèdes, pages 104 à 139), vous pourrez organiser en grille autour de votre corps les cristaux avec lesquels vous travaillez.

Chapitre 3
Le Guide pratique des cristaux

Ce chapitre vous permettra d'identifier les minéraux que vous possédez peut-être déjà, et de choisir les cristaux avec lesquels vous désirez travailler pour vous guérir vous-même ainsi qu'autrui (voir également les pages 12-13 pour la méthode de sélection des cristaux).

De nombreux cristaux sont multicolores. Cependant, ils sont répertoriés ici en fonction de leurs couleurs les plus communes. Vous pourrez utiliser les photographies, les descriptions et les références de couleur pour identifier les différents cristaux. Cette section commence par le quartz et l'améthyste – deux cristaux très puissants employés en lithothérapie – avant de vous présenter les cristaux rouges, orange, jaunes, etc. Les propriétés curatives de chaque cristal sont indiquées, par conséquent, vous serez en mesure de connaître instantanément la manière dont ils pourront vous aider. Leurs correspondances astrologiques et aux chakras sont également indiquées, ainsi que leurs appellations alternatives éventuelles. Le nom d'un cristal accentué en caractères gras signifie qu'il aura fait l'objet d'une entrée distincte. (Voir également le glossaire page 140, expliquant certains des termes utilisés pour décrire la forme des cristaux.) Les origines indiquées pour chacun des minéraux se réfèrent aux spécimens disponibles chez votre fournisseur de cristaux. Cependant, il existe de nombreuses autres provenances pour la plupart des minéraux du monde entier, et le stock disponible localement peut extrêmement varier.

Rouge	36
Orange	39
Jaune	41
Vert	45
Rose	57
Arc-en-ciel	61
Multicolore	65
Bleu	70
Violet	78
Blanc/transparent	80
Noir	90
Gris	96
Marron	98

Quartz

Le quartz se présente sous diverses variétés et formations. Il s'agit du minéral le plus abondant à la surface de la Terre. Plus de 70 % de la surface sur laquelle nous marchons est composée de quartz ou d'autres silicates sous une forme ou une autre.

Le quartz est le cristal guérisseur par excellence – il canalise tout type d'énergie et favorise la guérison en général. Vous pouvez l'essayer si vous n'êtes pas sûr des cristaux avec lesquels travailler.

L'usage du quartz est relaté dans de nombreux manuscrits anciens. Il guérit les maladies et les blessures, permet de communiquer avec les esprits, et présente des propriétés vérifiables scientifiquement tel que l'effet piézoélectrique (voir page 7). Les cultures anciennes et contemporaines ont attribué aux cristaux la capacité de canaliser la lumière, et cette lumière représente littéralement le fondement même de notre existence, nous sommes des « êtres de lumière ». L'avenir perçu par le biais du physicien quantique révèle également un univers non pas fait de matière solide, mais uniquement de particules de lumière appelées photons.

Certaines des nombreuses variétés de quartz et leurs pouvoirs guérisseurs seront traités individuellement dans ce chapitre.

Cristal de quartz

Cristaux hexagonaux et agrégats transparents ou blancs, présentant parfois des inclusions. (Voir également les descriptions des quartz spécifiques).

Autres noms usuels : quartz transparent, cristal de roche
Provenance : Arkansas, USA, Brésil, Chine, Madagascar, Russie, Afrique du Sud, Tibet
Correspondances astrologiques : l'ensemble des signes
Correspondances des chakras : l'ensemble des chakras

Proprietes curatives

Le cristal de quartz est une pierre de « réconfort » – il améliorera la qualité de votre vie, vous rendra plus heureux et vous revitalisera dans toutes les situations. Canalisant toutes les énergies, il permet par conséquent de traiter toutes les affections physiques et mentales.
Au niveau physique : aide à traiter le diabète, les infections de l'oreille, les troubles de l'ouïe et de l'équilibre, la santé cardiaque et les malaises, la sclérose multiple (SM) et l'encéphalite myalgique (EM), l'obésité, la douleur ou l'inconfort, les acouphènes, la perte de poids, et permet d'entretenir la santé de la colonne vertébrale.
Au niveau émotionnel/spirituel : concentre l'esprit, favorise la méditation et élimine la négativité.

Améthyste

Une variété de **quartz** sous forme de cristaux ou d'agrégats. Sa couleur classique mauve-violet est due à des inclusions de manganèse et de fer. Certaines variétés rares d'améthyste sont presque noires. D'autres variétés incluent **l'améthyste à chevrons**, striée de violet/blanc, et la **prasiolite**, améthyste verte colorée par des inclusions minérales.

Provenance : Brésil, Uruguay, Afrique du Sud, Madagascar, Inde
Correspondances astrologiques : Vierge, Capricorne, Verseau, Poissons
Correspondance des chakras : coronal

Propriétés curatives

L'améthyste amplifie l'énergie des autres cristaux. Elle est efficace pour une protection générale, et pour l'équilibre physique, émotionnel et mental. Elle permet de favoriser la chasteté et de soulager le mal du pays. Elle favorise les capacités de négociation, les prises de décisions, la richesse et le succès en affaires, l'évolution dans la vie, la gestion des responsabilités et du changement, ainsi que l'allocution en public. Elle est utile pour les rites de purification durant les cérémonies.

Au niveau physique : traite les causes des maladies. Efficace pour traiter les troubles de l'ouïe, la régulation hormonale, l'insomnie, les maux de tête et la migraine, l'acné, l'asthme, les caillots sanguins, les infections bactériologiques et virales, les mauvaises positions, le cancer et l'arthrite (utilisée comme élixir). Favorise efficacement la santé du système immunitaire, circulatoire et nerveux sympathique, les os, le cœur et l'estomac, la peau, les dents, le foie et les glandes endocrines. Aide en cas d'addictions, plus particulièrement en cas d'alcoolisme. Permet de se désintoxiquer et favorise la purification du sang.

Au niveau émotionnel/spirituel : aide en cas de troubles obsessionnels compulsifs (TOC), de colère et de tendance à la violence. Apaise la passion, les nerfs, l'hypersensibilité, la tension, l'énergie émotionnelle et le chagrin. Accroît l'aura, l'estime de soi, favorise la méditation, le contact avec les esprits et le développement de la spiritualité.

Améthyste à chevrons

Cristaux et agrégats présentant des stries violettes et blanches selon un motif en chevrons, avec éventuellement du rouille/de l'orange/du jaune.

Autres noms usuels : améthyste à bandes
Provenance : Inde, Russie
Correspondance astrologique : l'ensemble des signes
Correspondances des chakras : coronal, frontal

Propriétés curatives

L'améthyste à chevrons est efficace pour une protection générale, et favorise la résolution des problèmes.

Au niveau physique : bénéfique à la santé des yeux, des poumons, des intestins et du pancréas, du foie, du thymus et du système immunitaire. Efficace pour les maux de tête, la douleur, les maladies infectieuses, y compris le virus immunodéficitaire humain (VIH) et le syndrome d'immunodéficience acquise (SIDA). Favorise la désintoxication.

Au niveau émotionnel/spirituel : soulage la tension. Accroît les facultés psychiques, favorise le voyage chamanique et la guérison spirituelle.

ROUGE

Jaspe rouge

Variété de quartz dont la couleur rouge est due à des inclusions d'oxyde de fer.

Provenance : Inde, Brésil
Correspondances astrologiques : Bélier, Taureau
Correspondance des chakras : racine

Propriétés curatives

Le jaspe rouge offre de la protection, tout comme le **jais**.
Au niveau physique : prémunit contre la maladie.
Au niveau émotionnel/spirituel : favorise le rebirth, les nouvelles idées, le voyage astral et la méditation, l'instinct de survie et le rappel des rêves.

Calcite rouge

Une variété de **calcite** trouvée sous forme d'amas, composante du calcaire et du marbre.

Provenance : Mexique
Correspondance astrologique : Cancer
Correspondance des chakra : racine

Propriétés curatives

Au niveau physique : apaise l'énergie physique. Efficace pour traiter les troubles déficitaires de l'attention avec hyperactivité (TDAH).
Au niveau émotionnel/spirituel : favorise l'ancrage ; apaise l'anxiété, les crises de panique et les troubles obsessionnels compulsifs (TOC).

Cinabre

Trouvé sous forme cristalline d'amas et de druses, de cristaux tabulaires et en forme d'aiguille. Le nom est dérivé du mot indien ou persan signifiant « sang de dragon ». Peut également être rouge-brun et gris.

Provenance : Australie, Europe, Japon, Mexique, Russie, USA
Correspondance astrologique : Lion
Correspondance des chakras : racine

Propriétés curatives

Le cinabre est la « pierre du marchand » favorisant la prospérité, les affaires et les objectifs financiers. Apporte la vitalité.
Au niveau physique : bénéfique pour le sang et la fertilité. Aide à traiter l'obésité.
Au niveau émotionnel/spirituel : accroît la dignité ; protège contre l'agressivité.
Pas d'élixir.

Grenat

Trouvé sous forme de cristaux dodécaèdriques et trapézoèdriques, ainsi que sous forme de combinaisons, d'amas et de « plaques » superposées. La variété de ses couleurs est présente dans les cristaux suivants : le rouge, **l'eudyalite** rose, la **rhodolite** rose/rouge, le **grenat grossulaire** vert, **l'uvarovite** vert émeraude, la **mélanite** noire, la **spessartine** orange, **l'almandine** rouge/pourpre, **l'andratite** vert-jaune et **l'hessonite** jaune et marron. Référez-vous à ces cristaux spécifiques pour plus de détails.

Provenance : Inde, Russie, USA
Correspondances astrologiques : Lion, Vierge, Capricorne, Verseau
Correspondance des chakras : du cœur

Propriétés curatives

Apporte le courage, l'énergie créative et la vitalité, l'abondance, favorise l'évolution, le changement et l'éveil de la conscience.
Au niveau physique : favorise la purification et la désintoxication du sang, la circulation sanguine, traite l'anémie et l'arthrite, l'hypotension, les rhumatismes, les troubles de la thyroïde et les déficiences en iode, calcium, magnésium et en vitamines A, D et E. Favorise la santé des os, de la colonne vertébrale, du cœur et des poumons. Équilibre les pulsions sexuelles.
Au niveau émotionnel/spirituel : apporte l'équilibre émotionnel. Traite la dépression, le chaos, les perturbations et les traumatismes émotionnels. Instrument efficace pour la magie et les dévotions spirituelles.

Almandine

Variété rouge-pourpre de **grenat**.

Provenance : Inde
Correspondances astrologiques : Vierge, Scorpion
Correspondances des chakras : racine, du cœur

Propriétés curatives

L'almandine est bénéfique aux personnes travaillant avec les chiffres. Elle apporte la jeunesse.
Au niveau physique : apporte de l'énergie physique. Accroît les chances de bonne santé des yeux, du cœur, du foie et du pancréas. Aide en cas de troubles du sang, favorise le rétablissement postopératoire et traite les blessures.
Au niveau émotionnel/spirituel : accroît la connexion au moi supérieur, favorise la méditation, la régénération et l'amour. Facilite la fin de vie et le passage vers la mort.

Mookaïte

Variété de jaspe à motif rouge et crème.

Provenance : Australie
Correspondance astrologique : Lion
Correspondances des chakras : racine

Propriétés curatives

Bénéfique aux personnes prenant des décisions et recherchant la créativité, de nouvelles perceptions et de nouveaux concepts ou un nouveau travail. Également pour les personnes confrontées à la solitude et s'occupant d'enfants. Offre une protection globale et favorise la communication.
Au niveau physique : efficace pour perdre du poids et pour la bonne santé de l'estomac et de la glande thyroïde. Aide en cas de hernie et de rétention d'eau.
Au niveau émotionnel/spirituel : bénéfique pour l'ancrage, les rêves, la progression dans la vie et pour rétablir l'estime de soi. Permet de confronter la peur et de résister à la dépression. Favorise la méditation.

Spinelle

Cristaux cubiques et octaédriques, et en galets. Leurs couleurs peuvent être : incolore, rouge, blanc, bleu, violet, noir, vert, jaune, orange ou brun.

Provenance: Brésil, Canada, Chine, Europe, Inde, Myanmar, Japon, Russie, USA
Correspondances astrologiques : Bélier, Sagittaire
Correspondances des chakras : racine (rouge), les autres couleurs se référant aux chakras spécifiques

Propriétés curatives

Accroît l'énergie physique, émotionnelle, mentale et spirituelle.
Au niveau physique : fait émerger la beauté et favorise la longévité.
Au niveau émotionnel/spirituel : fait émerger la personnalité. Favorise le rebirth.

Œil-de-faucon / Œil-de-tigre rouge

Cristal d'un rose profond de la famille du **quartz**.

Provenance : Afrique du Sud
Correspondance astrologique : Capricorne
Correspondances des chakras : racine

Propriété curative

Favorise le sens pratique.
Au niveau physique : bénéfique au système de reproduction et à la sexualité. Permet de soulager les coups de soleil.
Au niveau émotionnel/spirituel : bénéfique à la maîtrise émotionnelle.

Rubis

Une variété rouge de corindon ayant la forme de cristaux tabulaires.

Provenance : Inde, Madagascar, Thaïlande, Myanmar
Correspondances astrologiques : Cancer, Lion, Scorpion, Sagittaire
Correspondance des chakras : du cœur

Propriétés curatives

Apporte santé et équilibre, énergie, prospérité et abondance, connaissance, créativité, longévité, passion et protection. Favorise les prises de décisions, les nouveaux départs et le changement. Peut être utilisé pour la guérison à distance. Encourage la volonté de vivre, bénéfique à la santé et à la guérison mentale, ainsi qu'à l'activité cérébrale.
Au niveau physique : favorise un cycle menstruel normal et la santé du système immunitaire et circulatoire. Bénéfique en cas d'anémie, de saignements / pertes de sang, pour la purification / désintoxication du sang, et en cas de baisse de pression sanguine et de fièvre. Bénéfique à la santé de l'embryon. Protège contre la foudre.
Au niveau émotionnel/spirituel : aide à combattre l'angoisse, la détresse, la souffrance et les cauchemars. Bénéfique aux

rêves et aux esprits guides, favorise le voyage astral et la vision à distance, la sagesse spirituelle, la méditation et l'expérience du bonheur suprême de la pleine illumination, ainsi que le rebirth. Aide à accéder aux annales akashiques (voir page 134). Le rubis étoilé permet de purifier et focaliser l'énergie, et est efficace pour l'éveil de la conscience.

Zircon

Cristaux courts et carrés - souvent octaédriques. Pouvant être incolores, ou de couleur rouge, brun, vert, gris ou jaune.

Provenance : Pakistan
Correspondances astrologiques : Lion, Vierge, Sagittaire
Correspondance des chakras : racine

Propriétés curatives

Permet d'accroître les relations et le magnétisme personnel, en faisant émerger le meilleur de vous-même. Également bénéfique car favorisant la pureté, l'endurance, la sagesse et la fiabilité.
Au niveau physique : bénéfique à la santé de l'épiphyse, des os et des muscles. Efficace contre l'insomnie, le vertige, les allergies, la sciatique et l'intoxication.
Au niveau émotionnel/spirituel : possède un effet apaisant et favorise l'estime de soi, apporte son aide en cas de dépression. Bénéfique à l'aura.

Orange

Calcite orange

Amas de cristaux orange vif ou pâle.

Provenance : Mexique
Correspondances astrologiques : Cancer, Lion
Correspondance des chakras : sacré

Propriétés curatives

Apporte la vitalité et l'inspiration.
Au niveau émotionnel/spirituel : apporte le calme et équilibre l'énergie. Aide en cas d'agression et de conflit.

Cornaline

Variété de **calcédoine** en forme de galets de couleur orange, rouge, rose ou brun.

Autre nom usuel : sardoine
Provenance : Uruguay, Brésil, Inde
Correspondances astrologiques : Taureau, Cancer, Lion
Correspondance des chakras : sacré

Propriétés curatives

Pierre de « réconfort ». Bénéfique aux études et à la mémorisation, à l'inspiration, au discours et à la voix, et plus particulièrement aux artistes de scène. Elle peut remédier à la paresse et à l'apathie et apporter la vitalité, l'estime de soi, la compassion, le courage et le pouvoir personnel instantané. Excellente pendant les retraites de méditation.
Au niveau physique : réduit la soif. Bénéfique à la digestion, à la régénération des tissus et du sang. Excellente pour la vésicule biliaire et le foie, les poumons et la colonne vertébrale, la rate, le pancréas et la thyroïde. Favorise l'appétit et soulage les troubles alimentaires, l'asthme, le rhume des foins, la rhinite et la bronchite, les infections, la névralgie, le syndrome de fatigue chronique et la léthargie, la jaunisse, les coupures et écorchures bénignes.
Au niveau émotionnel/spirituel : accroît votre connexion à l'esprit et vous permet de percevoir les liens entre la maladie et les émotions afin que vous puissiez les gérer et vous prémunir des problèmes de santé. Permet de surmonter la colère et l'envie, la peur, la rage, la tristesse, la confusion et la jalousie.

Halite

Cristaux de sel massifs ou cubiques. Peut être transparent, d'une couleur unique ou multicolore. Ses couleurs incluent l'orange, le jaune, le rouge, le bleu, le rose et le vert.

Provenance : USA (rose et rouge), Allemagne (bleu), Australie (vert)
Correspondances astrologiques : Cancer, Poissons
Correspondance des chakras : sacré

Propriétés curatives

Bénéfique à l'endurance.
Au niveau physique : bénéfique à la santé des intestins et des fluides corporels. Soulage en cas de rétention d'eau.
Au niveau émotionnel/spirituel : soulage les sautes d'humeur.
Non approprié pour la préparation d'élixirs.

Spessartine

Variété orange de **grenat**. Peut également être de couleur rouge ou brun.

Provenance : Chine, Pakistan
Correspondance astrologique : Verseau
Correspondance des chakras : sacré

Propriétés curatives

Apporte de la vitalité. Bénéfique pour la capacité d'analyse et au cerveau.
Au niveau physique : soulage en cas d'intolérance au lactose.

Crocoïte

Cristaux prismatiques, en amas ou agrégats de couleur orange.

Provenance : Australie
Correspondance astrologique : Bélier
Correspondance des chakras : sacré

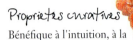

Propriétés curatives

Bénéfique à l'intuition, à la créativité et à la sexualité.
Au niveau physique : bénéfique au système reproductif.
Au niveau émotionnel/spirituel : efficace pour les émotions et pour affronter des changements pénibles, particulièrement ceux ayant un fort impact, tels qu'un décès ou un divorce. Connue sous le nom de « pierre du divorce ».
Non appropriée pour la préparation d'élixirs.

Pierre du soleil

Type d'oligoclase, une variété de feldspath de plagioclase. La goethite et l'hématite font partie de ses inclusions communes, lui donnant une apparence brillante.

Provenance : Inde
Correspondances astrologiques : Lion, Balance
Correspondance des chakras : coronal

Propriétés curatives

Apporte la vitalité, l'abondance et la longévité.
Au niveau physique : apporte de la force et de l'énergie. Bénéfique à la santé de la gorge, des cartilages, des pieds et de la colonne vertébrale. Soulage les ulcères, l'intoxication, les rhumatismes, les pieds douloureux et le désagrément des odeurs corporelles.
Au niveau émotionnel/spirituel : aide à surmonter la peur et le stress. Protège contre les « esprits malins ».

Vanadinite

Cristaux prismatiques creux et en gros bloc d'amas.

Provenance : Maroc
Correspondance astrologique : Vierge
Correspondance des chakras : sacré

Propriétés curatives

Favorise le processus de réflexion et aide à atteindre ses objectifs. Bénéfique aux acheteurs compulsifs.
Au niveau physique : favorise la santé des poumons et de la vessie. Soulage l'épuisement, l'asthme et favorise le contrôle respiratoire et le souffle.
Au niveau émotionnel/spirituel : bénéfique à la méditation.
Non appropriée pour la préparation d'élixirs.

Wulfénite

Trouvée sous forme cristalline octaèdrique, prismatique, cubique tabulaire et en amas. Les couleurs incluent l'orange (du jaune au brun), le vert, le gris, le blanc. Peut également être incolore.

Provenance : USA
Correspondance astrologique : Sagittaire
Correspondance des chakras : du cœur

Propriétés curatives

Apporte la jeunesse.
Au niveau émotionnel/spirituel : bénéfique pour la magie, le contact avec les esprits, les quêtes chamaniques et pour percevoir et gérer le côté sombre de votre personnalité. Efficace pour accéder à des états altérés de la conscience, à votre moi supérieur, à vos âmes jumelles/ âmes sœurs.

Jaune

Citrine

Une variété de **quartz** jaune, dorée ou jaune citron. La couleur est due à la chaleur produite par l'activité volcanique ou géologique.

Provenance : Brésil
Correspondances astrologiques : Bélier, Gémeaux, Lion, Balance
Correspondance des chakras : du plexus solaire

Propriétés curatives

« Pierre de l'argent » apportant l'abondance et la prospérité. Bénéfique pour prendre des décisions, apprendre, enseigner ou étudier, pour la créativité, l'éveil de la conscience, résoudre des problèmes et amorcer les nouveaux départs. Également pierre « de réconfort ». Favorisera la vente d'une propriété.
Au niveau physique : bénéfique au système digestif et pour tous les troubles relatifs. Également bénéfique pour la vue et le cœur, les reins, la thyroïde, le thymus et le foie. Favorise

la régénération des tissus, permet de traiter l'anémie et la jaunisse, la nausée, les vomissements et favorise la désintoxication.
Au niveau émotionnel/spirituel : bénéfique aux relations, à l'estime de soi, aux interventions sur l'aura et pour se débarrasser des toxines émotionnelles. Aide à surmonter la colère et favorise l'équilibre du yin et du yang.

Apatite

Cristaux prismatiques ou en amas de couleurs jaune, vert, bleu, gris, blanc, mauve, brun ou rouge-brun.

Provenance : Canada, Pakistan
Correspondance astrologique : Gémeaux
Correspondance des chakras : de la gorge

Propriétés curatives

Équilibre l'ensemble des chakras et apaise le chakra de la gorge. Bénéfique aux guérisseurs, aux enseignants et communicateurs, aux entraîneurs, aux journalistes et aux écrivains, aux éditeurs, aux présentateurs, aux acteurs, aux chanteurs et aux comédiens. Favorise l'intellect et la perception de la vérité. Aide en cas d'attitude distante et de confusion mentale.
Au niveau physique : bénéfique contre l'arthrite et pour la régénération des tissus. Permet de contrôler l'appétit (si elle est portée sur soi). Focalise l'énergie guérisseuse sur les parties internes du corps en ayant besoin (si elle est utilisée en tant qu'élixir).
Au niveau émotionnel/spirituel : efficace pour les facultés psychiques, les souvenirs des vies antérieures et la compréhension, l'équilibre du yin et du yang, la méditation et l'accès au moi intérieur. Aide à combattre la négativité.

Calcite dorée

Cristaux rhomboédriques et scalénoédriques. Trouvés également en amas.

Provenance : Chine, USA
Correspondance astrologique : Lion
Correspondances des chakras : coronal, du plexus solaire, sacré

Propriétés curatives

Produit un élixir de calcite d'une grande efficacité. Donne de l'impulsion à l'énergie physique et mentale, ainsi qu'à la créativité. Favorise la communication, les idées et aide à combattre les croyances réductrices. Favorise la divination.
Au niveau physique : bénéfique à la circulation sanguine et à la santé du foie, de la vésicule biliaire et des glandes endocrines. Aide lors des phases initiales d'une infection.
Au niveau émotionnel/spirituel : favorise le souvenir des vies antérieures et la visualisation thérapeutique. Bénéfique au système nerveux..

Chrysobéryl

Cristaux jaunes de forme tabulaire et hexagonale. Certaines variétés présentent un changement de couleur caractéristique à la lumière artificielle allant vers le brun. Il existe une variété de chrysobéryl de couleur verte appelée **alexandrite**, paraissant rouge à la lumière artificielle.

Provenance : Brésil, USA
Correspondance astrologique : Lion
Correspondance des chakras : sacré

Proprietes curatives

Vous permet de percevoir les différentes facettes d'une discussion, et le meilleur dans toute situation. Permet d'enrayer les cycles récurrents.
Au niveau physique : bénéfique au foie, au pancréas et aux reins. Aide en cas de problèmes de cholestérol et d'infections. Permet de comprendre et d'accepter la maladie.
Au niveau émotionnel/spirituel : apporte le pardon, la sérénité d'esprit et la bienveillance envers soi-même. Favorise la quête personnelle de spiritualité.

Ambre

Résine fossilisée provenant d'arbres datant de la Préhistoire, pouvant contenir des inclusions d'origine animale, d'insectes et/ou de plantes. Les couleurs incluent le jaune, l'orange, le brun et le vert (artificiel).

Provenance : région de la mer Baltique : Pologne, Lituanie, Lettonie
Correspondances astrologiques : Lion, Verseau
Correspondance des chakras : du plexus solaire

Proprietes curatives

Bénéfique à la mémoire, à l'intellect et pour effectuer des choix. Purifie le corps, le cerveau et l'esprit si elle est portée. Apporte la chance et la protection aux guerriers ; favorise également l'accomplissement des rêves, des objectifs et des idéaux. Symbole du renouvellement des vœux de mariage. Peut être brûlée comme encens pour purifier des pièces, parfaite pour les espaces de thérapie.
Au niveau physique : efficace pour désintoxiquer et pour la bonne santé de la gorge, du cœur, des hormones, des reins et de la vessie. Soulage l'acné, l'infection bactériologique et la constipation (en tant qu'élixir), la schizophrénie et l'asthme; favorise le rétablissement post-opératoire. Peut être utilisée comme antiseptique.
Au niveau émotionnel/spirituel : apaise et équilibre le yin et le yang. Aide en cas d'abus, de négativité et de blocages émotionnels.

Minerai de cuivre

Métal présentant des formes libres, en dendrites, plaques et cristaux rhomboédriques.

Provenance : USA
Correspondances astrologiques : Taureau, Sagittaire
Correspondance des chakras : sacré

Proprietes curatives

Une pierre de « réconfort » revitalisant la circulation du chi. Apporte de la vitalité et de la chance, particulièrement pour retrouver les objets perdus.
Au niveau physique : bénéfique à la sexualité, à la circulation et aux articulations. Stimule le métabolisme et favorise la désintoxication. Aide contre la fatigue, l'épuisement, la nervosité et la léthargie, le malaise général, et à traiter les plaies infectées, l'intoxication et l'inflammation, l'hygroma, l'arthrite et les rhumatismes.
Au niveau émotionnel/spirituel : favorise l'équilibre émotionnel. Apaise en cas d'hyperexcitation.

Or

En filons, pépites, dendrites, grains, paillettes et amas et – plus rarement – de forme octaédrique, cubique et rhombododécaédrique.

Provenance : Australie, USA
Correspondance astrologique : Lion
Correspondance des chakras : du cœur

Proprietes curatives

Apporte la richesse, l'abondance, la vitalité et l'équilibre mental. Aide à apprendre et favorise la réalisation des potentiels personnels.
Au niveau physique : bénéfique aux hormones et à la santé de la colonne vertébrale, de la peau, des yeux et des systèmes nerveux, digestif, circulatoire et respiratoire. Favorise la désintoxication. Aide à gérer l'autisme, la dyslexie, l'épilepsie et la coordination, et à traiter les orgelets, l'arthrite, les mélanomes, la pneumonie et la tuberculose, les troubles sanguins, la maladie vasculaire et les troubles

cardiaques, l'hypothermie, la paralysie et les rhumatismes, la régénération des tissus, la sclérose multiple (SM), les déficiences en vitamines et en minéraux et la réparation des tissus.
Au niveau émotionnel/spirituel : aide à surmonter la colère et l'ego, les traumatismes, le complexe d'infériorité, la négativité et la dépression, l'accablement, le stress émotionnel, la tension et les cauchemars. Favorise la connexion à l'univers et à sa connaissance profonde, à sa sagesse et à ses énergies guérisseuses naturelles.

Fluorite jaune

Cristaux jaunes cubiques, octaédriques, rhombododécaédriques, et en amas.

Provenance : Chine, Royaume-Uni
Correspondance astrologique : Lion
Correspondance des chakras : sacré

Propriétés curatives

Bénéfique au cerveau. Favorise la créativité, les idées et les pensées. Excellente en usage collectif.
Au niveau physique : bénéfique pour réguler le cholestérol et pour le foie. Favorise la désintoxication et la perte de poids.
Au niveau émotionnel/spirituel : bénéfique en cas de traumatismes mentaux.

Héliodore

Variété de **béryl** jaune/doré.

Provenance : Brésil
Correspondance astrologique : Lion
Correspondances des chakras : plexus solaire, coronal

Propriétés curatives

Bénéfique à l'équilibre mental, à la communication et apporte une protection générale en votre absence (par exemple, pour protéger votre maison, votre voiture ou votre famille).
Au niveau physique : bénéfique au foie, à la rate et au pancréas.
Au niveau émotionnel/spirituel : favorise la compassion.

Jaspe jaune

Variété jaune de **calcédoine** opaque.

Provenance : Afrique du Sud
Correspondance astrologique : Lion
Correspondance des chakras : plexus solaire

Propriétés curatives

Bénéfique aux poursuites intellectuelles et à la protection des voyageurs.
Au niveau physique : favorise la digestion. Apporte de l'énergie

Opale jaune

Amas jaunes présentant parfois une irisation (feu) de diverses couleurs. Les couleurs sont produites par la diffraction de la lumière à l'intérieur de la structure cristalline.

Provenance : Madagascar
Correspondance astrologique : Cancer
Correspondance des chakras : plexus solaire

Propriétés curatives

Aide à éliminer les obstacles mentaux pour vous apporter une perspective plus claire. Assiste les sentiments intuitifs. Apporte la vitalité.
Au niveau physique : favorise l'absorption d'aliments.

Blende zonée/Schalenblende

Variété compacte de **sphalérite**, de couleur jaune ou brun, présentant souvent des bandes gris argent de **galène** et de **marcassite**.

Provenance : Pologne, Allemagne
Correspondances astrologiques : Verseau, Poissons
Correspondance des chakras : plexus solaire

Propriétés curatives

Efficace pour la magie et la divination, la protection et le voyage, la médiumnité et les nouveaux départs.
Au niveau physique : revitalise le système immunitaire, soulage en cas de sida.

Le guide pratique des cristaux

Soufre

Cristaux de couleur jaune en amas, en nodules et de forme pyramidale et tabulaire.

Provenance : Sicile
Correspondance astrologique : Lion
Correspondance des chakras : du plexus solaire

Propriétés curatives

Bénéfique à l'équilibre mental, à l'inspiration et au raisonnement. Favorise la détermination.
Au niveau physique : efficace contre les piqûres d'insectes et les infections, les excroissances des tissus fibreux, les articulations douloureuses et gonflées. Apporte de l'énergie. Peut être utilisé comme fumigène.

Œil-de-tigre

Membre de la famille du **quartz**. L'œil-de-tigre présente un aspect de chatoyance (reflet lumineux) produit par sa structure fibreuse d'amiante. Il s'apparente, tout en étant différent, à l'œil-de-chat. Les couleurs incluent l'or, le jaune, le brun, l'**œil d'aigle** bleu et l'**œil-de-faucon** rouge.

Provenance : Afrique du Sud
Correspondance astrologique : Capricorne
Correspondances des chakras : du plexus solaire

Propriétés curatives

Il s'agit d'une pierre de « réconfort » et de détermination. Bénéfique à l'intuition et au courage, aux nouveaux départs, à la guérison à distance (particulièrement par la méditation) et au développement de l'esprit. Assiste l'intuition, les sentiments instinctifs et l'esprit d'investigation, et de ce fait, est utile pour la police, les scientifiques, les assureurs et les comptables. Aide à dépasser l'étroitesse d'esprit. Apporte la prospérité et l'équilibre du yin et du yang ainsi que des hémisphères droit et gauche du cerveau.
Au niveau physique : bénéfique en cas de troubles de la vision nocturne et pour l'ensemble du système digestif. Favorise la digestion et aide à traiter les troubles digestifs incluant les flatulences, la nausée et la diverticulose. Aide également à traiter les maladies de l'œil et les fractures.
Au niveau émotionnel/spirituel : bénéfique à l'équilibre, au calme et à l'ancrage. Aide à surmonter la peur, l'inquiétude, la dépression et l'agitation, l'inhibition, la négativité et l'introversion. Bénéfique contre les personnes délibérément obstructionnistes.

Topaze impériale

Sous forme de cristaux prismatiques dorés et de galets alluviaux.

Provenance : Brésil, USA
Correspondances astrologiques : Lion, Sagittaire, Poissons
Correspondances des chakras : du plexus solaire, coronal

Propriétés curatives

Bénéfique à l'attractivité, à l'énergie mentale, aux pensées et aux idées.
Au niveau physique : bénéfique aux hormones, au foie et à la vésicule biliaire.
Au niveau émotionnel/spirituel : favorise la relaxation et la méditation. Favorise la connexion universelle à chaque chose et le sentiment d'unité.

Tsilasite

Cristaux jaunes prismatiques présentant des stries verticales.

Autres noms usuels : **tourmaline** jaune, péridot de Ceylan.
Provenance : Brésil, Pakistan
Correspondance astrologique : Lion
Correspondance des chakras : du plexus solaire

Propriétés curatives

Bénéfique à l'invention, à l'intellect et aux idées, au cerveau, à la pensée et à l'énergie mentale. Utile si vous avez trouvé un nouveau moyen d'existence, un nouvel emploi ou une nouvelle carrière, ou établi une nouvelle entreprise.
Au niveau physique : bénéfique au foie et à la rate, aux reins, à la vésicule biliaire et à l'estomac.
Au niveau émotionnel/spirituel : bénéfique aux cycles et récurrences comportementaux.

Vert

Jade

Trouvé en amas de couleurs diverses et variées : vert, orange et brun, bleu, crème et blanc, lavande, rouge, gris et noir. Les variétés de jade incluent la **jadéite** et la **néphrite**. Notez que : la **bowénite** est un jade récemment découvert.

Provenance :
Canada, Chine, Myanmar, USA
Correspondances astrologiques : Bélier, Taureau, Gémeaux, Balance
Correspondance des chakras : du cœur

Propriétés curatives

Excellente pierre à offrir à un enfant. Elle permet de résoudre les problèmes, de contrer les prédispositions aux accidents, et permet d'atteindre ses rêves, ses objectifs et ses idéaux. Elle apporte l'équilibre, la justice, la modestie et le courage, la sagesse, la compassion et la longévité.
Au niveau physique : bénéfique à la peau, aux cheveux, au système lymphatique, aux os, aux articulations et aux hanches, à la vessie, au cœur, au système immunitaire, à la vésicule biliaire et aux reins, aux muscles et au système reproductif féminin. Aide à traiter l'acné, et en cas de syndromes prémenstruels (SPM), de troubles prémenstruels (TPM) et de douleurs liées aux règles, d'asthme, d'infections bactériologiques et virales, de troubles oculaires, de malaise général, de forte pression sanguine et de schizophrénie. Favorise la fertilité.
Au niveau émotionnel/spirituel : bénéfique à l'équilibre émotionnel, à la confiance en soi et à l'ancrage. Aide à surmonter la négativité. Favorise les rêves et le rappel des rêves (lorsque la pierre est placée sous l'oreiller). Favorise la connexion aux anciennes civilisations et à la sagesse, la protection, la sérénité (intérieure et extérieure), et l'accès chamanique aux mondes des esprits.

Jadéite

Variété de **jade** se présentant en amas et plus rarement en petits cristaux longs prismatiques. Les couleurs incluent diverses tonalités de vert, de mauve-lavande, de blanc et de brun, de rouge, d'orange, de jaune, de gris et de noir. Les couleurs se mélangent parfois, produisant des motifs ou des veines à l'intérieur de la pierre.

Autre nom usuel : jade impérial (vert émeraude translucide)
Provenance : Chine, USA
Correspondance astrologique : Bélier
Correspondance des chakras : du cœur

Propriétés curatives

Excellente pour la magie et pour rétablir les relations. Efficace en usage collectif.
Au niveau physique : bénéfique aux testicules. Aide en cas de forte pression sanguine, de rétablissement postopératoire, de crampes et de syndrome des jambes agitées.

Epidote

Cristaux prismatiques et en forme d'aiguille, occasionnellement en pointe, et en amas, en plaques et en fibres. De tonalités variées de vert, de jaune, de rouge, de gris et de noir.

Provenance : Brésil, Pakistan
Correspondance astrologique : Gémeaux
Correspondance des chakras : frontal

Propriétés curatives

Efficace pour la perception et l'éveil de la conscience.
Au niveau physique : bénéfique à la thyroïde, au cerveau, au système nerveux et à l'épiderme (en tant qu'élixir). Soulage en cas de déshydratation, de maladie de Parkinson et de la plupart des autres conditions.

Nébulastone

Une combinaison d'aegirine, de feldspath de potassium, de **quartz** et d'**épidote**, formant des pierres rondes à la surface lisse présentant des points verts.

Provenance : USA
Correspondance astrologique : Scorpion
Correspondance des chakras : du cœur

Propriétés curatives

Favorise l'appréciation, l'intellect et la liberté de pensée. Apporte l'inspiration et le courage.
Au niveau physique : aide à traiter l'herpès, la bronchite et le syndrome d'immunodéficience acquise (SIDA). Favorise la désintoxication.
Au niveau émotionnel/spirituel : efficace pour l'estime de soi, ainsi que pour percevoir et interpréter les auras. Favorise l'accès aux annales akashiques (archives de connaissances mystiques). Prémunit de la peur et permet de faire face à une tragédie.

Serpentine

En amas, fibres et « plaques » superposées. Trouvée sous forme cristalline uniquement à l'intérieur d'autres minéraux. Les couleurs sont vert, rouge, brun, noir et blanc, parfois présentant des inclusions de **magnétite** lui donnant un aspect veiné.

Provenance : Royaume-Uni, Chine
Correspondance astrologique : Gémeaux
Correspondance des chakras : du cœur

Propriétés curatives

Favorise la créativité artistique.
Au niveau physique : soulage de l'hypoglycémie, du diabète, permet d'éliminer les parasites et de remédier aux déficiences en calcium et en magnésium.
Au niveau émotionnel/spirituel : bénéfique aux émotions, à la circulation de l'énergie et à la méditation.

Sphène

En amas, en « plaques » superposées et en gros cristaux de forme aplatie et de couleurs variées.

Autre nom usuel : titanite
Provenance : Canada, Mexique, Pakistan, Russie, USA
Correspondance astrologique : Sagittaire
Correspondance des chakras : l'ensemble des chakras

Propriétés curatives

Cristal bénéfique à l'astrologie et à l'astronomie.
Au niveau physique : favorise l'apaisement physique et la santé du système immunitaire, bénéfique aux globules rouges et aux dents. Aide à traiter les entorses et les foulures, les coups de soleil et la fièvre.

Actinolite

Longues lames cristallines vertes ou noires trouvées fréquemment à l'intérieur ou associées à d'autres minéraux. Il s'agit de la forme cristalline du **jade néphrite.**

Provenance : Brésil, USA, Canada, Australie, Europe, Mexique, Japon
Correspondance astrologique : Scorpion
Correspondance des chakras : du cœur

Propriétés curatives

Efficace pour gérer les récurrences comportementales, pour les talents et les capacités. Favorise la connexion.

Rhyolite de la forêt tropicale

Quartz, feldspath et néphélite produits par l'activité volcanique. Des traces de fluctuation des minéraux peuvent être apparentes à la surface.

Autre nom usuel : rhyolite verte
Provenance : Australie
Correspondance astrologique : Verseau
Correspondance des chakras : frontal

Proprietes curatives
Efficace pour accomplir des choix, enseigner et pour l'expression créative. Aide à combattre la procrastination. Très utile pour tous types de travaux de construction. Apaise la plupart des animaux.
Au niveau physique : aide en cas de diabète, d'hypoglycémie, d'hernie et de varices.
Au niveau émotionnel/spirituel : favorise la médiumnité. Permet de dépasser les illusions.

Chlorite

Trouvée fréquemment sous l'aspect de fantômes verts dans les cristaux de **quartz**. Le groupe des chlorites inclut le **clinochlore** (connu également sous le nom de séraphinite).

Provenance : Brésil
Correspondance astrologique : Sagittaire
Correspondance des chakras : du cœur

Proprietes curatives
Au niveau physique : efficace pour se désintoxiquer et perdre du poids (sous forme d'élixir). Favorise la circulation et l'absorption des vitamines A et E, de calcium, de fer et de magnésium. Stimule les « bonnes bactéries ». Aide en cas de refroidissements, de réactions allergiques, de ballonnement abdominaux douleureux, de douleurs en général, de boutons de mélanome et de taches de vieillesse.
Au niveau émotionnel/spirituel : favorise la méditation et aide à trouver les réponses. Aide à combattre la colère, l'hostilité et la peur.

Pierre de sang

Jaspe vert, présentant généralement des inclusions de couleur rouge.

Autres noms usuels : héliotrope (avec inclusions rouges), plasma (sans inclusions rouges)
Provenance : Inde
Correspondances astrologiques : Bélier, Balance, Poissons
Correspondance des chakras : du cœur

Proprietes curatives
Apporte le courage, la vitalité et la créativité.
Au niveau physique : favorise l'équilibre et aide à éliminer les toxines. Bénéfique à la santé du cœur, des articulations et des reins, du foie, de la rate, du sang et de la moelle épinière. Aide en cas d'anémie, de déficience en fer, de saignements de nez, d'hémorragies, de blessures et de caillots sanguins. Permet de réguler l'écoulement de sang menstruel.
Au niveau émotionnel/spirituel : efficace pour le centrage et l'apaisement émotionnel. Aide en cas de stress et d'agression. L'héliotrope est efficace pour maîtriser et se libérer de la mauvaise humeur.

Alexandrite

Variété de couleur verte de **chrysobéryl** semblant rouge lorsqu'elle est exposée à la lumière artificielle. Trouvée généralement en petit amas et plus rarement, sous forme de cristaux.

Provenance Brésil, Russie
Correspondance astrologique : Scorpion
Correspondance des chakras : du cœur

Proprietes curatives
Apporte la bonne fortune, l'équilibre mental, la jeunesse et la créativité.
Au niveau physique : favorable à la santé de la rate, des testicules et du pancréas. Soulage les dommages nerveux et la maladie de Parkinson, la maladie d'Alzheimer, la démence sénile et la leucémie.
Au niveau émotionnel/spirituel : favorise l'équilibre émotionnel, l'estime de soi, le rebirth et l'accès aux vies antérieures. Aide à résoudre d'anciens problèmes liés au passé.

Clinochlore

Un minéral de **chlorite** formant des amas vert/blanc, incolores et jaunes, et occasionnellement des cristaux.

Autres noms usuels : séraphinite
Provenance : Russie
Correspondance astrologique : Taureau
Correspondance des chakras : du cœur

Propriétés curatives

Bénéfique aux relations et apporte le réconfort.
Au niveau physique : stabilise les conditions critiques.
Au niveau émotionnel/spirituel : favorise l'amour spirituel et la connexion aux anges et aux anges gardiens. Soulage les cœurs brisés et allège la peur de l'inconnu.

Fuchsite

Variété de mica présentant des inclusions de chrome lui donnant une couleur verte. Se présente sous forme de strates superposées, d'amas et parfois de cristaux tabulaires.

Provenance : Brésil
Correspondance astrologique : Verseau
Correspondance des chakras : du cœur

Propriétés curatives

Aide à accomplir les bons choix.
Au niveau physique : bénéfique à la santé du cœur, de la colonne vertébrale et des muscles. Aide en cas de syndrome du tunnel carpien et d'affections cutanées, plus particulièrement d'eczéma. Favorise le rétablissement physique.
Au niveau émotionnel/spirituel : efficace pour apaiser. Aide à surmonter un amour non partagé et en cas de rétablissement émotionnel.
Non appropriée pour la préparation d'élixirs.

Idocrase

Cristaux prismatiques courts ou en amas. Les couleurs incluent le vert, le jaune, le rouge, le bleu, le brun, le rose et le blanc.

Autre nom usuel : vésuvianite
Provenance : Italie
Correspondances astrologiques : Sagittaire, Capricorne
Correspondance des chakras : du cœur

Propriétés curatives

Favorise la protection et le courage, la conscience du danger, la coopération et l'invention, la découverte et l'équilibre mental.
Au niveau physique : bénéfique au sens olfactif, à l'émail dentaire et à l'absorption de nutriments. Soulage les éruptions cutanées (par exemple comme l'eczéma) et la diverticulose.
Au niveau émotionnel/spirituel : favorise l'empathie et la clairsentience. Aide lors du parcours spirituel, et à surmonter la colère, la dépression ou la peur.

Aventurine

Variété de quartz présentant des inclusions de mica lui donnant un aspect moucheté ou scintillant. Généralement de couleur verte ; les autres couleurs incluent le bleu, le blanc, le rouge pêche et le brun.

Provenance : Brésil, Inde
Correspondance astrologique : Bélier
Correspondance des chakras : du cœur

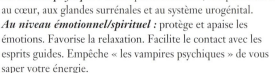

Propriétés curatives

Favorise la créativité, la motivation, l'hégémonie et les décisions, les réactions promptes et rapides. Soulage le stress avant et durant les examens, et permet d'équilibrer le yin et le yang.
Au niveau physique : bénéfique aux muscles, aux poumons et au cœur, aux glandes surrénales et au système urogénital.
Au niveau émotionnel/spirituel : protège et apaise les émotions. Favorise la relaxation. Facilite le contact avec les esprits guides. Empêche « les vampires psychiques » de vous saper votre énergie.

jaspe Orbiculaire

Variété de **calcédoine** opaque de couleur vert, brun et crème. Caractérisée par ses petits motifs circulaires.

Autres noms usuels : jaspe de la mer, jaspe océan
Provenance : Madagascar
Correspondance astrologique : Capricorne
Correspondance des chakras : du cœur

Propriétés curatives

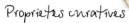

Favorise la prise de responsabilités et la patience.
Au niveau physique : bénéfique à la digestion et à la désintoxication. Prévient les maladies.
Au niveau émotionnel/spirituel : favorise la méditation et la respiration circulaire. Aide à surmonter le stress émotionnel.

Malachite

En agrégats cristallins, druses, structures botryoïdes et groupes de cristaux fibreux radiants. De couleur verte, cette pierre présente fréquemment des nuances variées de bandes vertes et noires. Les cristaux prismatiques simples sont plus rares. Les malachites pseudomorphes d'**azurite** sont relativement communes, et produisent un cristal plus moucheté.

Provenance : République Démocratique du Congo, USA
Correspondances astrologiques : Scorpion, Capricorne
Correspondance des chakras : du cœur

Propriétés curatives

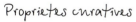

Favorise l'endurance.
Au niveau physique : favorise l'équilibre physique, la vue et la désintoxication au niveau cellulaire. Bénéfique à la santé du pancréas, de la glande hypophyse, du sang et du cœur, de la rate, des dents et du système immunitaire. Facilite l'accouchement et favorise le sommeil réparateur. Possède des propriétés antiseptiques. Aide en cas d'asthme, d'arthrite, d'inflammation, de gonflement, favorise la régénération des tissus, la réparation des fractures et des déchirements musculaires, aide en cas d'épilepsie, d'insomnie, de rhumatisme, de choléra et de tumeurs.
Au niveau émotionnel/spirituel : Bénéfique à l'interprétation des rêves et à la méditation. Aide à surmonter la dépression et la psychose maniaco-dépressive.

Nephrite

Variété de **jade** incluant de l'**actinolite**. Trouvée sous forme d'amas. Peut être verte, noire, crème, brun clair, bleue ou rose.

Autre nom usuel : pierre verte
Provenance : Chine, USA, Canada
Correspondance astrologique : Balance
Correspondance des chakras : du cœur

Propriétés curatives

Apporte la protection.
Au niveau physique : bénéfique à la santé générale et au métabolisme, au système immunitaire et aux glandes surrénales. Aide en cas d'infections bactériologiques et virales, de coliques et de troubles physiques liés au stress.
Au niveau émotionnel/spirituel : favorise l'équilibre du yin et du yang.

Unakite

Mélange d'**épidote**, de feldspath et de **quartz**.

Provenance : Afrique du Sud
Correspondance astrologique : Scorpion
Correspondance des chakras : du cœur

Propriétés curatives

Permet de surmonter les blocages que l'on s'impose à soi-même.
Au niveau physique : favorise la reprise de poids. Bénéfique à la fertilité, à la maternité et à la bonne santé du fœtus.
Au niveau émotionnel/spirituel : bénéfique aux émotions. Relie le chakra racine au chakra du cœur, vous permettant ainsi d'évoluer en suivant votre cœur. Favorise l'équilibre du yin et du yang et permet de surmonter le chagrin, causé par la perte d'une idée / d'un concept / d'un rêve / d'un objectif, associée ou non à la perte d'un être cher. Efficace pour vivre le moment présent, en acceptant les expériences du passé et en accédant à ses vies antérieures.

Chrysocolle

Se présente sous formes de strates, de structures botryoïdales et de druses, de couleur bleu / vert.

Provenance : Pérou, USA
Correspondances astrologiques :
Taureau, Gémeaux, Vierge
Correspondance des chakras :
du cœur

Proprietes curatives

Une pierre de « réconfort » excellente pour la créativité, la sexualité féminine, raviver les relations et pour les personnes parlant trop fort ou indiscrètes. La druse de chrysocolle accélère les effets des autres cristaux.
Au niveau physique : favorise la digestion et le métabolisme, bénéfique aux hanches et aux articulations, au pancréas, à la thyroïde, aux muscles et aux poumons. Apporte son assistance pour le développement favorable du fœtus et du bébé. Favorise la respiration et l'oxydation du sang, en augmentant la capacité des poumons. Favorise la production bénéfique d'insuline et de niveaux de glucose dans le sang. Prévient les ulcères. Aide en cas d'arthrite et de rhumatismes, de douleurs menstruelles, de syndrome prémenstruel (SPM), d'hypertension et de diabète, de crampes musculaires, de syndrome des jambes agitées, de troubles sanguins telle que la leucémie, et de troubles pulmonaires, tels que l'asthme, la bronchite et l'emphysème.
Au niveau émotionnel/spirituel : aide à surmonter le stress, les phobies, la tension et la culpabilité. Aide à soigner la planète en rééquilibrant l'énergie naturelle de la Terre. Peut aider à guérir un cœur brisé.

Ajoite

Trouvée fréquemment sous forme de spectres verts dans les cristaux de **quartz**, et plus rarement, sous forme de druses.

Provenance : Afrique du Sud
Correspondance astrologique : Vierge
Correspondance des chakras :
du cœur

Proprietes curatives

Favorise la créativité, la jeunesse, permet de surmonter les préjugés et d'exprimer « votre vérité ».
Au niveau émotionnel/spirituel : apporte le calme. Efficace pour le contact avec l'esprit. Aide en cas de haine de soi, de colère, de jalousie et de préjugé. Remplace la peur par l'amour.

Opale verte

Amas verts présentant parfois une irisation (feu) de diverses couleurs. Les couleurs sont produites par la diffraction de la lumière à l'intérieur de la structure cristalline.

Autre nom usuel : **opale** andine
Provenance : Pérou
Correspondances astrologiques : Bélier, Cancer, Sagittaire
Correspondance des chakras : du cœur

Proprietes curatives

Favorise l'éveil de la conscience, la résolution des problèmes, efficace en hypnose et pour la divination.
Au niveau physique : bénéfique au système immunitaire. Favorise la désintoxication et aide à comprendre vos besoins nutritionnels ainsi que ceux d'autrui. Soulage les grippes et les rhumes, la fièvre et l'hypothermie, équilibre la température.
Au niveau émotionnel/spirituel : favorise l'ancrage et le centrage, la relaxation, la méditation et le voyage chamanique. Permet de favoriser et de se souvenir de ses rêves.

Amazonite

Variété de microcline (un type de feldspath) verte, généralement opaque, de forme cristalline et en amas. Les couleurs varient du jaune-vert au bleu-vert.

Autres noms usuels : jade d'Amazonie, pierre d'Amazonie
Provenance : Brésil, Russie, USA
Correspondance astrologique : Vierge
Correspondance des chakras : du cœur

Proprietes curatives

Une pierre de « réconfort » excellente pour la créativité.
Au niveau physique : bénéfique pour le cœur, les nerfs et le système nerveux. Permet d'atténuer la schizophrénie.
Au niveau émotionnel/spirituel : réconfortante et apaisante. Bénéfique à l'aura. Permet de surmonter le stress, la nervosité et les troubles de l'esprit.

Brazilianite

Cristaux prismatiques courts et striés, incolores ou verts.

Provenance : Brésil
Correspondance astrologique : Capricorne
Correspondance des chakras : du cœur

Proprietes curatives

Favorise le désir et les relations. Facilite les prises de décisions et permet de les assumer.
Au niveau physique : permet de soulager les fièvres, les coups de chaleur, la sensibilité de la peau et les coups de soleil.
Au niveau émotionnel/spirituel : libère en douceur les émotions et l'énergie bloquées.

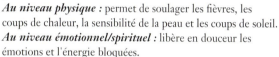

Pyromorphite

Cristaux prismatiques hexagonaux, en druses, en structures botryoïdales et en amas de couleur vert, jaune, brun et orange.

Provenance : Royaume-Uni, Chine
Correspondances astrologiques : Bélier, Lion, Sagittaire
Correspondance des chakras : du cœur

Proprietes curatives

Favorise l'humour et les nouveaux départs.
Au niveau physique : bénéfique à la santé des gencives. Aide en cas de déficience en vitamine B, de refroidissements et de gingivite.
Au niveau émotionnel/spirituel : apporte la confiance en soi.
Non appropriée pour la préparation d'élixirs.

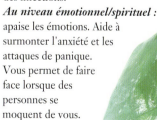

Adamite

Cristaux tabulaires ou en druse jaune-vert présentant un éclat vitreux.

Provenance : Mexique
Correspondance astrologique : Cancer
Correspondance des chakras : du cœur

Proprietes curatives

Favorise le succès en affaires, la prospérité, l'expression, la pensée latérale et l'intellect, ainsi que la force intérieure.
Au niveau physique : bénéfique à la santé du cœur et des poumons, de la gorge et des glandes endocrines.
Au niveau émotionnel/spirituel : bénéfique aux émotions en général.

Calcite verte

Amas de couleur allant du vert émeraude vif au vert pâle.

Provenance : Mexique
Correspondance astrologique : Cancer
Correspondance des chakras : du cœur

Proprietes curatives

Au niveau physique : favorise la prévention et le traitement des infections.
Au niveau émotionnel/spirituel : apaise les émotions. Aide à surmonter l'anxiété et les attaques de panique. Vous permet de faire face lorsque des personnes se moquent de vous.

Émeraude

Variété de **béryl** se présentant sous forme de gemme de couleur verte.

Provenance : Colombie (pour des gemmes de qualité), Brésil (pour une qualité plus commerciale)
Correspondances astrologiques : Bélier, Taureau, Gémeaux
Correspondance des chakras : du cœur

Proprietes curatives

Apporte la vitalité. Bénéfique à la mémoire, à la patience et à l'honnêteté.
Au niveau physique : bénéfique à la croissance, à l'équilibre, à la vue et à la fertilité. Favorise la bonne santé des reins et du foie, des canaux biliaires, des os et des dents, du cœur et du système immunitaire. Aide en cas d'affection hépatique, de piqûres d'insectes, de forte pression sanguine, d'asthme, d'inflammation et de jaunisse, d'infections bactériologiques ou virales, de plaies, d'angine et de peste. Possède des propriétés antiseptiques.
Au niveau émotionnel/spirituel : aide à surmonter la mauvaise humeur.

Dioptase

Cristaux prismatiques d'un vert émeraude brillant se présentant en amas.

Provenance : Namibie, République Démocratique du Congo, Russie, USA
Correspondances astrologiques : Scorpion, Sagittaire
Correspondance des chakras : l'ensemble des chakras

Proprietes curatives

Apporte la vitalité, l'abondance et l'équilibre. Favorise le changement, le renouvellement des idéaux et aide à vivre dans le présent.
Au niveau physique : favorise l'équilibre nutritionnel, les poumons et le système immunitaire, le cœur, la circulation et l'estomac. Bénéfique à la croissance des bébés. Permet de comprendre les causes d'une maladie. Aide en cas d'hypertension et contre la diarrhée, la nausée, le syndrome du côlon irritable (SCI) et les ulcères, la maladie de Ménière, les étourdissements, le SIDA, les varices, les angines et la douleur.
Au niveau émotionnel/spirituel : équilibre le yin et le yang, favorise l'accès aux vies antérieures et la stabilité émotionnelle. Soulage des sentiments d'oppression.

Uvarovite

Une variété vert émeraude de **grenat**.

Provenance : Russie
Correspondance astrologique : Verseau
Correspondance des chakras : du cœur

Proprietes curatives

Favorise la clarté de pensée.
Au niveau physique : permet de se désintoxiquer et bénéfique à la santé du cœur et des poumons. Aide en cas de frigidité, d'acidose, de leucémie, et d'infections des reins et de la vessie.
Au niveau émotionnel/spirituel : apaisante et bénéfique à l'âme. Aide à soulager la solitude. Facilite la rencontre avec l'âme jumelle / l'âme sœur.

Préhnite

Trouvé sous formes de massives structures botryoïdales et globulaires, de « plaques » superposées, et de cristaux prismatiques et tabulaires. Les couleurs sont vert, jaune, blanc et brun.

Provenance : Australie
Correspondance astrologique : Balance
Correspondances des chakras : du cœur, frontal

Proprietes curatives

Favorise la divination, les prophéties, la visualisation, l'inspiration et le flot de l'énergie.
Au niveau physique : bénéfique à la santé des tissus connectifs, des reins et de la vessie. Aide en cas d'anémie et de goutte.
Au niveau émotionnel/spirituel : favorise la méditation, le sang-froid, le lâcher prise et vous permettra de trouver votre véritable chemin spirituel à travers la vie. Aide en cas d'agitation, favorise les rêves et permet de s'en souvenir.

Wavellite

Trouvée sous forme d'amas, de structure globulaire, de druses et de cristaux en aiguille. De couleur : incolore, vert, blanc, jaune, brun, noir ou bleu.

Provenance : USA
Correspondance astrologique : Verseau
Correspondances des chakras : du cœur

Proprietes curatives

Favorise l'intuition, les choix et les prises de décisions. Bénéfique à la circulation de l'énergie.
Au niveau physique : entretient la santé lorsque vous êtes en pleine forme. Bénéfique aux fluides corporels. Aide en cas de dermatose.

Agate arbre

Amas opaque d'**agate** présentant des dessins verts et blancs ressemblant à du feuillage.

Provenance : Inde
Correspondance astrologique : Taureau
Correspondance des chakras : du cœur

Proprietes curatives

Vous aidera à percevoir la beauté en toutes choses. Favorise la croissance des plantes ; très utile pour les jardiniers.
Au niveau émotionnel/spirituel : très apaisante. Aide à surmonter les chocs, les traumas et les questionnements liés à l'ego.

Bowenite

Amas vert finement granuleux d'antigorite.

Autres noms usuels : nouveau jade, tangiwaite, tangawaite, tangavaite, pierre verte (utilisée en Nouvelle-Zélande - notez que « pierre verte » est également le nom usuel utilisé pour le **jade néphrite**, qui est cependant un minéral différent).

Provenance : Chine, USA
Correspondance astrologique : Verseau
Correspondance des chakras : du cœur

Proprietes curatives

« Pierre du guerrier » - elle vous protègera des ennemis. Favorise amour, amitié, connexion aux ancêtres, succès en affaires et aide à atteindre les objectifs et ambitions personnelles. Utile lors d'un changement de domicile pour effectuer une transition nette. Permet d'éliminer les obstacles. Facilite le changement et encourage l'esprit d'aventure. Utile pour trouver l'âme sœur.
Au niveau physique : bénéfique au cœur, à la fertilité et pour l'ADN/ARN, ainsi que pour traiter le cholestérol. Aide en cas d'acrophobie (peur de la hauteur).
Au niveau émotionnel/spirituel : favorise la méditation. Aide à surmonter le chagrin, la dépression et les traumas liés au passé.

Variscite

Trouvée en amas, nodules, druses et cristaux octaédriques. De tonalités variées de vert, et plus rarement, de rouge.

Provenance : Australie, USA
Correspondances astrologiques : Taureau, Gémeaux, Scorpion
Correspondance des chakras : du cœur

Proprietes curatives

Bénéfique aux qualités masculines. Utile au personnel de soin.
Au niveau physique : bénéfique à la santé du fœtus. Bénéfique au système nerveux, au pénis, aux testicules, à la prostate et pour la souplesse de la peau. Aide en cas d'impotence, de distension et de douleurs abdominales. Favorise la circulation du sang.
Au niveau émotionnel/spirituel : apaisante. Apporte la stabilité émotionnelle. Aide à surmonter la détresse.

Chrysoprase

Variété verte ou jaune (citron) de **calcédoine**.

Provenance : Australie
Correspondance astrologique : Balance
Correspondance des chakras : du cœur

Proprietes curatives

Pierre de « réconfort ». Bénéfique pour la santé mentale générale et la guérison. Vous permet de percevoir au travers du brouillard mental. Favorise la dextérité.

Au niveau physique : favorise la fertilité et la bonne santé de la rate et du cœur. Aide en cas de schizophrénie et de scorbut.
Au niveau émotionnel/spirituel : favorise l'équilibre du yin et du yang, la méditation, l'équilibre, l'acceptation de soi et des autres. Aide à surmonter l'anxiété et la dépression, la peur, les rythmes névrotiques et le stress, le complexe d'infériorité, un cœur brisé et les attitudes critiques. Permet de combattre les sentiments d'arrogance et les complexes de supériorité.

Grossularite

Variété verte de **grenat**. Également incolore, jaune, brun, rouge-brun, rouge, orange, blanc, gris et noir.

Autre nom usuel : grenat grossulaire
Provenance : Malawi
Correspondance astrologique : Cancer
Correspondance des chakras : du cœur

Proprietes curatives

Favorise la raison.
Au niveau physique : bénéfique à la fertilité (par la méditation). Aide en cas de déficience en vitamine A.
Au niveau émotionnel/spirituel : aide en cas de disputes et de discussions passionnées.

Zoïsite

En amas et cristaux prismatiques striés. Peut être incolore, vert, brun, rouge, jaune, blanc, lavande, bleu **tanzanite** et rose **thulite**.

Provenance : Pakistan, Tanzanie, Zimbabwe, Écosse
Correspondance astrologique : Gémeaux
Correspondance des chakras : du cœur

Proprietes curatives

Permet de remédier à la paresse et à l'oisiveté.
Au niveau physique : bénéfique au cœur, à la rate, au pancréas et aux poumons.

Au niveau émotionnel/spirituel : aide à surmonter la négativité.

Anyolite

Cristaux de rubis se produisant dans des amas de **zoïsite**.

Autres noms usuels : zoïsite et rubis
Provenance : Tanzanie
Correspondances astrologiques : Gémeaux, Cancer, Lion, Scorpion, Sagittaire
Correspondances des chakras : du cœur, coronal

Proprietes curatives

Bénéfique à l'esprit et à la vitalité.
Au niveau physique : bénéfique au cœur. Utile pour effectuer des diagnostics. Aide si vous vous sentez généralement épuisé.
Au niveau émotionnel/spirituel : favorise les états altérés de la conscience, les facultés psychiques et la communication avec les esprits.

Péridot

Petits cristaux verts prismatiques et en amas. Ses autres couleurs incluent le rouge, le brun et le jaune.

Autres noms usuels : chrysolite, olivine
Provenance : Afghanistan, Brésil, îles Canaries, Pakistan, Russie, Sri Lanka, USA
Correspondances astrologiques : Lion, Vierge, Scorpion, Sagittaire
Correspondance des chakras : du cœur

Propriétés curatives

Pierre de « réconfort » bénéfique à l'ego, à la santé et guérison mentale. Protège contre les influences extérieures. Aide à combattre la paresse et à briser les récurrences et cycles comportementaux.
Au niveau physique : favorise la santé du côlon, du cœur et des poumons, de la rate et du pancréas, des intestins, du foie et de la vésicule biliaire. Favorise la digestion et la désintoxication. Agit en tant que tonifiant physique général. Stimule les contractions durant l'accouchement. Aide en cas d'astigmatisme et de myopie, coups de soleil, d'intoxications, d'addictions et d'alcoolisme, de gastroentérite, de cancer, d'acidité et de syndrome du côlon irritable (SCI), de maladie de Crohn, d'ulcères et de prise de poids.
Au niveau émotionnel/spirituel : favorise l'éveil de la conscience par la méditation. Aide à surmonter le stress, la colère et la jalousie, la dépression, les blocages émotionnels et la léthargie.

Agate mousse verte

Amas d'**agate** vert transparent ou translucide, blanc, et présentant des motifs ressemblant à de la mousse. Peut également être rouge, jaune, brun, noir et bleu.

Provenance : Inde
Correspondance astrologique : Vierge
Correspondances de chakras : du cœur

Propriétés curatives

Favorise la prospérité, et la bonne croissance des nouvelles cultures.

Au niveau physique : favorise la purification et la désintoxication. Bénéfique à la digestion, au système immunitaire et aux yeux. Aide en cas de déshydratation, d'infection fongique, de symptômes de la grippe ou de rhume, et de troubles de l'épiderme.
Au niveau émotionnel/spirituel : libère les émotions bloquées. Aide à surmonter l'anxiété, le stress et la tension.

Béryl

Cristaux prismatiques hexagonaux présentant des extrémités plates ou parfois en petites pyramides. Les variétés de couleurs sont présentées dans des cristaux jaune/vert laiteux, blancs, l'**émeraude** verte, l'**aigue-marine** bleue, l'**héliodore** jaune/dorée, la bixbyite rouge, la **morganite** rose ou la **goshénite** incolore.

Provenance : Afrique, Brésil, Pakistan, Russie
Correspondances astrologiques : Bélier, Gémeaux, Lion, Poissons
Correspondances des chakras : coronal et du plexus solaire

Propriétés curatives

Apporte adaptabilité, activité, initiative, sagesse et vitalité. Vous permet d'accomplir votre potentiel. Excellent à utiliser durant les cérémonies. Voir les variétés spécifiques de béryl possédant d'autres propriétés curatives.
Au niveau physique : bénéfique au système nerveux et au pancréas. Apaise les vomissements.
Au niveau émotionnel/spirituel : favorise l'équilibre émotionnel et permet de surmonter le stress lié à notre siècle.

Fluorite verte

Cristaux verts cubiques, octaédriques ou rhombododécaédriques, et en amas.

Provenance : Chine, Royaume-Uni
Correspondances astrologiques : Capricorne, Poissons
Correspondance des chakras : du cœur

Propriétés curatives

Élimine la négativité présente à l'intérieur d'une pièce.
Au niveau physique : bénéfique à la santé de l'estomac, des intestins et du côlon. Aide en cas de colite, de brûlures d'estomac, de nausée et de mal de gorge.
Au niveau émotionnel/spirituel : favorise la purification des chakras. Aide en cas de troubles émotionnels légers.

Verdélite

Une variété verte de **tourmaline**.

Provenance : Brésil, Pakistan
Correspondance astrologique : Capricorne
Correspondances des chakras : du cœur et frontal

Proprietés curatives

Apporte l'abondance, la créativité et le succès. Bénéfique au cerveau, aux pensées, aux idées et à la sérénité de l'esprit. Utile pour assister les herboristes dans leur travail.
Au niveau physique : bénéfique aux yeux, au cœur, au thymus et au système immunitaire. Aide en cas de constipation et de perte de poids.
Au niveau émotionnel/spirituel : bénéfique aux sentiments en général. Apporte de la compassion. Assiste la visualisation. Aide à combattre la négativité et les abus.

Moldavite

Tektite verte produite à l'origine par l'impact de météorites à la surface terrestre, s'y fondant avec la terre en raison de la force de l'impact. Il en résulte un verre naturel sous une autre forme, composé en partie de terre et d'éléments provenant de l'espace.

Autre nom usuel : valtava
Provenance : la République Tchèque en est *l'unique* provenance
Correspondances astrologiques : l'ensemble des signes
Correspondances des chakras : frontal et du cœur

Proprietés curatives

Apporte l'équilibre mental. Ouvre l'esprit à de nouvelles possibilités. Favorable aux nouvelles expériences.
Au niveau physique : un léger tonifiant général apportant l'équilibre physique.
Au niveau émotionnel/spirituel : facilite les états altérés de l'esprit (par exemple, lors de la méditation, des rêves et de l'hypnose). Bénéfique à la clairsentience.

Prasiolite

Variété verte **d'améthyste** colorée par des minéraux dans les eaux souterraines.

Provenance : Brésil
Correspondances astrologiques : Scorpion, Capricorne
Correspondance des chakras : du cœur

Proprietés curatives

Au niveau physique : permet de comprendre les causes d'une maladie.
Au niveau émotionnel/spirituel : bénéfique à la connexion à la nature, pour regarder au plus profond de soi-même et ainsi atteindre des profondeurs intérieures au cours de la méditation (vous ne l'apprécierez peut-être pas, mais cela vous sera bénéfique !). Permet de trouver son centre et son moi intérieur.

Hiddénite

Variété verte de **kunzite**.

Provenance : Pakistan
Correspondance astrologique : Scorpion
Correspondances des chakras : frontal

Proprietés curatives

Favorise l'intellect et les études.
Au niveau physique : bénéfique aux poumons. Aide à effectuer un diagnostic.
Au niveau émotionnel/spirituel : favorise la compréhension spirituelle. Peut être utilisée pour éliminer les blocages installés au niveau de l'aura.

Rose

Agate rose bandée

Variété d'agate présentant des bandes et motifs roses, blancs et parfois gris.

Provenance : Botswana
Correspondances astrologiques : Taureau, Scorpion
Correspondances des chakras : du cœur et sacré

Propriétés curatives

Bénéfique à la féminité, à la créativité, au réconfort, pour résoudre les problèmes et porter attention aux détails. Vous permet de percevoir toute situation dans son ensemble.
Au niveau physique : bénéfique au système nerveux. Favorise la désintoxication.
Au niveau émotionnel/spirituel : apporte l'amour universel. Aide à surmonter la dépression et le stress.

Manganocalcite

Trouvée en amas et présentant des bandes roses et blanches.

Provenance : Pérou
Correspondance astrologique : Cancer
Correspondance des chakras : du cœur

Propriétés curatives

Au niveau physique : favorise le sommeil.
Au niveau émotionnel/spirituel : apporte l'amour, la paix, le calme et le repos. Soulage des abus et des traumas, des cauchemars et de l'anxiété.

Cobaltocalcite

Croûtes en druses, amas sphériques et plus rarement, cristaux. Fréquemment associée ou à proximité de la **malachite**.

Provenance : R.D. Congo, Maroc
Correspondance astrologique : Cancer
Correspondances des chakras : du cœur, de la gorge, frontal et coronal

Propriétés curatives

Au niveau émotionnel/spirituel : vous permet de percevoir la beauté en chacun et en toute chose, et de reconnaître et apprendre chaque leçon rencontrée le long de votre chemin de vie. Vous aide à découvrir votre vérité intérieure et votre objectif de vie. Permet d'évacuer les blessures intérieures et la souffrance émotionnelle. Facilite l'expression émotionnelle.

Erythrite

Lames ou amas globulaires roses (allant du rose pâle au mauve) et gris, présentant souvent une druse à la surface cristalline, et également en cristaux prismatiques.

Provenance : Maroc
Correspondances astrologiques : Taureau, Vierge, Capricorne
Correspondance des chakras : de la gorge

Propriétés curatives

Bénéfique à la communication.
Au niveau physique : bénéfique à la peau, à la moelle osseuse et aux globules rouges. Aide en cas d'inflammation et d'infection de la gorge. **Non appropriée pour la préparation d'élixirs.**

Eudialyte

Variété de **grenat** rose souvent intégré à d'autres minéraux.

Provenance : Russie
Correspondance astrologique : Bélier
Correspondance des chakras : du cœur

Propriétés curatives

Au niveau physique : bénéfique en cas de troubles oculaires.
Au niveau émotionnel/spirituel : permet de libérer les émotions, d'ouvrir son cœur et de se connecter à son enfance, au passé et aux vies antérieures. Favorise les perceptions extra-sensorielles (PES), l'amour de soi et le pardon. Associée au **quartz de métamorphose**, cette pierre permet d'atténuer le malaise lié au changement.

Kunzite

Variété rose de spodumène formant des cristaux prismatiques aplatis présentant des striations verticales. Peut également être transparent, lilas, bleu, vert (**hiddénite**), ou jaune. Les cristaux peuvent présenter deux ou trois couleurs différentes.

Provenance : Afghanistan
Correspondances astrologiques : Bélier, Taureau, Lion, Balance, Scorpion
Correspondance des chakras : du cœur

Propriétés curatives

Pierre de « réconfort » bénéfique à l'amour, à l'expression et à la circulation (elle élimine les obstacles de votre chemin). Permet d'éliminer la négativité de l'environnement et agit comme bouclier protecteur.
Au niveau physique : favorise la sexualité féminine ; bénéfique au cœur, à la pression sanguine, à la peau et aux poumons. Favorise la sécrétion hormonale et apporte une apparence jeune. Aide à surmonter les addictions, à arrêter de fumer, en cas de tension prémenstruelle (TPM) et de douleurs menstruelles. Élimine les blocages d'énergie pouvant provoquer des maladies.
Au niveau émotionnel/spirituel : apporte le calme. Favorise l'estime de soi, le centrage et la méditation. Favorise le désir, la maîtrise. Aide en cas de comportement compulsif, d'immaturité, de dépression et de tous symptômes liés au stress.

Morganite

Variété rose de **béryl**.

Provenance : Brésil, Pakistan
Correspondance astrologique : Balance
Correspondance des chakras : du cœur

Propriétés curatives

Apporte la sagesse et la clarté de pensée. Vous permet de percevoir une situation sous une perspective différente. Permet de gagner du temps. Utile au cours des cérémonies.
Au niveau physique : favorise les guérisons physiques et l'oxygénation du sang. Bénéfique en cas d'affections de la poitrine tels que l'asthme, l'emphysème et la tuberculose (TB).
Au niveau émotionnel/spirituel : apporte le calme. Favorise l'amour, la méditation et le contact avec les esprits guides. Remplit l'espace laissé dans le cœur après une perte due à la fin d'une relation ou à un décès. Aide à combattre le racisme et le sexisme.

Opale rose

Amas rose, présentant parfois une irisation.

Provenance : Pérou
Correspondance astrologique : Cancer
Correspondance des chakras : du cœur

Propriétés curatives

Favorise l'éclaircissement de l'esprit.
Au niveau physique : bénéfique aux poumons, à la rate, au cœur et aux tissus connectifs. Aide en cas de diabète et d'hypoglycémie. Adoucit la peau.
Au niveau émotionnel/spirituel : auto-guérison, renaissance, éveil spirituel, renouveau et amour. Cette pierre apaisante aide en cas de récurrences comportementales et de comportement violent.

Quartz fraise

Une variété rose de **quartz**, couleur de pulpe de fraises.

Provenance : Afrique du Sud
Correspondance astrologique : Balance
Correspondances des chakras : du cœur et coronal

Proprietes curatives

Vous permet de percevoir la réalité en toute situation.
Au niveau émotionnel/spirituel : favorise l'amour. Canalise au loin l'énergie que vous n'avez pas utilisée, vous amenant ainsi à la sérénité de l'esprit, à l'apaisement et au sommeil réparateur.

Quartz rose

En amas cristallins roses et plus rarement, en cristaux hexagonaux.

Provenance : Brésil, Inde, Madagascar, Afrique du Sud
Correspondances astrologiques : Taureau, Balance
Correspondance des chakras : du cœur

Proprietes curatives

Amplifie la créativité et l'imagination. Favorise l'écriture, l'art et la musique.
Au niveau physique : bénéfique à la complexion, à une apparence physique de jeunesse, à la fertilité et aux cycles menstruels. Favorise la santé des glandes surrénales, du cœur et du sang, à la circulation, aux reins et à la rate. Aide en cas de douleur en général, de rides ou d'asthme, de vertige, de toux, de rhume, de varices et de brûlures (y compris de coups de soleil). Équilibre les pulsions sexuelles et aide à surmonter la frustration sexuelle. Favorise la désintoxication.
Au niveau émotionnel/spirituel : apaisant. Favorise le pardon, l'amour, la romance et les relations. Amplifie l'énergie et les qualités féminines. Aide à surmonter les crises, les phobies, la colère et le stress, la tension, la peur, la culpabilité et le chagrin, le sentiment d'inadéquation, la jalousie et le ressentiment, et lorsque vous vous sentez émotionnellement blessé. Aide à confronter et à gérer les expériences et les émotions liées à l'enfance.

Rhodochrosite

Trouvée sous forme d'amas, de druses, de structures botryoïdales et plus rarement en petits cristaux rhomboédriques. La gamme de couleurs s'étend du rose pâle au rouge profond, en passant par le jaune, l'orange et le brun. La rhodocrosite polie présente des bandes roses et blanches caractéristiques.

Provenance : Argentine
Correspondances astrologiques : Lion, Scorpion
Correspondance des chakras : du cœur

Proprietes curatives

Apporte le courage. Bénéfique à la mémoire, à la passion, à la sexualité et à la composition musicale.
Au niveau physique : bénéfique à la rate et au cœur, à la circulation et aux reins. Aide lors du vieillissement et en cas d'encéphalomyélite myalgique (EM). Favorise la bonne croissance des bébés.
Au niveau émotionnel/spirituel : bénéfique au flot de l'énergie et à l'équilibre du yin et du yang. Aide en cas de dépression nerveuse, de stress lié à notre siècle et de traumatismes émotionnels.

Rhodolite

Variété de **grenat** rose/rouge.

Provenance : Mexique, USA
Correspondance astrologique : Lion
Correspondances des chakras : racine et du cœur

Proprietes curatives

Favorise l'intuition et l'inspiration.
Au niveau physique : bénéfique au cœur et aux poumons.
Au niveau émotionnel/spirituel : favorise la méditation, la contemplation, le channelling et la circulation de l'énergie.

Rhodonite

Cristaux et amas roses ou rouges, parfois verts, jaunes et noirs, présentent généralement des inclusions veinées de manganèse, produisant des lignes noires.

Provenance : Australie, Cornouailles, Madagascar, Afrique du Sud, USA
Correspondance astrologique : Taureau
Correspondance des chakras : du cœur

Propriétés curatives

Favorise l'équilibre mental, l'attention portée aux détails, la mémoire et la composition musicale (plus particulièrement si elle est associée à la rhodocrosite).
Au niveau physique : bénéfique au cœur et aux os. Aide en cas de schizophrénie, d'encéphalomyélite myalgique (EM), d'emphysème, d'arthrite, de sensibilité à la lumière et d'infection de la gorge.
Au niveau émotionnel/spirituel : apaisante et favorisant l'équilibre du yin et du yang, l'amour spirituel inconditionnel, l'estime de soi et la sensibilité. Ancre les sentiments d'amour dans le monde physique. Aide à surmonter l'anxiété, l'agitation et la confusion mentale, le stress lié à notre siècle et l'inconsistance.

Smithsonite

Druses, amas et structures botryoïdales, ainsi que cristaux scalénoédriques et rhomboédriques. Les couleurs incluent le rose, le vert, le bleu et le lavande, le mauve, le brun, le jaune et le blanc grisâtre.

Provenance : Namibie
Correspondances astrologiques : Vierge, Poissons
Correspondance des chakras : du cœur

Propriétés curatives

Favorise l'esprit d'initiative et permet de confronter les disputes (en apaisant les tensions). Apporte la vitalité. Aide à effectuer de nouveaux départs.
Au niveau physique : favorise la digestion et la santé des veines, du système immunitaire et des sinus. Aide en cas d'éruptions cutanées, d'alcoolisme et d'ostéoporose.
Au niveau émotionnel/spirituel : apporte l'apaisement, favorise l'amabilité et la gentillesse, la clairvoyance et la clairsentience.

Thulite

Variété de **zoïsite** rose.

Provenance : Norvège, USA
Correspondances astrologiques : Taureau, Gémeaux
Correspondance des chakras : du cœur

Propriétés curatives

Pierre apaisante et délicate, très bénéfique aux acteurs. Encourage l'éloquence, et aide en cas de sentiment d'errance et de désespoir, de vanité et de suffisance.

Au niveau physique : aide en cas de déficience en calcium, de flatulences et de ballonnements abdominaux douloureux.
Au niveau émotionnel/spirituel : vous permet de trouver votre moi intérieur et votre chemin de vie.

Elbaïte

Variété de **tourmaline** rose.

Provenance : Brésil
Correspondance astrologique : Balance
Correspondance des chakras : du cœur

Propriétés curatives

Favorise l'éveil de la conscience, la créativité et les nouveaux départs.
Au niveau physique : bénéfique à l'équilibre hormonal et au cœur, aux poumons et à la peau. Aide en cas d'infirmité.
Au niveau émotionnel/spirituel : favorise l'amour, y compris spirituel. Aide en cas de comportement destructeur et permet de réparer un cœur brisé.

Arc-en-ciel

Les couleurs de l'arc-en-ciel incluent ces minéraux présentant généralement plusieurs couleurs simultanément, suivis par une sélection de pierres multicolores, telles que l'agate et l'onyx, disponibles dans une large gamme colorée.

Nacre abalone

Coquille d'un mollusque marin, contenant des minéraux produisant une variété de couleurs brillantes.

Autres noms usuels : coquillage paua, opale de mer (à ne pas confondre avec l'opalite qui est également connue sous la même appellation mais qui est produite par l'homme).

Provenance : les océans au pourtour de la plupart des continents, Australie, Japon, Nouvelle-Zélande, USA, Vietnam
Correspondances astrologiques : Cancer, Scorpion, Verseau, Poissons
Correspondance des chakras : de la gorge

Propriétés curatives

Favorise la puissance, la féminité et la perception de la beauté.
Au niveau physique : bénéfique aux yeux. Favorise la désintoxication. Aide à réduire la tension physique et à développer la force physique. Aide en cas de cataracte et d'héméralopie (diminution de la vision dès que la lumière s'atténue).
Au niveau émotionnel/spirituel : favorise l'amour, la relaxation et la libération des émotions. Facilite la connexion aux ancêtres.

Agate feu

L'**agate** se présente en galet de couleur marron avec des éclairs de « feu » produits par de fines couches de limonite.

Provenance : Mexique
Correspondance astrologique : Bélier
Correspondances des chakras : frontal

Propriétés curatives

Favorise l'inspiration et l'action. Offre une barrière de protection.
Au niveau physique : bénéfique aux yeux, à la vue et en cas de troubles de la vision nocturne.
Au niveau émotionnel/spirituel : favorise la maîtrise émotionnelle, la clairvoyance, le contact avec les esprits et la spiritualité. Aide à surmonter la peur.

Bornite

Trouvé en amas métalliques présentant des éclairs rouges cuivrés s'oxydant à l'air et à l'humidité en produisant des couleurs bleu / vert / or / pourpre.

Autres noms usuels : minerai paon, roc paon, minerai de cuivre pourpre
Provenance : Mexique
Correspondance astrologique : Cancer
Correspondance des chakras : l'ensemble des chakras

Propriétés curatives

Favorise l'expression créative et permet d'éliminer les obstacles imposés par soi-même.
Au niveau physique : favorise l'équilibre en sel, l'énergie physique et les reins. Bénéfique à la bonne croissance des bébés. Aide en cas d'indigestion acide, d'épilepsie, de fièvre, de goutte et de gonflement, d'anémie et d'angine. Apaise l'adrénaline.
Au niveau émotionnel/spirituel : favorise le bonheur, la joie, aide à vivre pleinement le moment présent, bénéfique à l'énergie émotionnelle, favorise le rebirth et l'équilibre des hémisphères droit et gauche du cerveau. Transforme la couleur en énergie pure. Aide à surmonter le chagrin et accélère le karma.

Labradorite

Amas de feldspath plagioclase contenant de l'albite, formant parfois des cristaux tabulaires. Peut être incolore, gris-vert, vert pâle, bleu ou gris-blanc. Les éclairs brillants de bleu, de rouge, d'or et de vert sont produits pas l'interférence de la lumière à l'intérieur de la structure du minéral.

Autres noms usuels : pierre de lune noire, Labrador
Provenance : Canada, Madagascar, Norvège
Correspondances astrologiques : Lion, Scorpion, Sagittaire
Correspondance des chakras : coronal

Proprietes curatives

Favorise l'acuité mentale, l'intellect, l'activité des hémisphères du cerveau, l'inspiration, l'intuition et l'originalité. Vous permet de percevoir simultanément de nombreuses possibilités.
Favorise l'analyse scientifique.
Au niveau physique : favorise la digestion et les yeux. Aide à se débarrasser des verrues (en manipulant, frottant légèrement ou tapotant la pierre).
Au niveau émotionnel/spirituel : permet à la magie de se produire. Stabilise l'aura et intensifie le flot d'énergie entre l'aura et les chakras. Aide à surmonter les sentiments d'insécurité et d'anxiété, ainsi que le stress.

Obsidienne arc-en-ciel

Verre volcanique se présentant dans une variété de couleurs.

Provenance : Mexique
Correspondance astrologique : Balance
Correspondance des chakras : racine

Proprietes curatives

Très utile pour la divination et l'hypnose.
Au niveau émotionnel/spirituel : utile pour se connecter à la nature, à votre moi intérieur, percevoir la beauté en toute chose, pour le bonheur et l'aura. Aide à surmonter le stress.

Opale

Se présente en amas dans une multitude de couleurs, ses variétés incluent l'opale blanche **commune**, l'opale **rose**, **noire**, beige, **bleue**, **jaune**, brune, orange, rouge, verte et mauve, présentant parfois des irisations (feu) de diverses couleurs. Les couleurs sont produites par la diffraction de la lumière à l'intérieur de la structure cristalline. L'opale commune ne présente pas de grille de diffraction dans sa structure et est par conséquent incolore.

Provenance : Australie, Pérou, USA
Correspondances astrologiques : Cancer, Balance, Scorpion, Poissons
Correspondances des chakras : du cœur, de la gorge, coronal

Proprietes curatives

Favorise la créativité, l'imagination et la mémoire.
Au niveau physique : bénéfique aux reins, aux yeux et à la vision, à la circulation. Favorise la désintoxication. Aide en cas d'infections et de diabète, de fièvre, de maladie de Parkinson et de choléra. Utile durant l'accouchement.
Au niveau émotionnel/spirituel : favorise les bons et mauvais aspects de la personnalité. Permet aux mauvais aspects d'émerger afin que vous puissiez les confronter. Bénéfique à toutes les facultés psychiques et les visions chamaniques. Aide à surmonter l'inhibition.

Opale boulder

Variété d'opale trouvée dans les fissures ou en couche de revêtement à l'intérieur et autour des rochers de terre de fer ou de grès.

Autres noms usuels : opale de rocher, opale du Queensland
Provenance : Australie
Correspondances astrologiques : Vierge, Balance, Scorpion
Correspondance des chakras : de la gorge

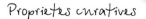

Proprietes curatives

Favorise l'attraction sexuelle, la fidélité, l'espoir, la pureté et la clarté mentale.

Au niveau physique : bénéfique à la vue. Protège des maladies.
Au niveau émotionnel/spirituel : bénéfique à la sécurité émotionnelle, au développement spirituel, à la beauté intérieure, favorise les prophéties, le souvenir des vies antérieures et l'aura. Fait émerger le subconscient dans l'esprit conscient.

Opale feu

Variété d'**opale** présentant un aspect feu.

Provenance : Australie, Mexique
Correspondances astrologiques : Cancer, Lion, Balance, Sagittaire, Poissons
Correspondance des chakras : frontal

Proprietes curatives
Favorise l'intuition, la perspicacité et apporte de la diversité à l'existence.
Au niveau physique : favorise l'énergie, la vue et le système nerveux central. Aide en cas d'emphysème.
Au niveau émotionnel/spirituel : bénéfique en cas d'épuisement général et de stress lié à notre siècle, favorise la méditation, la vitalité spirituelle et l'ensemble des facultés psychiques.

Rhyolite leopard

Variété de rhyolite.

Autre nom usuel : jaspe léopard
Provenance : Mexique
Correspondance astrologique : Sagittaire
Correspondance des chakras : racine

Proprietes curatives
Au niveau physique : accélère la reproduction des éléments génétiques, si efficace pour le développement sain des bébés. Favorise le rétablissement postopératoire.
Au niveau émotionnel/spirituel : favorise l'autoguérison, le chamanisme et la prise de contact ainsi que la communication avec les animaux-totems.

Avertissement : Cette pierre accélère le développement de tous les virus et bactéries, par conséquent, ne l'utilisez pas en cas de VIH/SIDA, de cancer ou d'infection virale ou bactériologique.

Chalcopyrite

Se présente en cristaux octaédriques, en amas et en cristaux tétraédriques sphéroïdes à facettes. Les couleurs sont or, bleu, vert et mauve, généralement brillamment iridescentes. La couleur est produite par l'oxydation naturelle de la surface. Le grattage peut faire disparaître les couleurs vives pour ne laisser que la pierre grise.

Provenance : Brésil, Mexique
Correspondance astrologique : Capricorne
Correspondances des chakras : coronal

Proprietes curatives

Favorise la perception. Bénéfique lors de la pratique des arts martiaux et à la guérison car elle améliore la circulation du chi.
Au niveau physique : bénéfique aux poumons et aux éléments génétiques. Aide en cas de bronchite et de fièvre, d'inflammation, de tumeurs cérébrales et d'effets secondaires dus à la chimiothérapie. Favorise la pousse des cheveux et la désintoxication.
Au niveau émotionnel/spirituel : équilibre la couleur dans l'énergie et élimine les blocages d'énergie. Favorise l'ensemble des facultés psychiques. Bénéfique à la méditation et à la connexion à l'univers (vous permettant d'atteindre et de maintenir une expérience suprême).

Fluorite arc-en-ciel

Variété de **fluorite**. En amas cubiques ou octaédriques.

Provenance : Chine
Correspondances astrologiques : Capricorne, Poissons
Correspondances des chakras : du cœur, de la gorge, frontal, coronal

Proprietes curatives
Favorise la concentration de l'esprit, pour gérer des situations complexes.
Au niveau physique : bénéfique aux yeux, aux oreilles, au nez et à la gorge. Protège contre la maladie et favorise une bonne santé.

Le guide pratique des cristaux

Quartz titane

Cristal de **quartz** aggloméré à du titane et du niobium.

Autre nom usuel : quartz arc-en-ciel
Provenance : Arkansas (USA) ou Minas Gerais (Brésil)
Correspondance astrologique : l'ensemble des signes
Correspondance des chakras : l'ensemble des chakras

Proprietes curatives

Cristal de « réconfort ». Bénéfique au changement,

favorise les décisions de carrière et permet de percevoir le point de vue d'autrui.
Au niveau physique : prévient contre la maladie. Bénéfique aux fluides corporels. Aide en cas de fièvre, de déshydratation, de rétention d'eau, de cancer des os, de syndrome immunodéficitaire acquis (SIDA) et de sclérose multiple (SM).
Au niveau émotionnel/spirituel : permet de centrer les émotions lorsque vous vous sentez dispersé. Favorise la méditation. Stimule le flot d'énergie et vous aide à découvrir votre chemin de vie personnel. Vous permet de percevoir les auras.

Sardonyx

Variété d'**onyx** contenant de la cornaline et présentant des bandes noires, rouges, marrons, blanches et transparentes.

Provenance : Inde
Correspondance astrologique : Bélier
Correspondance des chakras : sacré

Proprietes curatives

Favorise la sociabilité, le mariage et autres relations de cohabitation. Apporte le courage, la chance et vous protègera contre le crime.
Au niveau émotionnel/spirituel : aide à surmonter l'hésitation.

Tourmaline pastèque

Tourmaline verte ou bleue présentant un centre rose ou rouge traversant l'ensemble de la pierre.

Provenance : Brésil, Pakistan
Correspondances astrologiques : Gémeaux, Vierge
Correspondance des chakras : du cœur

Proprietes curatives

Pierre de « réconfort » favorisant l'amour, le plaisir, l'humour et la perception de l'aspect amusant de toute situation. Favorise la discrétion et aide en cas d'indiscrétion. La tourmaline pastèque inversée facilite efficacement la communication et le voyage.
Au niveau physique : bénéfique au cœur et aux poumons (la **tourmaline vert lime** – présentant souvent un centre blanc – est efficace en cas de conditions cardiaques). La tourmaline pastèque inversée est bénéfique aux réflexes et à l'absorption alimentaire, et aide en cas d'accidents.
Au niveau émotionnel/spirituel : bénéfique aux émotions et au moi supérieur. Aide à surmonter la nervosité. La tourmaline pastèque inversée favorise le calme et la synchronicité. La tourmaline vert lime est particulièrement douce et apaisante sur le plan des émotions.

Fer de tigre

Œil-de-tigre, jaspe et hématite à bandes de couleurs jaune/brun, rouge et noir/gris.

Provenance : Australie
Correspondance astrologique : Lion
Correspondance des chakras : racine

Proprietes curatives

Favorise le talent artistique, la créativité et la vitalité. Encourage l'instinct de survie.
Au niveau physique : bénéfique à la santé des muscles et du sang. Aide en cas de déficience en vitamine B et d'anémie. Favorise la production de stéroïdes.

Multicolore

Agate

Variété de calcédoine trouvée en amas, généralement à bandes ou à motifs multicolores (voir également les **agates** spécifiques).

Provenance : du monde entier
Correspondance astrologique : Gémeaux
Correspondances des chakras : voir les **agates** spécifiques

Propriétés curatives

Favorise l'équilibre de l'énergie sexuelle, la fidélité dans les relations et l'émergence des talents naturels.
Au niveau physique : bénéfique à la vue et à la santé du système lymphatique, du côlon, du pancréas et de la circulation. Aide en cas de gastroentérite, de syndrome du côlon irritable (SCI), de flatulences et de ballonnements abdominaux douloureux, ainsi que de varices.
Au niveau émotionnel/spirituel : favorise le channelling, la sécurité émotionnelle et l'énergie. Renforce l'aura et agit comme barrière protectrice. Facilite le bilan personnel au cours de la méditation.

Calcédoine

Forme de **quartz** en amas présentant des inclusions de minéraux produisant diverses couleurs : blanc, rose, bleu ou rouge (bien que théoriquement, la calcédoine puisse être de toutes les couleurs). D'autres variétés incluent l'**agate**, la **pierre de sang**, la **cornaline**, la **chrysoprase**, le **silex**, le **jaspe**, l'**onyx**, la **sardonyx** et le **bois fossile**.

Provenance : du monde entier
Correspondances astrologiques : Cancer, Sagittaire
Correspondances des chakras : dépendant de la variété et de la couleur

Propriétés curatives

Efficace durant les cérémonies. Favorise le réconfort et la stabilité au niveau mental.
Au niveau physique : bénéfique à la moelle osseuse. Aide en cas d'addiction aux drogues et de comportement d'addiction, de troubles obsessionnels compulsifs (TOC), de sénilité et de démence, d'obésité ou de perte de poids.
Au niveau émotionnel/spirituel : favorise l'équilibre du yin et du yang, permet de surmonter le stress et l'irritabilité. Facilite la télépathie.

Le guide pratique des cristaux 65

Onyx

Variété de **calcédoine** présentant des couches multicolores. Peut être noir, gris, blanc, bleu, brun, jaune, rouge ou orange.

Provenance : Inde
Correspondance astrologique : Lion
Correspondance des chakras : racine

Proprietes curatives

Bénéfique aux prises de décision. Apporte la chance et le bonheur au foyer.
Au niveau physique : bénéfique à la moelle osseuse et aux pieds.
Au niveau émotionnel/spirituel : aide à surmonter le chagrin et le manque de maîtrise de soi. Vous aide à prendre les situations en charge. Favorise l'équilibre du yin et du yang, le contact avec « dieu » et la connexion à vos racines.

Jaspe

Variété de **calcédoine** opaque pouvant être rouge, jaune, vert, brun, bleu et mauve, parfois avec des couleurs et des motifs entremêlés, incluant les variétés suivantes : **mookaïte**, **jaspe orbiculaire**, jaspe **breschia**, jaspe étoilé contenant des inclusions de pyrite et **jaspe paysage**.

Provenance : du monde entier
Correspondance astrologique : Lion
Correspondance des chakras : racine (se référer également aux variétés de **jaspes** spécifiques)

Proprietes curatives

Excellent pour la radiesthésie et établir des diagnostics. Vous aide à atteindre vos buts.
Au niveau physique : aide à prévenir la maladie et agit comme tonifiant général si vous vous sentez affaibli par une maladie bénigne. Bénéfique aux nerfs, à la vessie et à la rate, à l'estomac et aux reins, au foie et aux canaux biliaires, à l'équilibre en minéraux et aux sens olfactifs. Aide en cas de bronchite, de mal de dos et de crampes, de flatulences et de ballonnements abdominaux douleureux, de grippes et de rhumes, de jaunisse et de sclérose multiple (SM). Utile durant le jeûne.

Au niveau émotionnel/spirituel : soulage de la solitude et vous permet de garder le moral. Favorise l'équilibre du yin et du yang ainsi que l'aura.

Tourmaline

Cristaux prismatiques présentant des stries verticales. Les variétés comprennent : la **verdélite** verte, l'**indicolite** bleue, l'**elbaïte** rose, la **rubellite** rouge, la **tsilasite** jaune, le **schorl** noir, la **dravite** brune, verte ou bleue présentant un centre rose **pastèque** ou de couleurs inversées, bicolore, tricolore, le **vert lime** présentant souvent un centre blanc, l'**achroïte** incolore et lavande (une découverte récente).
Provenance : Brésil, Pakistan
Correspondance astrologique : Balance
Correspondance des chakras : l'ensemble des chakras (se référer aux variétés spécifiques)

Propriétés curatives

Favorise l'inspiration, la connexion, l'éveil et la créativité, les nouveaux défis et les capacités de négociation. Bénéfique à la thérapie par le rire et en usage collectif. Renforce les capacités de guérison et offre sa protection à tous niveaux, des accidents anodins jusqu'aux attaques psychiques. Les bâtons de tourmaline (de longs cristaux fins) focalisent l'énergie sur les zones où elle est le plus nécessaire et sont efficaces pour l'assertion et la guérison par l'aura. La tourmaline bicolore et tricolore possède les propriétés curatives de l'ensemble des couleurs en présence.

Au niveau physique : bénéfique à la guérison et à la santé mentale. Favorise la digestion et la bonne santé de la vessie et du système lymphatique. Aide en cas de schizophrénie et de baisse de pression sanguine. Favorise la désintoxication.

Au niveau émotionnel/spirituel : apaisante et efficace pour la confiance en soi, l'équilibre et l'élimination des blocages. Aide à surmonter la peur, l'obstruction, le délire de la persécution, la négativité, la dépression et à ne pas trop s'inquiéter de l'opinion d'autrui. Soulage un esprit agité ou troublé. Bénéfique au moi intérieur et à l'équilibre du yin et du yang, à l'aura, à l'ensemble des facultés psychiques et à l'activité des hémisphères gauche et droit du cerveau.

Fluorite

Cristaux cubiques, octaédriques, rhombododécaédriques et en amas. Couleurs disponibles : **pourpre, transparent, bleu, vert, jaune,** brun, rose, rouge, noir. La **fluorite arc-en-ciel** peut inclure dans un même spécimen des bandes vertes, pourpres, bleues et transparentes ou incolores.

Autres noms usuels : spath fluor, fluorine, fluorine de calcium
Provenance : Chine, Europe, Mexique, Afrique du Sud, Royaume-Uni, USA
Correspondances astrologiques : Capricorne, Poissons
Correspondance des chakras : frontal

Propriétés curatives

Permet de focaliser l'esprit et de rétablir l'ordre à partir du chaos. Favorise les prises de décision, la concentration et les relations. Efficace en usage collectif.

Au niveau physique : bénéfique aux vaisseaux sanguins, aux os, à la rate et aux dents. Aide en cas de grippe et de rhume, d'infections virulentes, durant la phase initiale du cancer, en cas d'herpès, d'ulcères, de prise de poids, de mal de dos et de lumbago, et de troubles alimentaires tels que l'anorexie et la boulimie. Favorise la désintoxication. Utile pour le personnel hospitalier travaillant en contact avec des maladies infectieuses. Réduit l'effet de fatigue lié au travail sur ordinateur.
Au niveau émotionnel/spirituel : favorise la méditation. Permet de contrôler l'excitation et le stress (permet à l'esprit de fonctionner efficacement dans des situations stressantes).

Rhyolite

Mélange de feldspath et de **quartz** à motifs présentant plusieurs couleurs incluant le blanc, le gris, et les variétés **rhyolite léopard** rouge et **rhyolite de la forêt tropicale** ou verte.

Provenance : Mexique
Correspondance astrologique : Sagittaire
Correspondance des chakras : racine

Propriétés curatives

Bénéfique au changement, à la créativité et pour résoudre les problèmes.
Au niveau physique : bénéfique aux veines, à la résistance physique et à la tonicité des muscles. Apporte de la perspicacité pour découvrir les causes d'une maladie. Aide en cas de refroidissement, d'éruptions cutanées et de déficience en vitamine B.
Au niveau émotionnel/spirituel : équilibre le yin et le yang, fait émerger d'anciens problèmes et de trouver du temps pour méditer.

Calcite

Se présente en amas, stalactites, cristaux scalénoédriques et rhomboédriques. Les couleurs les plus communes sont : **vert**, **bleu**, jaune, **doré**, **orange**, le **spath d'Islande** transparent, **blanc**, marron, rose, **rouge**, **noir** et gris.

Provenance : du monde entier
Correspondance astrologique : Cancer
Correspondance des chakras : l'ensemble des chakras (se référer aux variétés spécifiques)

Proprietes curatives

Pierre de « réconfort » utile à l'enseignement et aux études, plus particulièrement en art et en science. Permet de percevoir une situation dans son ensemble.
Au niveau physique : bénéfique aux reins, au pancréas et à la rate. Favorise la croissance des os et aide en cas de déficience en calcium.
Au niveau émotionnel/spirituel : bénéfique aux émotions et équilibre le yin et le yang. Aide à surmonter le stress, à maîtriser l'excès d'enthousiasme et la peur. Favorise le voyage astral et le channelling.

Zincite

Cristaux hexagonaux, en amas et en « plaques » superposées. Peut être incolore, rouge, orange, jaune ou verte.

Provenance : Pologne
Correspondances astrologiques : Taureau, Balance
Correspondances des chakras : racine et sacré

Proprietes curatives

Bénéfique aux relations, à la vitalité et au pouvoir personnel, à la créativité, à la clarté mentale et à la perception, et permet d'éliminer les blocages d'énergie. Établit un environnement favorable à la guérison et est très utile en usage collectif.
Au niveau physique : bénéfique aux cheveux et à la peau, à la prostate et aux pulsions nerveuses.
Au niveau émotionnel/spirituel : utile pour la catharsis.

Gypse

Amas, fibres et cristaux prismatiques, en forme d'aiguille et tabulaires. De couleur blanc, incolore/transparent, vert, brun/jaune, gris, rose, rouge, brun, noir ou orange. La sélénite est la forme cristalline du gypse. L'albâtre en est la forme massive. Le gypse en est la forme fibreuse.

Provenance : du monde entier
Correspondance astrologique : Bélier
Correspondance des chakras : coronal

Proprietes curatives

Apporte la chance. Favorise l'évolution dans la vie. Utile durant les cérémonies.
Au niveau physique : favorise la fertilité et la souplesse de la peau. Aide en cas de psoriasis. Renforce la structure osseuse.
Au niveau émotionnel/spirituel : bénéfique à la magie et à la connexion.

Le guide pratique des cristaux

Bleu

Agate dentelle bleue (Blue lace)

Variété d'**agate** à bandes bleu pâle et blanc.

Provenance : Afrique du Sud
Correspondance astrologique : Poissons
Correspondance des chakras : de la gorge

Propriétés curatives

Améliore la communication à tous niveaux.
Au niveau physique : bénéfique à la vue, à l'élocution, aux ongles et au pancréas. Aide en cas d'arthrite, de bégaiement, de rétention d'eau, de nerfs coincés, d'excroissances cutanées et de fractures. Apaise les yeux fatigués (utilisée en élixir).
Au niveau émotionnel/spirituel : délicate et apaisante. Apporte l'équilibre et la stabilité émotionnelle. Élève votre niveau de spiritualité et améliore la transmission des concepts spirituels. Assiste pendant la mise en accordement au tout.

Angélite

En nodules bleu/blanc, en amas et parfois en cristaux.

Provenance : Pérou
Correspondance astrologique : Verseau
Correspondances des chakras : de la gorge

Propriétés curatives

Favorise l'éveil de la conscience, la protection (utilisée en élixir) et les sentiments de sécurité. Utile pour les personnes travaillant avec les chiffres. Améliore la communication à tous niveaux.
Au niveau physique : bénéfique aux sens, à la gorge, au thymus, aux vaisseaux sanguins et à l'hémoglobine. Agit comme insectifuge (en élixir utilisé en application locale). Aide en cas de maladies infectieuses.
Au niveau émotionnel/spirituel : apporte du réconfort en cas de chagrin et aide à contrôler la colère. Améliore la communication avec les esprits. Vous aide à rentrer en contact avec vos anges, vos anges-gardiens et animaux-totems. Assiste durant le channelling. Favorise la télépathie, l'équilibre, le voyage astral, le rebirth et la guérison psychique et spirituelle.

Aigue-marine

Variété de **béryl** bleu/vert.

Provenance : Afghanistan, Brésil, Namibie, Pakistan, USA
Correspondances astrologiques : Bélier, Gémeaux, Poissons
Correspondances des chakras : de la gorge

Propriétés curatives

Protège les voyageurs. Bénéfique au cerveau et à l'intellect. Favorise études, communication et courage. Établit tolérance et la responsabilisation. Permet aux choses de se concrétiser.
Au niveau physique : bénéfique aux reins, à la lymphe, aux fluides corporels et au sang, aux dents et aux yeux. Aide en cas de glandes enflées, de rétention d'eau et de gonflement.
Au niveau émotionnel/spirituel : apporte calme, compassion, éveil spirituel, développement, révèle votre propre vérité. Aide à confronter des attitudes critiques. Met en contact avec votre moi intérieur ou votre moi supérieur. Favorise centrage et méditation. Évacue les blocages des chakras. Élimine les polluants.

Azurite

En amas, nodules et plus rarement sous forme de cristaux tabulaires et prismatiques de couleur bleu azur ou plus pâle.

Autre nom usuel : malachite bleue
Provenance : Chine, Maroc, USA
Correspondance astrologique : Sagittaire
Correspondance des chakras : de la gorge

Propriétés curatives

Favorise la créativité. Connue sous le nom de « Pierre du Paradis ».
Au niveau physique : bénéfique à la vitalité du sang et au système nerveux. Aide à soulager l'arthrite.
Au niveau émotionnel/spirituel : favorise les facultés psychiques. Vous aide à exprimer vos sentiments, vos pensées et les informations psychiques. Apporte la compassion et l'empathie.

Azurite/malachite

Une combinaison de ces deux minéraux sous forme d'amas ou de cristaux.

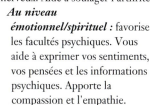

Provenance : Chine, Maroc, USA
Correspondances astrologiques : Sagittaire, Capricorne
Correspondances des chakras : frontal et du cœur

Propriétés curatives

Voir également **azurite** et **malachite**. Favorise l'individualité et la liberté, la rationalité et la souplesse d'esprit et de pensée. Permet d'affronter l'ego, la suffisance, l'arrogance et la vanité.
Au niveau physique : bénéfique à la souplesse des articulations, à la peau et aux os, aux dents, au cœur et à la circulation, à la vésicule biliaire et au foie. Aide à se prémunir contre et à traiter les symptômes liés au stress, tels que les ulcères et l'asthme.
Au niveau émotionnel/spirituel : favorise la méditation ; peut faire prendre conscience que parfois, les changements les plus profonds sont également les plus simples. Aide à surmonter l'anxiété.

Calcite bleue

Trouvée sous forme d'amas bleus.

Provenance : Mexique
Correspondance astrologique : Cancer
Correspondance des chakras : de la gorge

Propriétés curatives

Bénéfique à la voix et à la communication.
Au niveau physique : bénéfique au pharynx. Aide en cas de troubles déficitaires de l'attention et de l'hyperactivité (TDAH) et d'infections de la gorge comme la laryngite.
Au niveau émotionnel/spirituel : apaisante spirituellement.

Cavansite

Cristaux orthorombiques de couleurs bleu et blanc, présentant parfois des formations en forme de fleurs.

Provenance : Inde
Correspondance astrologique : Verseau
Correspondance des chakras : frontal

Propriétés curatives

Pierre de « réconfort » bénéfique aux nouvelles idées.
Au niveau physique : bénéfique aux yeux, aux dents et au sang. Aide en cas d'ostéoporose.
Au niveau émotionnel/spirituel : favorise toutes les facultés psychiques. Prémunit les guérisseurs empathiques risquant d'être submergés par les douleurs de leurs patients et de ne pouvoir se détacher de leurs problèmes.

Calcédoine bleue

Variété bleu clair de **calcédoine**.

Provenance : Afrique du Sud
Correspondances astrologiques : Cancer, Sagittaire
Correspondance des chakras : de la gorge

Propriétés curatives

Favorise la communication.
Au niveau physique : aide à combattre l'alcoolisme.
Au niveau émotionnel/spirituel : permet de confronter les problèmes liés à l'enfance. Facilite l'expression émotionnelle.

Le guide pratique des cristaux

Célestine

Se présente en cristaux tabulaires orthorhombiques, en nodules et en amas dans des tonalités de bleu. Les cristaux se présentent également en : blanc, jaune, orange, rouge et rouge-brun.

Autre nom usuel : célestite
Provenance : Madagascar
Correspondance astrologique : Gémeaux
Correspondance des chakras : frontal

Propriétés curatives

Favorise l'expression créative, l'élocution et la clarté de pensée, particulièrement en ce qui concerne les idées complexes. Favorise l'amour respectueux et les talents naturels. Bénéfique à la musique et à l'art.
Au niveau physique : bénéfique à l'ouïe. Aide en cas de douleurs physiques, de troubles mentaux et de problèmes oculaires. Favorise la désintoxication.
Au niveau émotionnel/spirituel : favorise la relaxation, les rêves et le rappel des rêves, la méditation, le voyage astral et l'équilibre du yin et du yang. Aide à surmonter le stress, les inquiétudes, le désespoir et les cauchemars. Très fortement liée aux anges.

Chalcanthite

En cristaux plats d'un bleu saisissant, en amas, stalactites et en fibres. Ce cristal naturel est très rare mais peut être facilement produit en laboratoire - et même dans un garage. La chalcanthite est soluble à l'eau, par conséquent, faites particulièrement attention lors du nettoyage (préservez-la à l'abri de l'humidité et de la lumière du soleil).

Provenance : USA (mais peut être produite partout)
Correspondance astrologique : Verseau
Correspondance des chakras : de la gorge

Propriétés curatives

Favorise l'élocution et la communication à tous les niveaux. Vous aide à atteindre vos objectifs et à accomplir des choix.
Au niveau physique : aide en cas d'arthrite, de rétention d'eau et de troubles de la reproduction. Réduit les radicaux libres et le taux de cholestérol.
Non appropriée pour la préparation d'élixirs.

Covellite

En plaques, amas et parfois en cristaux. Bleu indigo, présentant parfois des irisations des autres couleurs de l'arc-en-ciel.

Autre nom usuel : covelline
Provenance : USA
Correspondance astrologique : Sagittaire
Chakra : frontal

Propriétés curatives

Favorise la réflexion intériorisée, la clarté mentale et vous aide à vous exprimer sincèrement. Aide à confronter la vanité et à résoudre les problèmes. Permet aux miracles de se produire et aux rêves de se réaliser.
Au niveau physique : bénéfique aux yeux et aux oreilles, au nez et à la bouche, ainsi qu'à la gorge. Facilite l'accouchement et aide en cas de cancer. Favorise la désintoxication.
Au niveau émotionnel/spirituel : bénéfique aux facultés psychiques, à la méditation et au rebirth.
Non appropriée pour la préparation d'élixirs.

Dumortiérite

Se présente sous forme d'amas bleus et roses-bruns.

Provenance : Madagascar
Correspondance astrologique : Lion
Correspondance des chakras : frontal

Propriétés curatives

Vous aide à vous exprimer avec sincérité. Apporte la résistance physique et la patience.
Au niveau physique : bénéfique aux ligaments et aux tendons. Vous permet de comprendre les causes d'une maladie.

Au niveau émotionnel/spirituel : apporte une confiance tranquille. Aide en cas d'excitabilité et d'entêtement.

Fluorite bleue

Variété de **fluorite**, en amas cubiques ou octaédriques.

Provenance : Chine
Correspondances astrologiques : Capricorne, Poissons
Correspondance des chakras : de la gorge

Propriétés curatives

Favorise l'élocution.
Au niveau physique : bénéfique au nez, aux canaux lacrymaux, à l'oreille interne et à la gorge.
Au niveau émotionnel/spirituel : apaisante. Favorise la communication de l'esprit.

Hémimorphite

Formations botryoïdales, cristaux tabulaires et en amas divers, incluant l'amas à structure « en éventails ». Peut être incolore, bleue, verte, grise ou blanche.

Provenance : Chine
Correspondance astrologique : Balance
Correspondance des chakras : de la gorge

Propriétés curatives

Pierre de « réconfort » favorisant la chance et la créativité.
Au niveau physique : bénéfique au sang. Aide en cas d'ulcères et douleurs, d'intoxication, de vomissements et de maladie vénérienne. Assiste durant un régime alimentaire et en cas de perte de poids. Entretient une bonne santé.
Au niveau émotionnel/spirituel : apporte la confiance en soi. Aide à confronter l'égoïsme, l'ego et la colère.

Iolite

En amas et en cristaux courts prismatiques présentant des variations pléochroïques. Couleurs : bleu, brun, jaune, violet, gris et vert.

Autres noms usuels : saphir d'eau, cordiérite, dichroïte
Provenance : Inde
Correspondances astrologiques : Balance, Sagittaire, Taureau
Correspondance des chakras : frontal

Propriétés curatives

Favorise les relations et la gestion financière. Facilite le changement en douceur. Aide en cas d'irresponsabilité.
Au niveau physique : bénéfique au foie. Prévient contre la maladie. Aide à traiter la malaria et la fièvre. Aide à perdre du poids et favorise la désintoxication. Certaines personnes affirment qu'elle vous permet de consommer de l'alcool sans en présenter les effets secondaires habituels.
Au niveau émotionnel/spirituel : bénéfique aux attachements émotionnels et à l'équilibre du yin et du yang, à l'aura, au voyage astral, aux visions et aux voyages chamaniques, et permet de vivre le moment présent. Favorise la visualisation durant les méditations guidées.

Opale bleue

Amas bleus présentant parfois une irisation.

Autre nom usuel : **Opale** andine
Provenance : Pérou, Canada
Correspondances astrologiques : Taureau, Cancer
Correspondances des chakras : de la gorge

Propriétés curatives

Favorise l'invisibilité – elle est connue sous le nom de « pierre des voleurs ». Favorise la créativité, la communication et encourage à s'exprimer sincèrement. Facilite la résolution des problèmes et le contact avec autrui.
Au niveau physique : bénéfique au métabolisme et à l'équilibre en fer. Aide en cas de déficience ou d'excédent en fer, de fatigue et de perte de cheveux.

Le guide pratique des cristaux

Lapis lazuli

En cristaux rocheux cubiques et dodécaédriques, et en amas. Inclus presque invariablement de la lazurite, de la **calcite** et de la **pyrite**.

Provenance : Afghanistan, Chili
Correspondance astrologique : Sagittaire
Correspondance des chakras : frontal

Proprietes curatives

Pierre de « réconfort » apportant la vitalité, la sagesse, la résistance mentale et favorisant l'expression créative. Favorise les dons et les talents innés. Aide à contrôler la désorganisation.
Au niveau physique : bénéfique au système immunitaire, à la gorge, au thymus et à la thyroïde, à la trompe d'Eustache, à la structure et moelle osseuse. Aide en cas d'insomnie, de vertige et d'étourdissement, de perte de l'ouïe et de douleurs squelettiques, tel que le mal de dos. Favorise la désintoxication. Les cristaux aident à prémunir contre la maladie, à réparer les muscles et les fractures.
Au niveau émotionnel/spirituel : favorise la relaxation, les relations avec autrui, les rêves, l'équilibre du yin et du yang et l'ensemble des facultés psychiques. Aide à surmonter la dépression.

Larimar

Variété de pectolite se présentant en amas. Souvent trouvé en groupements radiaux anioniques de cristaux. Les couleurs incluent le bleu, le vert, le gris et le rouge (toutes mélangées au blanc).

Autres noms usuels : pectolite, turquoise dominicaine
Provenance : : République Dominicaine
Correspondance astrologique : Lion
Correspondance des chakras : du cœur

Proprietes curatives

Au niveau physique : bénéfique au cartilage, aux cheveux et aux pieds.
Au niveau émotionnel/spirituel : énergie douce guérisseuse qui vous apaise et vous permet de percevoir qui vous êtes réellement. Vous libère de la dépendance au matérialisme. Bénéfique à la guérison de la terre. Aide à confronter la culpabilité et l'agression.

Pietersite

Variété d'**œil-de-tigre**. Doré/brun ou gris/bleu, souvent discernables dans un même spécimen.

Provenance : Afrique du Sud, Namibie
Correspondance astrologique : Lion
Correspondance des chakras : frontal

Proprietes curatives

Bénéfique à la créativité et à la sexualité. Vous permet de percevoir la beauté en chaque chose.
Au niveau physique : bénéfique à la glande pinéale (épiphyse) et à la glande pituitaire (hypophyse) (ainsi qu'aux autres glandes endocrines), au métabolisme, à la digestion, à la pression sanguine et à l'équilibre de la température. Aide la croissance. Aide en cas de fièvre et d'hypothermie. Soulage la fatigue ressentie en raison de l'exposition prolongée aux écrans d'ordinateurs.
Au niveau émotionnel/spirituel : favorise la visualisation créative, et l'ancrage. Aide à surmonter la peur. Permet d'accéder aux annales akashiques.

Kyanite

En lamelles, en fibres et en amas. Les couleurs incluent le bleu, le noir, le gris, le blanc, le vert, le jaune et le rose.

Provenance : Brésil
Correspondances astrologiques : Bélier, Taureau, Balance
Correspondance des chakras : de la gorge

Proprietes curatives

Favorise la persévérance, la raison, la résistance mentale, une belle voix et la communication, ainsi que le franc-parler. Utile dans les cérémonies sacrées.
Au niveau physique : bénéfique à la gorge et aux muscles, au système neurologique, aux glandes et au cerveau.
Au niveau émotionnel/spirituel : apporte le calme et la tranquillité. Favorise l'alignement des chakras. Bénéfique à l'équilibre du yin et du yang, au rappel et à l'interprétation des rêves, à l'éveil de la conscience psychique et à l'élimination des blocages d'énergie, favorise la connexion avec les esprits guides et le début de la méditation. Assiste lors de la mise en accordement.

Quartz bleu

Quartz transparent ou blanc présentant des inclusions de **tourmaline bleue (indicolite)**. Notez : Il existe plusieurs autres minéraux appelés quartz bleu qui ne seront pas présentés ici.

Provenance : Minas Gerais, au Brésil, en est l'unique provenance actuelle.
Correspondances astrologiques : Taureau, Balance
Correspondance des chakras : de la gorge

Propriétés curatives

Favorise l'autonomie et la spontanéité, le bonheur, l'éveil de la conscience, la vitalité et le bien-être.
Au niveau physique : bénéfique à la rate, au système endocrinien, au sang et au métabolisme.
Au niveau émotionnel/spirituel : favorise l'équilibre émotionnel, l'éveil de la conscience et la circulation de l'énergie. Apporte le bonheur suprême et la connexion à autrui, à l'univers, à l'esprit et à Dieu. Facilite la communication à tous niveaux en vous permettant d'exprimer ce qui vous préoccupe. Fait émerger les problèmes, leur permettant ainsi de s'éclaircir, tout en vous ancrant. Aide à contrôler la colère, l'introversion, l'appréhension et l'anxiété. Assiste en télépathie et lors des lectures du tarot. Apporte une perception accrue pendant la divination.

Aqua aura

Un cristal de **quartz** aggloméré à l'or produisant de magnifiques cristaux et des agrégats bleu clair.

Provenance : USA (provenant du quartz d'Arkansas ou du Brésil)
Correspondance astrologique : Lion
Correspondances des chakras : frontal et de la gorge

Propriétés curatives

Pierre de « réconfort » bénéfique à la communication et à la protection.
Au niveau émotionnel/spirituel : bénéfique à l'aura et à toutes les facultés psychiques. Aide à surmonter la négativité et la dépression, la tristesse, la perte et le chagrin.

Saphir

Variété minérale de corindon disponible dans toutes les couleurs à l'exception du rouge (rubis), du bleu, de la topaze jaune orientale, de l'émeraude verte orientale, du noir, de l'améthyste mauve (violet) orientale, du rose et du blanc.

Provenance : Sri Lanka, Madagascar, Thaïlande, Inde
Correspondances astrologiques : Vierge, Balance, Sagittaire
Correspondance des chakras : frontal

Propriétés curatives

Favorise la réalisation des ambitions, des rêves et des objectifs. Apporte l'intuition, la joie, le plaisir et la sagesse.
Au niveau physique : bénéfique à l'estomac, au cœur, aux hormones et aux glandes. Aide à soulager le vieillissement, le mal de dos, en cas de saignements, d'infection, de nausée, de furoncles et de mononucléose infectieuse. Possède des propriétés astringentes.

Au niveau émotionnel/spirituel : favorise l'équilibre émotionnel, le contrôle du désir, la connexion spirituelle, permet de percevoir la beauté en toutes choses et d'accéder aux esprits guides. Aide à confronter la dépression, l'étroitesse d'esprit et le chagrin. Le saphir est le cristal « gardien des archives », indispensable pour atteindre la sagesse spirituelle, incluant les annales akashiques et le voyage astral.
Les saphirs étoilés (présentant des effets d'astérisme) accentuent l'ensemble de toutes les propriétés mentionnées précédemment.

Shattuckite

Variété bleue de planchéite en amas ou en fibres.

Provenance : USA
Correspondances astrologiques : Sagittaire, Verseau
Correspondances des chakras : de la gorge, frontal

Propriétés curatives

Favorise la communication
Au niveau physique : tonifiant général pour les maladies bénignes (en tant qu'élixir). Aide en cas d'hémophilie, d'amygdalite et de caillots de sang.
Au niveau émotionnel/spirituel : favorise la médiumnité et le channelling, l'écriture automatique, le tarot, les runes et les autres formes d'arts divinatoires, incluant la voyance dans les entrailles de mouton. Vous permet d'établir votre propre réalité.

Sodalite

Se présente en amas bleus ou bleus et blancs, en nodules et plus rarement, en cristaux dodécaédriques et prismatiques hexagonaux. Cristal pouvant également être incolore, gris, vert, jaune, blanc ou rouge.

Provenance : Brésil
Correspondance astrologique : Sagittaire
Correspondance des chakras : frontal

Propriétés curatives

Favorise les idées et la perception, l'expression créative et l'endurance. Utile en usage collectif.
Au niveau physique : favorise l'équilibre physique, la santé du métabolisme et du système lymphatique et la croissance des bébés. Aide en cas d'hypertension, d'insomnie, d'autisme, de vieillissement, de diabète et de déficience en calcium.
Au niveau émotionnel/spirituel : apaisante, bénéfique à l'estime de soi, à la santé et guérison mentale et à l'expression des sentiments. Aide à surmonter la confusion et le sentiment d'inadéquation, la perturbation mentale, l'hyper-sensitivité et la peur.

Tanzanite

Variété de **zoïsite** en formes d'amas et de cristaux prismatiques striés. Peut être bleu, jaune, gris-bleu ou pourpre.

Provenance : Tanzanie
Correspondances astrologiques : Gémeaux, Balance, Sagittaire
Correspondance des chakras : de la gorge, frontal et coronal

Propriétés curatives

Favorise la communication.
Au niveau physique : bénéfique à la peau et aux yeux. Aide en cas d'épuisement.
Au niveau émotionnel/spirituel : favorise la méditation, la visualisation, la magie et les facultés psychiques. Favorise le contact avec les esprits guides.

Œil-d'aigle

Variété bleue d'**œil-de-tigre**.

Provenance : Afrique du Sud
Correspondance astrologique : Capricorne
Correspondance des chakras : frontal, de la gorge

Propriétés curatives

Au niveau physique : bénéfique à la gorge, au pharynx, au péristaltisme et en cas de laryngite.
Au niveau émotionnel/spirituel : bénéfique aux facultés psychiques, et aide en cas de confusion.

Topaze bleue

Cristaux prismatiques bleus et en galets alluviaux.

Provenance : Afghanistan, Brésil
Correspondances astrologiques : Sagittaire, Vierge
Correspondance des chakras : de la gorge

Propriétés curatives

Bénéfique à la clarté de communication.
Au niveau physique : favorise l'équilibre du corps.
Au niveau émotionnel/spirituel : favorise l'équilibre cérébral et de l'esprit. Aide à gérer l'arrogance et la passion obsessionnelle.

Indicolite

Variété de **tourmaline** bleue.

Provenance : Brésil, Pakistan
Correspondances astrologiques : Taureau, Balance
Correspondances des chakras : de la gorge, frontal

Propriétés curatives

Bénéfique aux problèmes concernant l'environnement et à la sauvegarde de la planète. Favorise la communication et l'intuition, la pensée, les idées et la créativité. Vous permet de parler franchement et en fonction de votre personnalité authentique.
Au niveau physique : bénéfique aux poumons et à la gorge, au larynx et à l'œsophage, au thymus, à la thyroïde, aux yeux et au cerveau.
Au niveau émotionnel/spirituel : favorise toutes les facultés psychiques.

Turquoise

Amas, croûtes et plus rarement petits cristaux courts prismatiques de couleurs bleu, vert ou bleu-vert.

Provenance : Chine, Myanmar, Tibet, USA
Correspondances astrologiques : Scorpion, Sagittaire, Poissons
Correspondance des chakras : de la gorge

Propriétés curatives

Protège les voyageurs (que le voyage soit local ou dans le monde entier) et les possessions, et vous prémunit des accidents. Favorable à l'expression créative, au courage, à la communication, à la sagesse et à la compassion, à la romance et à l'amour, ainsi qu'à l'amitié. Aide à parler en public et à écrire. Élimine la pollution. Vous permet de percevoir la beauté en toutes choses.
Au niveau physique : pierre guérisseuse du corps à usage multiple. Bénéfique pour les muscles, la circulation, les poumons et la gorge, ainsi que pour l'absorption de nutriments. Aide en cas de malaise général, d'arthrite et de rhumatisme, de douleurs squelettiques tel que le mal de dos, de rhume et d'allergies, d'asthme et de bronchite, de problèmes respiratoires, de gain de poids, de douleurs abdominales, de maux de tête, de syndrome cervical traumatique, de maladie des transports aériens, de cataracte et de blessures, de convalescence postopératoire et de troubles cutanés liés au stress (en tant qu'élixir), ainsi que pour la régénération des tissus. Favorise la désintoxication. Permet de réduire les effets nocifs des radiations.
Au niveau émotionnel/spirituel : favorise l'équilibre émotionnel, la méditation (les expériences suprêmes d'ancrage), le contact avec l'esprit, toutes les facultés psychiques, le voyage astral, la spiritualité, la sérénité d'esprit et l'équilibre du yin et du yang. Offre la clarté mentale et spirituelle vous permettant de percevoir votre propre chemin de vie. Aide à confronter les esprits soupçonneux et la négativité.

Violet

Amétrine

Mélange d'**améthyste** et de **citrine** - de couleur mauve et or.

Provenance : Bolivie
Correspondance astrologique : Balance
Correspondances des chakras : du plexus solaire, coronal

Proprietes curatives

Apporte paix et tranquillité. Favorise l'inspiration, la créativité et le changement. Élimine les blocages au niveau physique, mental, émotionnel et spirituel. Aide à triompher des préjugés, de l'ignorance et de l'obstruction.
Au niveau physique : répare les dommages de l'ADN. Aide en cas de transplantation d'organes.
Au niveau émotionnel/spirituel : favorise la compréhension intellectuelle de la spiritualité. Accélère le processus de méditation (vous atteindrez votre état le plus profond ou suprême plus rapidement). Favorise le voyage astral, l'équilibre du yin et du yang et l'aura. Soulage les tensions.

Charoïte

Trouvée sous forme d'amas violet, présentant parfois des inclusions de **quartz** blanc et de manganèse noir.

Provenance : Russie
Correspondances astrologiques : Scorpion, Sagittaire
Correspondance des chakras : coronal

Proprietes curatives

Favorise l'intuition et l'analyse, la perception des opportunités, l'évolution et accroît votre niveau de concentration.
Au niveau physique : permet de ralentir le pouls. Bénéfique à la santé des yeux et du cœur. Aide en cas de douleurs en général, de maux de tête, d'altération du foie (cirrhose), de dommages au pancréas, d'autisme et de troubles déficitaires de l'attention avec hyperactivité (TDAH). Favorise la désintoxication.
Au niveau émotionnel/spirituel : favorise la méditation et la clairvoyance. Rend plus aisé de vivre le moment présent. Aide à briser les cycles indésirables, à vous libérer d'anciennes relations et à appliquer vos expériences spirituelles à votre monde physique.

Fluorite mauve

Variété mauve de **fluorite**.

Provenance : Chine, Mexique, Royaume-Uni, USA
Correspondances astrologiques : Capricorne, Poissons
Correspondance des chakras : coronal

Proprietes curatives

Favorise la communication et les nouveaux enseignements (au plan spirituel ou physique).
Au niveau physique : bénéfique à la structure osseuse et à la moelle épinière. Aide la plupart des "mal-adies" à un niveau plus profond de spiritualité.

Lépidolite

En amas et en plaques superposées (ou « feuillets »), et en cristaux courts prismatiques et tabulaires. Peut être incolore, ou lavande (du rose au mauve), jaune, gris ou blanc.

Provenance : Brésil
Correspondance astrologique : Balance
Correspondances des chakras : du cœur et frontal

Propriétés curatives

Favorise l'apprentissage et les études, ainsi que le changement et l'éveil de la conscience. Permet d'obtenir une récolte agricole abondante.
Au niveau physique : favorise la digestion et les nerfs. Utile pendant l'accouchement. Aide en cas de tendinite et de crampes, de constipation, de rythme cardiaque erratique, d'addictions et de rides.
Au niveau émotionnel/spirituel : pierre apaisante. Bénéfique au voyage astral et au rebirth. Aide en cas de méfiance, de dépression, de stress (et des troubles associés), de personnalité addictive et de phases de transition telles que la mort ou la fin de vie.

Quartz d'esprit

Variété d'**améthyste** (mauve) ou de **quartz** (blanc), présentant parfois des inclusions de fer orange-brun ou des taches en surface.

Autre nom usuel : quartz cactus
Autre nom usuel : Afrique du Sud
Astrological associations: Vierge, Capricorne, Verseau, Poissons
Correspondance des chakras : coronal

Propriétés curatives

Apporte la patience, l'abondance et un sentiment d'appartenance. Utile en usage collectif et pour intervenir sur l'environnement. Bénéfique aux sports et à l'esprit d'équipe. Offre sa protection.
Au niveau physique : favorise la fertilité. Aide en cas d'allergies cutanées et favorise la désintoxication.

Au niveau émotionnel/spirituel : libère et revitalise les émotions. Efficace pour les perceptions extra-sensorielles (PES), le flot de l'énergie, favorise l'estime de soi, la méditation, le voyage astral, le rebirth et les rêves. Facilite l'accès à votre moi intérieur ou supérieur, à votre côté sombre, vos expériences passées et vos vies antérieures. Aide à surmonter la solitude, le chagrin, l'obsession et la peur du succès.

Sugilite

Trouvée en amas violets et plus rarement, en minuscules cristaux.

Provenance : Afrique du Sud
Correspondance astrologique : Vierge
Correspondance des chakras : coronal

Propriétés curatives

Favorise l'équilibre mental, la confiance en soi, la créativité et le courage. Encourage l'expression des excentricités.
Au niveau physique : bénéfique pour la guérison de l'ensemble du corps et à la connexion esprit-corps dans la "mal-adie". Bénéfique aux glandes surrénales, pinéale et pituitaire. Utile pour le traitement de certaines maladies, particulièrement de l'épilepsie. Peut soulager les maux de tête (appliquez la pierre contre la partie douloureuse) et l'inconfort physique (tenez la pierre dans votre main). Aide les enfants ayant des difficultés d'apprentissage, incluant la dyslexie. *Au niveau émotionnel/spirituel :* favorise l'amour spirituel, le contact avec l'esprit et vous permet de trouver votre chemin de vie. Aide à confronter l'hostilité, la colère et la jalousie, les préjugés et le désespoir, et facilite le pardon.

Blanc/transparent

Anhydrite

Amas et cristaux tabulaires transparents / gris / blancs.

Provenance : Mexique
Correspondances astrologiques : Cancer, Scorpion, Poissons
Correspondances des chakras : Cancer, Scorpion, Poissons

Proprietes curatives

Au niveau physique : favorise la force et la résistance physique. Bénéfique à la gorge. Aide en cas de rétention d'eau et de gonflement.
Au niveau émotionnel/spirituel : permet l'acceptation et la libération de problèmes liés au passé. Vous aide à faire face et à comprendre la fin de vie.

Apophyllite

En cristaux cubiques et pyramidaux, en druses et en amas. Pierre généralement blanche ou incolore, et plus rarement verte. Voir également **zéolite**.

Provenance : Inde
Correspondances astrologiques : Gémeaux, Balance
Correspondances des chakras : frontal, coronal

Proprietes curatives

Favorise le voyage, la vérité et la puissance cérébrale. Les cristaux pyramidaux permettent de conserver les aliments.
Au niveau physique : bénéfique à la vue. Les cristaux pyramidaux peuvent aider à la régénération du corps.
Au niveau émotionnel/spirituel : favorise la réflexion, le voyage astral, la catoptromancie (un art divinatoire) et la clairvoyance. Vous aide à vous connecter à l'esprit et à conserver un état méditatif après la méditation.

Azeztulite

Variété incolore ou blanche de **quartz** présentant des traces de béryllium.

Provenance : USA
Correspondance astrologique : l'ensemble des signes
Correspondance des chakras : l'ensemble des chakras

Proprietes curatives

Vous permet de tirer le meilleur de toutes les situations, y compris des mauvaises. Canalisant tout type d'énergie, cette pierre permettra par conséquent d'assister toute guérison.
Au niveau physique : aide à confronter le cancer.
Au niveau émotionnel/spirituel : restaure « la volonté » dans les patients en phase terminale. Favorise la visualisation et la prémonition (placez la pierre sur le chakra frontal). Favorise la méditation – initialise et accélère l'accès aux expériences suprêmes.

Baryte

En cristaux tabulaires, en plaques superposées et en amas fibreux. Trouvée également sous la forme d'une rose ou d'un motif de rosette. Peut être : incolore, bleue, blanche, grise, jaune ou brune.

Autres noms usuels : sulfate de baryte, barytine
Provenance : du monde entier
Correspondance astrologique : Verseau
Correspondance des chakras : de la gorge

Propriétés curatives

Bénéfique à l'amitié et à l'harmonie, à l'amour et à la perception dans les relations. Favorise la communication des idées et des pensées. Vous motive pour l'action.
Au niveau physique : bénéfique à la gorge et à la vue. Aide la désintoxication, et à se libérer d'une addiction.
Au niveau émotionnel/spirituel : favorise la catharsis, la connexion spirituelle et vous permet de trouver votre chemin de vie. Aide à surmonter la timidité.

Spath d'Islande

Cristaux transparents rhomboédriques présentant une double réfraction (vous pourrez percevoir une image en double au travers de ce cristal).

Provenance : Mexique
Correspondances astrologiques : Gémeaux, Cancer
Correspondance des chakras : l'ensemble des chakras

Propriétés curatives

Bénéfique aux prises de décisions et à la clarté de pensée.
Au niveau physique : favorise la désintoxication.
Au niveau émotionnel/spirituel : apaise l'esprit. Vous aide à confronter les manipulations psychologiques et permet de percevoir les deux facettes d'un problème lors d'une discussion.

Calcite blanche

Cristaux blancs trouvés sous forme de « crocs ».

Provenance : Brésil
Correspondance astrologique : Cancer
Correspondance des chakras : coronal

Propriétés curatives

Au niveau physique : bénéfique aux reins, au foie et au système lymphatique. Favorise la désintoxication.
Au niveau émotionnel/spirituel : éclaircit l'esprit et vous aide à trouver les réponses à vos questionnements. Favorise la méditation.

Cérusite

Minerai de plomb (contenant parfois de l'argent) se cristallisant en cristaux orthorhombiques de diverses formes : cristaux simples, en agrégats, en flocons de neige ou en étoiles, et ressemblant à des arbres couverts de glaçons. Pouvant être transparente, blanche, grise, noire ou jaune.

Provenance : Namibie
Correspondance astrologique : Vierge
Correspondance des chakras : racine

Propriétés curatives

Favorise le changement, les prises de décision et de responsabilité. Apporte la sagesse, la créativité, le tact et la capacité d'écoute. Utile durant les cérémonies et les rituels. Aide à écrire, les relations, et à surmonter le mal du pays. Peut aider à se débarrasser des animaux nuisibles.
Au niveau physique : aide en cas d'insomnie, de maladie d'Alzheimer ou de Parkinson. Rétablit la vitalité suite à une maladie.
Au niveau émotionnel/spirituel : favorise l'ancrage. Aide à combattre la tension, l'anxiété et l'introversion. Facilite l'accès aux vies antérieures.

Non appropriée pour la préparation d'élixirs. Lavez-vous soigneusement les mains après contact avec le minerai de plomb.

Cleavelandite

Variété d'albite en plaques, généralement de couleur blanche.

Autre nom usuel : clevelandite (il s'agit d'une faute typique d'orthographe)
Provenance : Brésil, USA
Correspondance astrologique : Balance
Correspondance des chakras : coronal

Propriétés curatives

Offre sa protection aux voyageurs. Vous aide à accepter autrui et à atteindre vos objectifs. Bénéfique aux relations.
Au niveau physique : bénéfique à l'irrigation sanguine du cerveau. Aide en cas d'artériosclérose, d'attaque d'apoplexie et de maladie cardiaque, de maladie dégénérescente des articulations, d'allergies et d'affections cutanées, de colite ulcérative et d'endommagement des membranes cellulaires. Confronte les causes sous-jacentes des troubles liés au stress comme l'asthme.

Le guide pratique des cristaux

Corail

Vestiges des colonies d'animaux marins. Ses couleurs sont blanc, noir, rose, rouge et bleu.

Provenance : à l'exception de certaines variétés, de nombreux coraux sont protégés par la loi, ce qui signifie qu'il n'existe que peu de nouveau stock légalisé disponible. Vérifiez que le corail que vous achetez provienne bien d'un stock légalisé. Par exemple, de nombreux stockistes possèdent en réserve du corail provenant « d'aquarium », importé légalement avant les restrictions imposées par la loi.
Correspondance astrologique : Poissons
Correspondance des chakras : coronal

Propriétés curatives

Une excellente première pierre pour les enfants – elle les protègera au cours de leurs aventures dans le terrain de jeux de la vie. Apporte la sagesse, l'intuition, la diplomatie et l'imagination. Aide à évacuer les problèmes d'autrui. Utile pour les personnes apportant des soins à autrui ou les travailleurs manuels.
Au niveau physique : bénéfique aux dents et aux os, à la digestion, à la circulation, au canal spinal, au thalamus et au sens olfactif. Aide en cas de prise de poids ou de malnutrition, de léthargie, d'aliénation mentale, de colique abdominale, de gingivite, de syndrome cervical traumatique et de rétablissement postopératoire.
Au niveau émotionnel/spirituel : bénéfique aux émotions, à la visualisation, à la clairaudience et à la circulation de l'énergie. Aide en cas de dépression, de négativité et si vous portez trop d'attention à ce que pense autrui. Rétablit l'aura après un trauma physique.

Jaspe dalmatien

Mélange de **quartz**, de microcline et de **tourmaline**. Blanc avec des points noirs (nommé d'après l'espèce canine des Dalmatiens).

Provenance : Mexique
Correspondance astrologique : Gémeaux
Correspondance des chakras : racine

Propriétés curatives

Protège des dangers physiques. Connecte l'énergie physique et spirituelle. Favorise l'apprentissage et l'accomplissement des objectifs. Bénéfique aux relations et au lâcher prise du passé. Apporte le bonheur, la dévotion et le sang-froid.
Au niveau physique : bénéfique au cartilage et à la résistance physique. Apaise les nerfs, soulage les foulures musculaires et les crampes.
Au niveau émotionnel/spirituel : favorise l'équilibre du yin et du yang. Aide à confronter la négativité.

Danburite

Cristaux striés prismatiques transparents/blancs, jaune et lilas.

Provenance : Mexique, USA
Correspondance astrologique : Lion
Correspondance des chakras : coronal

Propriétés curatives

Favorise la sociabilité.
Au niveau physique : bénéfique à la vésicule biliaire et au foie. Aide en cas de raideurs musculaires et de prise de poids. Favorise la désintoxication.
Au niveau émotionnel/spirituel : aide en cas de dépression post-opératoire, ainsi que pour revenir au monde après une absence (que ce soit en raison d'une dépression nerveuse, de problèmes de drogues, d'hospitalisation ou autres).

Diamant

Cristaux octaédriques, dodécaédriques et trapézoédriques, pouvant être transparents, blancs, jaunes, bleus, bruns, roses, rouges, orange et verts.

Provenance : Australie, Brésil, Inde, Russie, Afrique du Sud, Vénézuela
Correspondances astrologiques : Bélier, Taureau, Lion
Correspondance des chakras : l'ensemble des chakras

Proprietes curatives

Apporte la protection, la pureté, la créativité et l'imagination, l'ingéniosité et l'invention, l'abondance, le changement et favorise les nouveaux départs. Bénéfique à l'activité des hémisphères droit et gauche du cerveau, à l'amour, aux relations et au démarrage de nouveaux projets. Apporte une énergie positive au niveau physique et spirituel en toutes situations. Élimine les obstacles mentaux et vous permet de vous aimer vous-même. Intensifie les effets de l'ensemble des autres cristaux.

Au niveau physique : favorise la vue et le métabolisme, ainsi que la désintoxication. Aide à se rétablir après une intoxication.

Au niveau émotionnel/spirituel : favorise l'éveil de la conscience spirituelle et l'aura. Aide à surmonter la négativité, la lâcheté, la colère et les problèmes liés à l'enfance.

Herdérite

Cristaux prismatiques et tabulaires, et amas fibreux. Du vert au jaune pâle ; également pourpre (spécimen récemment découvert).

Provenance : Brésil, Allemagne, Pakistan, Royaume-Uni, USA
Correspondance astrologique : Bélier
Correspondance des chakras : frontal

Proprietes curatives

Apporte la passion.
Au niveau physique : bénéfique au pancréas, à la rate et à la vésicule biliaire.
Au niveau émotionnel/spirituel : aide en cas de récurrences comportementales. Favorise toutes les facultés psychiques.

Dolomite

Cristaux rhomboédriques, prismatiques et en amas, de couleur : blanc, gris, vert, rouge, rose, brun et noir.

Provenance : Maroc
Correspondance astrologique : Bélier
Correspondance des chakras : coronal

Proprietes curatives

Favorise les pensées originales. Équilibre l'énergie et élimine les blocages. Bénéfique aux inventeurs et aux écrivains.

Au niveau physique : bénéfique aux glandes surrénales, au système urogénital, à la structure osseuse et aux ongles, aux dents, à la peau et aux muscles. Aide en cas d'acidité gastrique, de refroidissements et de cancer.
Au niveau émotionnel/spirituel : aide à surmonter le chagrin et la tristesse.

Fluorite transparente

Formant des cristaux cubiques, octaédriques, rhombododécaédriques et des amas.

Provenance : Chine, Royaume-Uni
Correspondances astrologiques : Capricorne, Poissons
Correspondance des chakras : coronal

Proprietes curatives
Au niveau physique : bénéfique aux yeux.
Au niveau émotionnel/spirituel : bénéfique à l'aura. Relie les expériences physiques et spirituelles.

Goshenite

Variété incolore de **béryl** en cristaux prismatiques.

Provenance : Russie, Chine
Correspondance astrologique : Balance
Correspondance des chakras : frontal

Proprietes curatives

Favorise les relations à autrui et la créativité. Vous aide à vous exprimer et à vivre votre vie de la manière que vous le souhaitez. Vous permet d'évoluer.
Au niveau physique : bénéfique aux jambes. Aide en cas de troubles déficitaires de l'attention avec hyperactivité (TDAH) et d'autisme.

Le guide pratique des cristaux

Diamant herkimer

Cristal de **quartz** biterminé, court et transparent.

Provenance : l'unique provenance est le Comté de Herkimer, dans l'État de New York, aux États-Unis. D'autres variétés de quartz de « style diamant » proviennent du Pakistan, du Mexique et de Roumanie ; bien que ceux-ci puissent donner l'apparence d'être de magnifiques cristaux, ils ne doivent toutefois pas être confondus avec les véritables diamants herkimer.
Correspondance astrologique : Sagittaire
Correspondance des chakras : coronal

Proprietes curatives

Encourage la spontanéité. Favorise la mémoire et les nouveaux départs.
Au niveau physique : favorise le métabolisme et les éléments génétiques. Protège des radiations. Aide à éliminer les toxines.
Au niveau émotionnel/spirituel : favorise la relaxation et les facultés psychiques, et permet de vivre le moment présent. Aide à surmonter le stress, la peur et la tension. Permet de s'accorder aux énergies, à autrui, aux lieux et aux divinités – utile durant les cérémonies et le reiki.

Howlite

Trouvée sous formes de nodules, d'amas et plus rarement de cristaux. L'howlite est souvent teintée et utilisée en imitation de pierres plus onéreuses.

Provenance : USA
Correspondance astrologique : Gémeaux
Correspondance des chakras : coronal

Proprietes curatives

Favorise une communication calme, le discernement, la mémoire, l'étude et l'action. Vous aide à atteindre vos objectifs. Aide à combattre l'égoïsme, la dissipation et la vulgarité.
Au niveau physique : bénéfique aux dents et aux os, au système immunitaire et à la circulation. Aide en cas de douleurs physiques.
Au niveau émotionnel/spirituel : favorise l'expression émotionnelle. Aide à surmonter le stress et la colère.

Magnésite

Se produit sous la forme d'amas et de nodules ressemblant légèrement à un chewing-gum datant de 200 millions d'années ! Se produit également mais plus rarement sous la forme de cristaux rhomboédriques, prismatiques, tabulaires et scalénoédriques. Généralement de couleur blanc, mais également gris, brun ou jaune.

Provenance : du monde entier
Correspondance astrologique : Bélier
Correspondance des chakras : coronal

Proprietes curatives

Favorise l'amour et la passion. Développe l'intellect.
Au niveau physique : bénéfique aux os et aux dents, aux tendons et ligaments, aux artères cardiaques et aux niveaux de cholestérol. Favorise la désintoxication au niveau cellulaire. Équilibre la température du corps. Aide en cas de convulsions, de syndrome prémenstruel (SPM), de problèmes d'odeurs corporelles, d'artériosclérose, d'angine et de fièvre, de refroidissement et d'hypothermie.
Au niveau émotionnel/spirituel : favorise la visualisation et la méditation.

Pierre de lune

Variété de feldspath présentant un effet optique de brillance. Les couleurs sont : blanc, crème, jaune, brun, bleu, vert et arc-en-ciel (blanc avec un éclair bleu).

Provenance : Inde
Correspondances astrologiques : Cancer, Balance, Scorpion
Correspondance des chakras : sacré

Propriétés curatives

Favorise la sagesse, la passion, le changement et les nouveaux départs, les fins de cycle, l'intuition, la perception intérieure et la créativité. Protège les voyageurs. Apporte la chance et favorise un heureux foyer.

Au niveau physique : favorise la circulation et la peau, les cheveux, les yeux, la glande pituitaire et la fertilité. Aide les femmes au cours de la maternité et de l'accouchement, ainsi que les qualités féminines, les hormones et la sexualité ; régule le cycle menstruel et soulage les symptômes liés à la ménopause, le syndrome prémenstruel (SPM) et les douleurs liées aux règles. Favorise une apparence de jeunesse. Aide en cas de constipation, de rétention d'eau, de gonflement, de piqûres d'insectes et de choc anaphylactique (une réaction allergique extrême).

Au niveau émotionnel/spirituel : apaisante et bénéfique au moi intérieur et aux émotions en général. Élimine les blocages d'énergie. Apporte le calme et la maîtrise, l'équilibre, la confiance et le sang-froid, la sérénité d'esprit, la bienveillance et la compassion. Aide en cas d'hypersensibilité, de pessimisme et à combattre les récurrences cycliques.

Okénite

Se produit sous forme d'amas fibreux blancs ou transparents, semblables à des boules de neige ou des vesses-de-loup.

Provenance : Inde
Correspondances astrologiques : Vierge, Sagittaire
Correspondance des chakras : coronal

Propriétés curatives

Favorise la pureté, l'ouverture d'esprit et la force (physique, émotionnelle, mentale et spirituelle).
Au niveau physique : favorise la jeunesse, la circulation sanguine, les glandes mammaires et la circulation dans les bras. Aide en cas de vieillissement, de fièvre, de furoncle et de diarrhée.
Au niveau émotionnel/spirituel : l'équivalent d'un gros câlin ! Bénéfique au karma, au channelling et au flot au cours de votre vie. Aide à surmonter le doute de soi, la dénégation, la haine et les récurrences comportementales compulsives.

Opale commune

Variété d'**opale** qui, à la différence des autres spécimens, ne présente pas d'irisation (feu).

Autre nom usuel : potch
Provenance : Royaume-Uni, USA
Correspondances astrologiques : Cancer, Balance
Correspondance des chakras : sacré

Propriétés curatives

Apporte la vitalité. Favorise les relations dans le domaine des affaires.
Au niveau émotionnel/spirituel : bénéfique à l'équilibre du yin et du yang. Permet de confronter la suffisance.

Perle

Gemme ronde formée à l'intérieur des coquilles d'huîtres. Peut être blanche, noire, grise, rosée ou jaunâtre.

Provenance : Japon, Chine
Correspondances astrologiques : Gémeaux, Cancer
Correspondance des chakras : sacré

Propriétés curatives

Favorise la sagesse et permet de focaliser l'esprit. Bénéfique à la chasteté et à la pureté.
Au niveau physique : favorise la digestion, la fertilité et l'accouchement, ainsi que la sexualité et les qualités féminines. Traite l'affection hépatique et le gonflement.
Au niveau émotionnel/spirituel : bénéfique à la maîtrise émotionnelle. Aide à surmonter l'irritabilité et les comportements antisociaux.

Pétalite

Se produit sous forme d'amas transparents, blancs, roses, gris, verts/blancs et rouges/blancs.

Provenance : Brésil, Madagascar
Correspondance astrologique : Lion
Correspondance des chakras : coronal

Proprietes curatives
Combat la maladresse. Vous apportera le courage de vos convictions.
Au niveau physique : bénéfique aux paupières et aux sourcils, ainsi qu'à la souplesse des muscles et des articulations. Favorise la désintoxication. Aide en cas de syndrome immunodéficient acquis (SIDA), d'encéphalomyélite myalgique (EM), de syndrome de fatigue chronique (SFC), de cancer et de tumeurs.
Au niveau émotionnel/spirituel : apporte la sérénité de l'esprit et la connexion spirituelle à « dieu », aux anges, aux esprits guides et aux animaux-totems. Favorise la méditation (vous aide à rester ancré), l'aura, l'équilibre du yin et du yang, les quêtes de vision chamanique, le voyage astral et l'ensemble des facultés psychiques.

Phénacite

Cristaux fins rhomboédriques et prismatiques, en amas et en structures sphériques fibreuses. Peut être incolore ou teintée.

Provenance : Brésil, Madagascar, Russie, USA, Zimbabwe
Correspondance astrologique : Gémeaux
Correspondances des chakras : coronal et frontal

Proprietes curatives
Focalise l'esprit. Favorise l'éveil de la conscience, ainsi que la santé et guérison mentale.
Au niveau physique : aide toutes les guérisons physiques.
Au niveau émotionnel/spirituel : favorise la méditation et la purification de l'énergie.

Quartz de métamorphose

Variété de **quartz** présentant plusieurs traces de minéraux. Se produit sous forme d'amas et parfois de cristaux prismatiques.

Provenance : provient uniquement de deux mines de Minas Gerais, au Brésil
Correspondance astrologique : Scorpion
Correspondance des chakras : l'ensemble des chakras

Proprietes curatives
Apporte le changement et la transformation - le cristal ultime avec lequel travailler si vous désirez changer de vie. Opère efficacement en association avec l'**eudialyte**, qui soulage le sentiment d'inconfort provoqué parfois par le changement. Bénéfique à l'éveil mental.
Au niveau physique : favorise la résistance physique et l'oxygénation du sang.
Au niveau émotionnel/spirituel : favorise la positivité et la perception des auras. Permet de confronter les attitudes négatives et critiques.

Quartz tibétain

Cristaux de quartz transparents, présentant fréquemment des inclusions d'hématite noire.

Provenance : provient uniquement de l'Himalaya tibétain (de nombreux quartz provenant de l'Himalaya chinois sont incorrectement décrits comme provenant du Tibet)
Correspondance astrologique : l'ensemble des signes
Correspondance des chakras : l'ensemble des chakras

Proprietes curatives
Pierre de « bien-être ». Vous aide à parvenir à l'essentiel.
Au niveau émotionnel/spirituel : favorise la connexion spirituelle.

Quartz aura d'ange

Cristal de quartz aggloméré à du platine et à de l'argent.

Autre nom usuel : opale aura
Provenance : Arkansas, USA, Brésil
Correspondance astrologique : l'ensemble des signes
Correspondance des chakras : l'ensemble des chakras

Proprietes curatives

Favorise la bienveillance, l'harmonie, l'amour et la paix. Bénéfique aux personnes apportant des soins à autrui.
Au niveau physique : vous garde en bonne santé.
Au niveau émotionnel/spirituel : facilite l'accès aux anges, aux royaumes angéliques et aux annales akashiques. Bénéfique à l'empathie, au karma et pour la protection de l'aura.

Quartz fantôme

Variété de **quartz** présentant des inclusions « spectrales » colorées.

Provenance : Brésil, Madagascar, USA
Correspondance astrologique : l'ensemble des signes
Correspondances des chakras : du cœur, coronal

Proprietes curatives

Vous aide à percevoir les réponses cachées.
Au niveau émotionnel/spirituel : favorise la purification émotionnelle et le moi intérieur.

Quartz rutile

Variété de **quartz** présentant des fils argentés ou dorés de **rutile**.

Autre nom usuel : cheveux d'ange
Provenance : Brésil
Correspondances astrologiques : l'ensemble des signes
Correspondances des chakras : frontal, coronal

Proprietes curatives

Apporte la force et la vitalité. Favorise la santé et la guérison mentale.
Au niveau physique : favorise la régénération des tissus et le système immunitaire. Apporte une apparence de jeunesse. Active les nerfs. Aide en cas de névralgie, de maladie de Parkinson, de prise de poids et de vieillissement.
Au niveau émotionnel/spirituel : apporte l'équilibre et le calme. Aide en cas de dépression ou de déprime, de blocages d'énergie et de négativité.

Quartz neige

Une forme de **quartz** se produisant en amas blancs.

Autres noms usuels : quartzite, quartz laiteux
Provenance : USA, Inde
Correspondance astrologique : Capricorne
Correspondance des chakras : coronal

Proprietes curatives

Apporte la sagesse et la pureté. Aide à étudier et à réviser pour les examens. Éclaircit l'esprit et favorise la clarté de pensée.
Au niveau émotionnel/spirituel : aide en cas de négativité.

Le guide pratique des cristaux

Quartz tourmaliné

Variété de **quartz** présentant des bâtonnets de **tourmaline** se produisant au travers de sa structure.

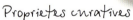

Autre nom usuel : quartz à tourmaline
Provenance : Brésil
Correspondance astrologiques : l'ensemble des signes
Correspondance des chakras : l'ensemble des chakras

Propriétés curatives

Favorise les expériences de l'enfance et aide en cas de récurrences comportementales.
Au niveau physique : favorise le système nerveux. Aide en cas d'épuisement nerveux.
Au niveau émotionnel/spirituel : aide à surmonter la dépression et la peur.

Scapolite

Se produit sous forme d'amas et de cristaux prismatiques présentant fréquemment un effet d'optique de chatoyance (voir **œil-de-chat**). Pouvant être incolore, blanc, jaune, vert, violet, gris, bleu, rouge ou pourpre (spécimen récemment découvert).

Provenance : Canada, Europe, Madagascar, USA
Correspondance astrologique : Taureau
Correspondance des chakras : frontal

Propriétés curatives

Favorise le changement, la résolution des problèmes et la pensée latérale. Vous aidera à atteindre vos objectifs.
Au niveau physique : bénéfique aux os, aux veines et aux yeux. Aide en cas de cataractes, de glaucome, de dyslexie et d'incontinence. Aide au cours des soins postopératoires.
Au niveau émotionnel/spirituel : vous soutient lorsque vous vous sentez accablé. Permet de se confronter aux problèmes du passé.

Sélénite

Forme cristallisée de gypse, généralement transparent ou blanc.

Provenance : Maroc, Mexique (pour la variété spath satiné), Canada (pour la variété sélénite dorée).
Correspondance astrologique : Taureau (la sélénite est également associée à la Lune - Sélène étant la déesse de la Lune)
Correspondance des chakras : coronal

Propriétés curatives

Au niveau physique : bénéfique aux pulsions sexuelles, aux cycles menstruels, à la longévité et à la souplesse de l'épiderme, à la colonne vertébrale et à une apparence de jeunesse. Aide en cas de rides, de taches de vieillesse et d'affections cutanées telles que l'acné, l'eczéma, le psoriasis, et de sensibilité de la peau. Aide en cas de perte de fertilité et de cheveux, d'épilepsie et de sensibilité à la lumière. Soulage des effets de fuite de mercure des amalgames dentaires au plomb. Aide les conditions associées aux radicaux libres, incluant le cancer et les tumeurs.
Au niveau émotionnel/spirituel : aide en cas d'abus.

Stilbite

Se trouve en plaques blanches ou transparentes, ou sous forme globulaire, de structures radiales et de cristaux fins tabulaires et rhombiques cruciformes.

Provenance : Inde
Correspondance astrologique : Bélier
Correspondances des chakras : de la gorge, frontal et coronal

Propriétés curatives

Favorise la créativité, l'intuition et l'ancrage.
Au niveau physique : favorise les papilles gustatives, le cerveau, les ligaments et l'épiderme (intensifie la couleur et le teint de la peau). Aide en cas de laryngite et d'intoxication. Favorise la désintoxication.

Topaze

Cristaux prismatiques et galets alluviaux. Peut être transparente, dorée comme la **topaze impériale**, ou **bleue**, blanche, rouge/rose, marron, verte ou pourpre (spécimen récemment découvert).

Autre nom usuel : topaze transparente
Provenance : Brésil, Kenya, USA
Correspondance astrologique : Sagittaire
Correspondances des chakras : sacré, du plexus solaire

Propriétés curatives

Il s'agit d'une pierre de souhaits favorisant le raisonnement, la créativité et l'expression créative, la vitalité, l'abondance et la prospérité, le succès et l'individualité. Elle vous aidera à surmonter l'indécision et vous donnera la motivation nécessaire pour accomplir vos objectifs.
Au niveau physique : apporte la bonne santé en général. Bénéfique au goût, à la peau, aux poumons et aux nerfs. Favorise la désintoxication. Combat les effets de la pollution. Aide en cas d'allergies, d'addiction et d'alcoolisme, de douleurs lombaires musculaires, de gastroentérite, de tuberculose (TB), d'encéphalomyélite myalgique (EM), de blessures et de grippe commune. Favorise la régénération des tissus.
Au niveau émotionnel/spirituel : apporte la confiance, favorise la visualisation, la méditation et la guérison à distance. Aide à surmonter le stress lié à notre siècle, la négativité ainsi que les trépidations.

Achroïte

Variété incolore de **tourmaline**.

Provenance : Pakistan
Correspondance astrologique : Verseau
Correspondances des chakras : coronal

Propriétés curatives

Favorise l'inspiration, la clarté d'esprit et de pensée. Vous aide à atteindre vos objectifs et à communiquer à un niveau profond.
Au niveau émotionnel/spirituel : favorise l'énergie spirituelle.

Ulexite

Amas satiné transparent ou fibreux blanc.

Provenance : USA
Correspondance astrologique : Gémeaux
Correspondances des chakras : frontal, coronal

Propriétés curatives

Favorise les poursuites en affaires, l'imagination et la créativité. Dissipe la confusion mentale en apportant en contrepartie la clarté d'esprit.
Au niveau physique : bénéfique aux yeux. Favorise la désintoxication. Confronte les origines d'une maladie.
Au niveau émotionnel/spirituel : favorise l'équilibre du yin et du yang, le moi intérieur, la télépathie, les visions et la clarté d'esprit.

Zéolite

Formée à partir d'un groupe de minéraux se produisant simultanément. Peut être incolore, transparente, blanche, bleue ou pêche. L'**apophylite**, l'**okénite**, la **pectolite**, la **préhnite** et la **stilbite** appartiennent toutes au groupe de la zéolite.

Provenance : Inde
Correspondances astrologiques : l'ensemble des signes
Correspondances des chakras : en fonction de chaque minéral

Propriétés curatives

Améliore votre environnement.
Au niveau physique : aide en cas de gonflement, de goitre et d'alcoolisme. Favorise la désintoxication.
Au niveau émotionnel/spirituel : connecte au reiki.

Le guide pratique des cristaux

Noir

Agate noire

Variété noire d'agate.

Provenance : Inde
Correspondance astrologique : Capricorne
Correspondance des chakras : racine

Propriétés curatives

Bénéfique pour l'esprit pratique, à la volonté de vivre et à l'instinct de survie.
Au niveau émotionnel/spirituel : pierre d'ancrage. Apporte la force intérieure.

Agate noire à bandes

Variété d'**agate** présentant des bandes noires et blanches.

Provenance : Inde
Correspondance astrologique : Capricorne
Correspondance des chakras : racine

Propriétés curatives

Favorise l'endurance, le changement et les nouveaux départs. Permet de trouver les réponses en percevant les différents aspects d'une situation donnée.
Au niveau physique : facilite la mort et la fin de vie.
Au niveau émotionnel/spirituel : favorise l'équilibre du yin et du yang.

Bixbyite

Cristaux cubiques noirs.

Provenance : USA
Correspondance astrologique : Poissons
Correspondances des chakras : frontal, coronal

Propriétés curatives

Favorise la créativité, l'intuition et l'imagination, l'adaptabilité, l'enseignement, l'écriture et l'art.
Au niveau physique : soulage les maux de tête et aide à supporter la douleur.
Au niveau émotionnel/spirituel : pierre d'ancrage et de centrage. Bénéfique à la spiritualité et pour commencer à méditer.

Calcite noire

Cristaux rhomboédriques noirs.

Provenance : Madagascar
Correspondance astrologique : Capricorne
Correspondance des chakras : racine

Propriétés curatives

Protège. Bénéfique aux qualités féminines et à l'énergie sexuelle.
Au niveau physique : favorise la sexualité.
Au niveau émotionnel/spirituel : pierre d'ancrage. Favorise la vérité et la connaissance intérieure.

Cassitérite

Cristaux courts prismatiques et en amas, pouvant être de couleur noir, brun ou jaune.

Autre nom usuel : tinstone
Provenance : Royaume-Uni
Correspondance astrologique : Sagittaire
Correspondance des chakras : racine

Proprietes curatives

Favorise la vitalité, l'optimisme, l'intellect et les personnes travaillant avec les chiffres. Protège contre les dangers physiques. Aide en cas de rejet et de préjugés.
Au niveau physique : bénéfique au pancréas. Aide en cas d'obésité, de perte de poids et de déséquilibre hormonal.
Au niveau émotionnel/spirituel : pierre d'ancrage.

Goethite

Se présente en écailles, en fibres, sous forme de cristaux prismatiques, de structures en aiguille, d'amas, de stalactites radiales et en « orgues ». Peut être noir/brun, jaune, orange ou rouge.

Provenance : trouvée dans l'améthyste du Brésil et le quartz de Madagascar.
Correspondance astrologique : Bélier
Correspondance des chakras : frontal

Proprietes curatives

Vous permet de vous amuser et d'apprécier pleinement la vie.
Au niveau physique : bénéfique aux veines, aux oreilles et au nez, à la gorge et au système digestif. Aide en cas d'anémie, de règles anormalement fortes et de convulsions. Assiste en cas de prise de poids et pendant l'entraînement de culturisme.
Au niveau émotionnel/spirituel : favorise les facultés psychiques, la communication avec les anges et les esprits, ainsi que la clairaudience.

Jais

Provient d'arbres fossilisés.

Provenance : Royaume-Uni, Canada
Correspondance astrologique : Capricorne
Correspondance des chakras : racine

Proprietes curatives

Favorise l'énergie sexuelle et la santé.
Au niveau physique : aide en cas de migraines, d'épilepsie, de glandes enflées, de maux d'estomac et de grippe commune.
Au niveau émotionnel/spirituel : apporte une énergie fondée sur le calme. Bénéfique à l'équilibre du yin et du yang, protège (contre la maladie, la violence et la sorcellerie – associé au **jaspe rouge**). Aide à atténuer la dépression et les sentiments de peur.

Larvakite

Variété noire de felspath, présentant parfois des éclairs de couleurs brillants ou iridescents.

Autre nom usuel : pierre de lune de Norvège
Provenance : Norvège
Correspondances astrologiques : Lion, Scorpion, Sagittaire
Correspondances des chakras : racine, de la gorge, frontal et coronal

Proprietes curatives

Au niveau physique : bénéfique aux poumons. Intensifie le sommeil.
Au niveau émotionnel/spirituel : pierre relaxante et d'ancrage. Intensifie les rêves, et facilite leur compréhension et interprétation. Fait émerger les émotions à la surface (comme un volcan en éruption) puis apaise le cœur. Intègre le passé au présent. Cible la base du cerveau (localisation du cerveau primitif et des pensées). Bénéfique à l'aura, au voyage astral et à la projection astrale. Aide à surmonter l'insécurité et l'appréhension.

Aimant naturel

En amas noirs/bruns et en cristaux octaédriques magnétiques. Le minéral similaire dépourvu de magnétisme est appelé **magnétite**.

Provenance : USA
Correspondances astrologiques : Gémeaux, Vierge
Correspondance des chakras : racine

Propriétés curatives

Permet de trouver une direction. Apporte la réceptivité et l'acceptation. Vous permet de retirer le meilleur des situations délicates. Aide en cas de stress géopathique.
Au niveau physique : soulage l'arthrite et les rhumatismes, ainsi que les douleurs musculaires et les crampes.
Au niveau émotionnel/spirituel : favorise la méditation, l'ancrage et la vision à distance. Aide à surmonter le chagrin et la peur, la colère, l'attachement et l'indigence.

Au niveau physique : bénéfique aux os, aux cheveux, à la peau et aux vaisseaux sanguins. Aide en cas de saignements de nez, de douleurs osseuses et de mal de dos.
Au niveau émotionnel/spirituel : favorise la méditation, l'ancrage et la vision à distance. Aide à surmonter le chagrin et la peur, la colère, l'attachement et l'indigence.

Mélanite

Variété noire d'**andradite (grenat)**.

Provenance : Brésil, USA
Correspondance astrologique : Scorpion
Correspondance des chakras : du cœur

Propriétés curatives

Au niveau physique : aide en cas de cancer ou d'attaque d'apoplexie, d'arthrite, de rhumatismes et d'effets secondaires liés à la prise de médicaments.
Au niveau émotionnel/spirituel : aide à surmonter la jalousie et l'envie, la méfiance, la colère et les émotions excessives, le ressentiment et l'animosité. Utile lorsque vous effectuez une procédure de divorce.

Magnétite

Cristaux octaédriques noirs ou bruns, en amas et dendrites. Les spécimens présentant une polarité magnétique sont connus sous le nom d'**aimant naturel**.

Provenance : USA
Correspondances astrologiques : : Bélier, Vierge, Capricorne, Verseau
Correspondance des chakras : racine

Propriétés curatives

Apporte la protection, particulièrement contre les symptômes empathiques et l'énergie d'autrui - utile pour les guérisseurs et les personnes apportant des soins. Bénéfique à la ténacité et à l'endurance, aux désirs, pour attirer l'amour et faire confiance à vos intuitions.

Merlinite

Opale mousse (opalite) noire et blanche.

Provenance : Inde, USA
Correspondance astrologique : Poissons
Correspondance des chakras : frontal

Propriétés curatives

Permet d'avoir une vue d'ensemble lors d'une discussion et d'évoluer dans la vie, favorise l'optimisme et permet de saisir l'instant.
Au niveau physique : favorise l'énergie sexuelle et l'instinct de survie.
Au niveau émotionnel/spirituel : apaisante. Favorise toutes les facultés psychiques, l'équilibre du yin et du yang, le flot, la magie et l'accès aux annales akashiques.

Obsidienne

Verre volcanique disponible dans une gamme de couleurs : noir, brun, vert, rouge/noir, brun/noir, acajou, noir avec des motifs/couleurs arc-en-ciel, bleu, pourpre, noir translucide et sous forme de nodules bruns (**larmes d'Apache**).

Provenance : Mexique, USA
Correspondances astrologiques : Bélier, Scorpion, Sagittaire, Capricorne
Correspondance des chakras : racine

Proprietes curatives

Apporte la sagesse et offre sa protection. Favorise l'apprentissage des connaissances.
Au niveau physique : bénéfique au côlon, à la sexualité et aux qualités masculines. Aide en cas de gastroentérite, de syndrome du côlon irritable (SCI), de douleurs abdominales liées aux flatulences et de nausées. Vous permettra de reconnaître les causes d'une maladie.
Au niveau émotionnel/spirituel : pierre d'ancrage. Aide à dépasser les récurrences comportementales allant à l'encontre des buts recherchés et les blocages au niveau du subconscient. Vous permet de percevoir votre côté sombre. Intègre la spiritualité à la vie quotidienne. Aide à accéder à ses racines et aux expériences passées. Agit comme le miroir de l'âme – Vous laissant considérer intensément votre personnalité, puis en sourire.

Obsidienne noire

Provenance : Mexique, USA
Correspondance astrologique : Sagittaire
Correspondance des chakras : racine

Proprietes curatives

Protège et favorise la créativité, les qualités masculines et l'intuition.
Au niveau physique : favorise la digestion et l'instinct de survie.
Au niveau émotionnel/spirituel : pierre d'ancrage. Bénéfique à la catoptromancie (un art divinatoire) et à la guérison chamanique.

Obsidienne satinée

Obsidienne noire présentant des reflets argent ou or.

Provenance : Mexique
Correspondance astrologique : Sagittaire
Correspondance des chakras : racine

Proprietes curatives

Favorise la patience et le changement, et vous aide à accepter les retards dans votre planification de vie.
Au niveau physique : permet de découvrir les origines d'une maladie.

Larme d'apache

Petits nodules translucides noirs ou bruns.

Provenance : USA
Correspondance astrologique : Bélier
Correspondance des chakras : racine

Proprietes curatives

Favorise le changement, l'évolution dans la vie, le pardon et la spontanéité. Confronte les croyances autolimitatives.
Au niveau physique : bénéfique aux genoux. Aide en cas de déficience en vitamines C et D, de spasmes musculaires et de morsures de serpent. Favorise la désintoxication.
Au niveau émotionnel/spirituel :
bénéfique aux émotions et à l'équilibre émotionnel (vous permettant de pleurer, plus particulièrement si vous reteniez vos larmes). Favorise les changements de comportement, le pardon et aide à surmonter la négativité et le chagrin.

Le guide pratique des cristaux

Obsidienne flocons de neige

Obsidienne noire présentant des inclusions de phénocristaux blancs.

Provenance : USA
Correspondance astrologique : Vierge
Correspondance des chakras : racine

Proprietes curatives
Apporte la sérénité d'esprit. Encourage la pureté (à tous niveaux).
Au niveau physique : bénéfique à l'estomac et aux sinus (débloque le méridien les reliant). Bénéfique aux veines et aux os, aux yeux et à la vue, ainsi qu'à la peau. Aide en cas d'acalculie (la difficulté à effectuer des calculs mathématiques). Favorise la désintoxication.
Au niveau émotionnel/spirituel : favorise la méditation. Aide à surmonter la colère, le ressentiment, les récurrences comportementales périmées et la solitude.

Opale noire

Formant des amas noirs. Présente parfois des irisations (feu) de diverses couleurs.

Provenance : Australie, Hongrie, USA
Correspondances astrologiques : Cancer, Scorpion, Sagittaire
Correspondance des chakras : racine

Proprietes curatives
Vous apporte la motivation. Utile en iridologie.
Au niveau physique : bénéfique à la vue, à la digestion et à la fertilité.
Au niveau émotionnel/spirituel : favorise la catoptromancie (un art divinatoire). Aide en cas de dépression.

Marbre Picasso

Marbre présentant des associations de couleurs comme le noir, le brun, le jaune et le blanc.

Autre nom usuel : jaspe Picasso
Provenance : USA
Correspondances astrologiques : Sagittaire, Cancer
Correspondance des chakras : sacré

Proprietes curatives
Favorise la créativité et l'art, le changement et la persévérance.
Au niveau physique : bénéfique au métabolisme, à la circulation et à la digestion. Aide en cas de syndrome du canal carpien et de perte de poids. Favorise la désintoxication.
Au niveau émotionnel/spirituel : pierre d'ancrage et apaisante. Aide en cas de pensées liées au subconscient ou troublées, ou de stress et d'anxiété.

Pyrolusite

Amas et dendrites de couleurs : noir, argent, gris, brun ou bleu.

Provenance : France, Allemagne
Correspondance astrologique : Lion
Correspondance des chakras : sacré

Proprietes curatives
Favorise le changement et la relation à autrui.
Au niveau physique : favorise l'impulsion sexuelle, les vaisseaux sanguins, les yeux et le métabolisme. Fait apparaître les causes d'une "mal-adie". Aide en cas de bronchite et de blessures.

Au niveau émotionnel/spirituel : bénéfique à l'aura. Aide à surmonter la négativité et à atténuer l'excès d'énergie spirituelle (sentiment que les esprits ne vous laissent pas en paix).

Sphalérite

Se présente en amas, en fibres, et en cristaux cubiques, tétraédriques ou dodécaédriques, pouvant être incolore, noir, brun, jaune, rouge ou vert.

Autre nom usuel : blende
Provenance : Mexique
Correspondance astrologique : Gémeaux
Correspondance des chakras : du plexus solaire

Propriétés curatives
Favorise la protection, la créativité et le changement de profession.
Au niveau physique : favorise la circulation sanguine, les yeux et le système nerveux. Aide en cas d'anémie, de prise de poids, et facilite l'absorption de nutriments.
Au niveau émotionnel/spirituel : favorise la méditation et l'équilibre du yin et du yang, l'ensemble des facultés psychiques, la transe et l'intuition (la confiance). Aide à surmonter le complexe d'infériorité.

Tektite

Verre météorique produit par la chaleur extrême de l'impact d'une météorite avec la terre. La météorite et la surface de la terre se sont fondues ensemble sous cette chaleur extrêmement intense. La tektite se forme au moment où cette fusion d'éléments spatial et terrien refroidit. Ses variétés peuvent être de couleurs noir, brun, ou verre jaune libyen ou moldavite verte.

Provenance : Chine, Thaïlande
Correspondances astrologiques : Bélier, Cancer
Correspondance des chakras : coronal

Propriétés curatives

Favorise l'abondance et le raisonnement.
Au niveau physique : bénéfique à la circulation et à la fertilité. Soulage la fièvre.
Au niveau émotionnel/spirituel : bénéfique à l'équilibre du yin et du yang, à la télépathie, à la chirurgie psychique, pour initialiser la méditation, pour atteindre les expériences suprêmes et également pour le contact avec d'autres mondes.

Schorl

Cristaux prismatiques noirs présentant des stries verticales.

Autres noms usuels : **tourmaline** noire, afrisite
Provenance : Brésil, Inde, Pakistan
Correspondance astrologique : Capricorne
Correspondance des chakras : racine

Propriétés curatives

Pierre de « réconfort » favorisant le sens pratique et la créativité, l'intellect, la protection et la vitalité. Aide en cas de maladresse.
Au niveau physique : bénéfique au cœur et aux glandes surrénales. Aide en cas d'arthrite et de dyslexie. Protège contre les radiations.
Au niveau émotionnel/spirituel : bénéfique à la stabilité émotionnelle et à la connexion à la terre. Aide à surmonter la négativité, le délire de la persécution, l'anxiété et l'embarras.

Jaspe zèbre

Quartz et basalte, présentant des bandes noires et blanches en motif « zèbre ». Le nom jaspe zébré est donné au moins à trois associations minérales différentes : celle présentée ici ; à un schiste provenant d'Australie ; et à une variété de marbre provenant du Pakistan connu sous le nom de zèbre noir/cristal zébré.

Provenance : USA
Correspondances astrologiques : Taureau, Gémeaux
Correspondance des chakras : sacré

Propriétés curatives

Apporte la compassion.
Au niveau physique : bénéfique aux dents et aux gencives. Aide en cas de sécheresse de la peau, d'ostéoporose, de cancer des os, de spasmes musculaires, de palpitations cardiaques et de déficiences en vitamines. Favorise l'accès à une réserve d'énergie, de force et d'endurance physique (bénéfique aux athlètes).
Au niveau émotionnel/spirituel : confronte la superficialité.

Le guide pratique des cristaux

Gris

Agate grise bandée

Variété d'agate à motifs ou bandes gris et blancs.

Provenance :
Botswana
Correspondance astrologique :
Scorpion
Correspondance des chakras : sacré

Propriétés curatives
Au niveau physique : permet d'évacuer l'énergie refoulée. Soulage en cas de fatigue, de malaise général et d'encéphalomyélite myalgique (EM).

Silex

Variété de **calcédoine**. Peut être gris, noir ou brun.

Provenance : du monde entier
Correspondances astrologiques : Bélier, Scorpion
Correspondance des chakras : coronal

Propriétés curatives
Apporte la protection physique. Vous aide à lire et comprendre le langage du corps.
Au niveau physique : bénéfique au foie, aux articulations, aux poumons et à la digestion. Aide en cas de calculs rénaux, de calcification des os, de blessures et de coupures, ainsi que d'excroissances cutanées superficielles.

Au niveau émotionnel/spirituel : favorise la télépathie, la chirurgie psychique, la perception extra-sensorielle (PES) et protège les maisons des esprits. Aide à surmonter la timidité, et en cas de manque d'intimité, de disputes, de cauchemars et de négativité.

Galène

Cristaux métalliques cubiques et octaédriques gris argentés. Trouvé également en amas, en fibres et sous des formes inhabituelles.

Provenance : Royaume-Uni
Correspondance astrologique : Capricorne
Correspondance des chakras : racine

Propriétés curatives
Favorise les études.
Au niveau physique : bénéfique aux cheveux, au sang, à la circulation, au système olfactif et nerveux.
Au niveau émotionnel/spirituel : pierre d'ancrage et de centrage. Aide à dépasser les idées et convictions autolimitatives et en cas de comportement antisocial.

Hématite

Se produit en amas, en formes botryoïdales, en rosettes, en plaques superposées et en cristaux tabulaires et rhomboédriques. Couleur métallique gris argenté, noire ou rouge brique/brun.

Provenance : Royaume-Uni, Maroc
Correspondances astrologiques : Bélier, Verseau
Correspondance des chakras : racine

Propriétés curatives
Apporte force, amour, courage et magnétisme personnel. Bénéfique au processus mental, à la dextérité et pour travailler avec les chiffres et en mathématique.
Au niveau physique : bénéfique à la rate, au sang et aux vertèbres. Aide en cas d'anémie, de mal de dos, de fractures, de caillots sanguins, de mal des transports et d'avion, de crampes et d'encéphalomyélite myalgique (EM).

Pyrite

Se présente sous la forme de cristaux cubiques et dodécaédriques, parfois aplatis (soleils de pyrite) et en amas. Elle devient plus dorée avec l'oxydation et peut remplacer de nombreux minéraux ; par conséquent elle peut être trouvée dans d'autres formations et en association avec d'autres pierres.

Autres noms usuels : pyrites de fer, or du fou
Provenance : Pérou, Espagne, USA, Royaume-Uni
Correspondance astrologique : Lion
Correspondances des chakras : du plexus solaire et l'ensemble des chakras

Propriétés curatives

Bénéfique au cerveau, à la mémoire, au processus de la pensée, aux « étincelles d'énergie » et à l'esprit d'initiative. Protège. Résout les problèmes de pollutions et de voisinage bruyant.
Au niveau physique : bénéfique aux os et aux poumons, à la formation cellulaire, à la circulation et à la digestion. Aide en cas de varices, de ronflements, de maladie liée aux radiations, de bronchite, d'infection, de fièvre et d'inflammation. Très utile si vous êtes prédisposé aux accidents.
Au niveau émotionnel/spirituel : aide à surmonter la négativité.

Marcassite

Similaire à la composition chimique de la **pyrite**, les deux pierres se distinguent par leur structure cristalline.

Provenance : Europe, USA
Correspondance astrologique : Lion
Correspondance des chakras : du plexus solaire

Propriétés curatives

Au niveau physique : bénéfique à la peau. Aide à traiter les grains de beauté et les verrues.
Au niveau émotionnel/spirituel : aide en cas de problème d'ego, de personnalité et d'impatience.

Argent

Se présente sous forme de dendrites, d'écailles, de plaques, de pépites, et plus rarement de cristaux à la structure en aiguille. L'oxydation provoque une altération gris/noir de la couleur.

Provenance : Mexique
Correspondances astrologiques : Cancer, Verseau
Correspondances des chakras : du cœur, de la gorge, frontal et coronal.

Propriétés curatives

Favorise la santé et la guérison mentale, ainsi que l'éloquence. Vous permettra de regarder à l'intérieur de votre cœur pour percevoir qui vous êtes réellement. Aide à affiner un tempérament lacunaire. Apporte de l'énergie aux autres cristaux (placez l'argent à proximité des cristaux pendant la pleine ou la nouvelle lune).
Au niveau physique : favorise l'élocution. Aide en cas d'hépatite, de défauts d'élocution, comme le bégaiement, et de déficiences en vitamines A et E. Favorise la désintoxication.
Au niveau émotionnel/spirituel : favorise l'équilibre émotionnel, la méditation, les cycles de la vie, le voyage astral et la guérison à distance. Aide à éliminer la négativité.

Stibnite

En amas, en colonnes, en lamelles et en cristaux en forme d'aiguilles et prismatiques.

Provenance : Ouzbékistan, Chine
Correspondances astrologiques : Scorpion, Capricorne
Correspondance des chakras : coronal

Propriétés curatives

Permet de trouver une direction et de prendre une décision. Assiste les enseignants. Apporte l'attraction et l'endurance, la rapidité, l'argent et la loyauté. Aide en cas de relations étouffantes.
Au niveau physique : : bénéfique à l'estomac et à l'œsophage. Aide en cas de raideur.
Au niveau émotionnel/spirituel : favorise la méditation. Protège contre les esprits malins. Vous permet de vous connecter à vos animaux-totems.

Le guide pratique des cristaux

Brun

Agate du Brésil

Variété d'**agate** translucide ou transparente présentant des lignes et motifs. Peut être de couleurs brun, rouge, noir, vert, transparent, blanc ou gris. (Généralement teintée en rose, mauve, bleu ou vert foncé).

Provenance : Brésil
Correspondance astrologique : Bélier
Correspondance des chakras : frontal

Proprietes curatives

Apporte la protection.
Au niveau physique : régule le pouls. Aide en cas de blessures bénignes, telles que les bleus, les entorses et foulures. Soulage la constipation.
Au niveau émotionnel/spirituel : bénéfique à la radiesthésie et à la divination, à la visualisation, au voyage astral et au contact chamanique avec d'autres mondes.

Agate dentelle

Variété d'**agate** présentant des motifs, des bandes et des lignes ondulées exubérantes de couleurs crème, rouge ou brun.

Autre nom usuel : agate dentelle du Mexique
Provenance : Mexique
Correspondances astrologiques : Gémeaux, Capricorne, Verseau
Correspondance des chakras : du cœur

Proprietes curatives

Apporte la confiance en soi, l'équilibre, le courage, l'estime de soi et la vitalité.
Au niveau physique : bénéfique au cœur, à la peau, à l'élocution et à la vue.
Au niveau émotionnel/spirituel : aide à surmonter la peur.

Agate turritelle

Variété d'**agate** de couleur brune trouvée en amas et présentant des inclusions de fossiles.

Provenance : USA
Correspondances astrologiques : Cancer, Verseau
Correspondance des chakras : racine

Proprietes curatives

Favorise le changement et l'instinct de survie.
Au niveau physique : favorise l'absorption d'aliments, plus particulièrement d'oligoéléments. Aide en cas de fatigue, de péristaltisme et de troubles de l'estomac, de gonflement et de ballonnements abdominaux douloureux.
Au niveau émotionnel/spirituel : bénéfique à la guérison de la terre. Aide en cas de complexe de supériorité et de délire de la persécution.

Aragonite

Cristaux hexagonaux en forme de colonnes (souvent reliées ensemble sous forme de « spoutnik »). Trouvée également en fibres, en amas ou en stalactites. Couleurs : blanc, brun, jaune, bleu ou vert.

Provenance : Maroc, Namibie
Correspondance astrologique : Capricorne
Correspondance des chakras : coronal

Proprietes curatives

Aide à résoudre les problèmes.
Permet aux réponses de s'imposer d'elles-mêmes. Favorise la patience, le sens pratique et la fiabilité.

Au niveau physique : bénéfique à la peau. Aide en cas de douleurs ou d'affections en général, de déficience en vitamines A et D, de rhumes, de perte de cheveux, de rides, de cors et de furoncles. Soulage les affections de la peau dues au stress, telles que l'eczéma et le psoriasis.
Au niveau émotionnel/spirituel : permet d'apaiser l'esprit avant la méditation. Aide à surmonter le stress et la colère.

Bronzite

En amas, en fibres et plus rarement, en cristaux. Brun avec des particules d'or.

Provenance : Brésil
Correspondance astrologique : Lion
Correspondance des chakras : du cœur

Propriétés curatives

Vous donne le courage de suivre votre propre parcours de vie. Vous aide à prendre les décisions.
Au niveau physique : bénéfique à l'équilibre du pH, à l'absorption de fer, à l'hémoglobine et aux globules rouges. Aide en cas d'anémie et de cancer.
Au niveau émotionnel/spirituel : favorise la confiance en soi.

Pierre de boji

Pierres sphériques ou ovoïdes gris/brun présentant des motifs et/ou des saillies lisses. Il s'agit principalement de **pyrite** mélangée à un peu de palladium et présentant des traces d'autres minéraux. Les pierres lisses sont connues sous le nom de pierres « femelles » ; les pierres présentant des saillies sont connues sous le nom de pierres « mâles ». Les pierres sont généralement utilisées en paire mâle/femelle.

Provenance : l'unique provenance est la Vallée de Boji, au Colorado, USA (bien que d'autres pierres similaires connues sous le nom de pierres du chaman ou de boules de mochi soient également disponibles).
Correspondances astrologiques : Taureau, Lion, Scorpion, Verseau
Correspondance des chakras : racine (une pierre de Boji), sur les autres chakras (une paire mâle/femelle de pierres de Boji).

Propriétés curatives

Favorise la communication avec les animaux.
Au niveau physique : aide à la régénération des tissus et à surmonter la douleur. Accélère le rétablissement.
Au niveau émotionnel/spirituel : favorise l'énergie, l'aura et l'ancrage. Lorsqu'elles sont utilisées en paire, les pierres de Boji permettent d'aligner les énergies du corps et d'équilibrer l'ensemble des chakras. Elles permettent de revitaliser, de centrer et d'ancrer le corps, le mental et l'esprit, se traduisant comme une poussée d'énergie au travers du corps. Aide en cas de blocage d'énergie.

Chiastolite

Variété d'andalousite formant de gros cristaux présentant un motif en croix en coupe transversale. Peut être brun ou vert avec des motifs de croix noirs.

Autres noms usuels : pierre de croix, andalousite
Provenance : Chine
Correspondance astrologique : Balance
Correspondances des chakras : sacré

Propriétés curatives

Favorise la dévotion et le changement, la résolution des problèmes, la  créativité et le sens pratique. Vous aide à vous montrer fort dans les situations difficiles.
Au niveau physique : favorise l'acceptation de la mort et de la fin de vie. Soulage la fièvre, favorise la circulation sanguine, la montée de lait pour les mères nourricières, et aide en cas de détérioration des chromosomes.
Au niveau émotionnel/spirituel : présentant le signe traditionnel de la Croix - elle est associée aux énergies guérisseuses. Favorise le rebirth et le voyage astral.

Le guide pratique des cristaux

Fulgurite

Quartz naturellement fusionné à diverses impuretés produisant des tonalités de couleurs marrons. Produite par la foudre tombée dans le désert.

Autres noms usuels : éclair pétrifié, lechateliérite (une variété)
Provenance : Libye
Correspondances astrologiques : Gémeaux, Vierge
Correspondance des chakras : frontal

Proprietes curatives

Favorise la communication et la concentration.
Au niveau physique : bénéfique aux oreilles et au nez, à la gorge et à l'œsophage, aux intestins et au côlon.
Au niveau émotionnel/spirituel : favorise les facultés psychiques, et plus particulièrement la rhabdomancie.

Hessonite

Forme de **grenat** grossulaire brun ou jaune/cannelle.

Autre nom usuel : pierre de cannelle
Provenance : Madagascar
Correspondance astrologique : Bélier
Correspondances des chakras : sacré, du plexus solaire

Proprietes curatives

Bénéfique aux nouveaux challenges et au courage.
Au niveau physique : bénéfique au système olfactif et lymphatique.
Au niveau émotionnel/spirituel : favorise la méditation (vous aide à parvenir à un niveau supérieur). Aide à surmonter le complexe d'infériorité et la négativité.

Jaspe paysage

Variété brun clair ou brun de jaspe, présentant des marques suggérant des paysages d'un ancien monde.

Provenance : USA, Afrique du Sud
Correspondance astrologique : Lion
Correspondances des chakras : frontal

Proprietes curatives

Vous permet de percevoir la situation dans son ensemble. Favorise l'établissement de votre propre entreprise.
Au niveau physique : favorise le système immunitaire, les reins et la peau.

Au niveau émotionnel/spirituel : bénéfique à la visualisation créative. Libère le chagrin et la peur profondément enfouis et refoulés.

Linga

Variété brun / crème de **jaspe** ayant approximativement la forme d'un ballon de rugby.

Autres noms usuels : Shiva Lingam
Provenance : Le fleuve Gange et ses affluents, en Inde
Correspondance astrologique : Scorpion
Correspondance des chakras : l'ensemble des chakras

Proprietes curatives

Au niveau physique : favorise la fertilité, bénéfique à la colonne vertébrale, aux fluides corporels et à la prostate. Aide en cas de rétention de fluide, de mal de dos et au cours de la ménopause.

Au niveau émotionnel/spirituel : favorise la purification spirituelle, la connexion au moi supérieur et permet d'atteindre l'expérience suprême lors de la méditation. Vous aide à vous connecter à l'énergie physique et spirituelle. Intensifie l'énergie masculine.

Météorite

Rocs provenant de l'espace datant généralement de 4,5 millions d'années (pouvant remonter jusqu'à 13 millions d'années). Ils proviennent de Mars ou de la Lune, de la tête des comètes, de la ceinture d'astéroïdes et de débris du « big bang ». Ils sont composés de minéraux trouvés également sur terre ; cependant, à la différence des minéraux de la terre, les minéraux provenant de l'espace ne présentent pas d'espaces d'air entre leurs molécules, étant formés dans le vide de l'espace. Les météorites sont classées en trois catégories : les fers, les chondrites et les achondrites. Elles sont généralement de couleur brun ou noir (et présentent parfois une surface argentée lorsqu'elles sont polies). D'autres minéraux provenant de l'espace incluent la **tektite** et la **moldavite**.

Provenance : Argentine, Russie, Namibie, Chine
Correspondance astrologique : l'ensemble des signes
Correspondances des chakras : coronal et racine

Propriétés curatives

Favorise la résistance. Assiste lors de la conception spatiale. Utile si vous émigrez.
Au niveau physique : les météorites de fer aident en cas d'anémie.
Au niveau émotionnel/spirituel : favorise la méditation, la connexion aux amis et aux membres de votre famille qui sont éloignés, et le contact à d'autres mondes. Aide en cas de mélancolie, d'incohérence et de mal du pays.
Les chondrites et achondrites ne sont pas appropriées pour la préparation d'élixirs.

Muscovite

Variété de mica se formant généralement en « plaques » superposées, en « fleurs », en « feuillets », en écailles et en amas et sous d'autres formes cristallines. Les couleurs incluent le brun et le vert, le rose, le gris et le violet, le jaune, le rouge et le blanc.

Provenance : Brésil
Correspondances astrologiques : Lion, Verseau
Correspondance des chakras : du cœur

Propriétés curatives

Favorise la rapidité de pensée, la résolution des problèmes et les décisions majeures de la vie. Utile si vous êtes inquiet par rapport à l'impact de votre condition de vie sur vous-même et ceux qui dépendent de vous.
Au niveau physique : équilibre les rythmes du sommeil. Aide en cas d'allergies ou de diabète, de faim et de déshydratation, de mononucléose (fièvre glandulaire) et d'insomnie.
Au niveau émotionnel/spirituel : favorise l'expression émotionnelle, les visions chamaniques et la méditation. Vous aide à être réceptif à votre intuition et à accéder à votre moi supérieur. Aide à surmonter les sentiments d'insécurité et le doute de soi, le pessimisme, les problèmes liés au passé, la colère et les rancunes, l'excès d'énergie nerveuse et les émotions douloureuses.

Obsidienne acajou

Variété brun/noir d'**obsidienne**.

Provenance : Mexique
Correspondance astrologique : Balance
Correspondance des chakras : racine

Propriétés curatives

Apporte la vitalité et la force en cas de besoin. Vous permet d'atteindre vos objectifs.
Au niveau émotionnel/spirituel : aide à éliminer les blocages d'énergie et à relâcher la tension.

Le guide pratique des cristaux

Bois fossile

Arbres fossilisés dans lesquels l'élément organique a été remplacé par un ou plusieurs minéraux ; généralement de l'**agate**, de la **calcédoine** ou du **quartz** (cependant d'autres minéraux peuvent également être présents). Les couleurs incluent le brun, mais peuvent être de toutes les couleurs du bois ou des couleurs de l'**agate**, de la **calcédoine** et de l'**opale**.

Provenance : USA, Madagascar
Correspondance astrologique : Lion
Correspondance des chakras : racine

Proprietes curatives

Favorise la longévité et l'équilibre mental. Permet d'éliminer la pollution.
Au niveau physique : bénéfique aux os. Aide en cas d'arthrite, d'allergies, de rhume des foins et d'infection.
Au niveau émotionnel/spirituel : pierre d'ancrage. Apaise les émotions. Soulage le stress. Favorise l'accès aux vies antérieures.

Quartz fumé

Variété brune ou noire de **quartz** coloré par les radiations naturelles provenant de la terre.
Ce procédé peut être répliqué en laboratoire très efficacement - de nombreux quartz fumé sont en fait fabriqués par l'homme.

Autre nom usuel : quartz enfumé
Provenance : Brésil, Madagascar, USA
Correspondances astrologiques : Sagittaire, Capricorne
Correspondance des chakras : racine

Proprietes curatives

Favorise la vitalité, l'intuition, l'instinct de survie, les énergies masculines et l'activité mentale. Protège en dissipant la négativité (utile durant les cérémonies). Utile également si vous avez l'habitude de dépenser trop d'argent. Vous aide à évoluer dans la vie.
Au niveau physique : favorise l'expression physique et l'énergie sexuelle. Bénéfique aux jambes et aux genoux, aux chevilles, aux mains et aux pieds. Aide en cas de bégaiement.
Au niveau émotionnel/spirituel : favorise l'ancrage et la relaxation, la sédation, la méditation et l'interprétation des rêves. Canalise l'énergie par les mains (par exemple pour le reiki ou la guérison spirituelle). Aide en cas de négativité, à surmonter la colère ou la dépression, le désespoir et le chagrin. Accélère les lois du karma.

Rutile

Cristaux en forme d'aiguilles pénétrant fréquemment du **quartz**, du **quartz rutile** et les cristaux prismatiques. Les couleurs incluent le bronze, l'argent, le rouge, le brun, le rouge-brun, le noir, le jaune, l'or et le violet.

Autre nom usuel : cheveux d'ange
Provenance : Brésil
Correspondances astrologiques : Taureau, Gémeaux
Correspondance des chakras : frontal

Proprietes curatives

Favorise la sexualité et l'équilibre mental.
Au niveau physique : aborde les causes d'une maladie. Bénéfique aux vaisseaux sanguins. Aide en cas de bronchite, de fatigue des yeux et de blessures. Favorise la montée de lait chez les mères allaitant leur enfant.
Au niveau émotionnel/spirituel : bénéfique à l'aura, favorise le voyage astral et la vision à distance.

Grès

Pierre composée de grains de sable. Peut être blanc-crème, brun clair ou brun rouille (couleurs se mélangeant parfois entre elles). Présentant parfois également de magnifiques oxydations couleurs arc-en-ciel.

Provenance : Inde, Royaume-Uni, USA
Correspondance astrologique : Gémeaux
Correspondance des chakras : sacré

Propriétés curatives

Favorise la créativité et les relations à autrui. Utile en usage collectif. Favorise la clarté de pensée. Aide les personnes facilement distraites.
Au niveau physique : bénéfique à la vue et aux ongles. Aide en cas de blessures, d'os brisés, de rétention d'eau et de perte de cheveux.
Au niveau émotionnel/spirituel : permet d'éviter les distractions pendant la méditation. Aide en cas de sautes d'humeur et de crises de colère.

Septaria

Nodules de terre de fer dans laquelle d'autres minéraux, tels que la **calcite**, le **jaspe**, la **dolomite**, l'**aragonite** et parfois la **baryte** se sont déposés à l'intérieur des petites fissures de la structure.

Provenance : Australie, Madagascar, USA
Correspondance astrologique : Taureau
Correspondance des chakras : racine

Propriétés curatives

Favorise la patience, l'endurance et la tolérance. Assiste lors d'un discours en public, au cours de la thérapie par le son et de programmation neurolinguistique (PNL). Contribue à la prise de conscience de l'environnement.

Au niveau physique : favorise la souplesse physique. Bénéfique aux dents et aux os, ainsi qu'aux muscles. Aide en cas de mélanome.
Au niveau émotionnel/spirituel : favorise la souplesse émotionnelle.

Staurolite

Cristaux courts prismatiques présentant un jumelage cruciforme.

Autres noms usuels : staurotite, pierre de croix, pierre de fée
Provenance : France, Russie
Correspondance astrologique : Poissons
Correspondance des chakras : racine

Propriétés curatives

Apporte la chance. Utile pour les rituels, la protection et la gestion du temps.
Au niveau physique : aide en cas de fièvre et de malaria. Utile pour arrêter de fumer. Confronte les tendances de la personnalité à l'addiction.
Au niveau émotionnel/spirituel : aide en cas de stress ou de dépression.

Dravite

Variété de **tourmaline** de couleur brun.

Provenance : Australie, Brésil, Europe, Népal
Correspondance astrologique : Bélier
Correspondance des chakras : racine

Propriétés curatives

Apporte la protection. Bénéfique à l'environnement.
Au niveau physique : bénéfique aux intestins. Soulage en cas de boutons et d'acné.
Au niveau émotionnel/spirituel : favorise l'aura et à la connexion à la terre.

Chapitre 4
Cristaux-remèdes

Comprendre les affections

La santé résulte de l'équilibre des énergies physique, mentale, émotionnelle et spirituelle. Ces énergies existent simultanément à l'intérieur et autour de nous. Les énergies qui nous entourent sont produites par notre interaction avec le monde et l'expérience que nous en avons. Notre état intérieur produit et reflète les énergies qui nous entourent. Nous sommes ainsi indubitablement liés à notre environnement. Le principe bouddhiste du vide, les théories scientifiques telles que la théorie de la relativité d'Einstein et les travaux de Feynman sur l'électrodynamique quantique et la théorie du champ quantique, s'accordent sur le fait que chacun de nous est connecté à chaque chose. L'idée que quelque chose peut exister par soi-même est simplement une illusion. Chaque action individuelle résulte d'une autre, et en provoquera d'autres à son tour.

Equilibrer les énergies

Lorsque nos énergies sont équilibrées, nous ressentons du bien-être. Lorsqu'elles sont déséquilibrées, nous ressentons un état de « mal-adie » et devenons progressivement susceptibles à toutes sortes d'affections physiques. Le terme « mal-adie » plutôt que « maladie » est utilisé dans ce livre afin d'accentuer le déséquilibre, ce mot signifiant ainsi que l'affection résulte d'une disharmonie interne à nous-même. L'agate dentelle, l'agate dentelle bleue, l'angélite, l'argent, la calcite (toutes les variétés), la cornaline, le cristal de quartz, l'émeraude, le jade, l'œil-de-tigre, l'opale, le quartz rutile, le rubis et la tourmaline nous permettront chacun à leur manière d'équilibrer nos énergies, d'éliminer la mal-adie et ce faisant, d'entretenir ou de rétablir notre santé.

Tout stress, qu'il soit au niveau émotionnel, mental ou spirituel, se manifeste par les symptômes physiques d'une affection. Il ne s'agit pas d'une maladie psychosomatique, car l'affection est bien réelle. Le corps physique peut être affaibli, fréquemment en raison de l'accumulation de plusieurs années de stress. L'améthyste, la cornaline, l'obsidienne, l'obsidienne satinée, la pyrolusite, la rhyolite, le rutile, la sugilite, l'ulexite et l'unakite pourront vous aider à reconnaître, à comprendre et par conséquent à altérer les situations sous-jacentes responsables du stress.

Les tensions émotionnelles à long terme peuvent parfois, malheureusement, devenir une partie intégrante de notre existence. Afin de les gérer, vous commencez finalement à les tolérer ou vous les ignorez. Une fois que cela est établi, il est souvent difficile de changer vos modes de comportement. La liste des cristaux ci-dessus pourra vous aider à reconnaître la cause sous-jacente d'une mal-adie. La cause inhérente peut également être confrontée en travaillant avec des cristaux sur tous les symptômes qui se manifestent (voir Affections physiques, pages 107-108).

Vous trouverez dans ce chapitre plus de 250 cristaux-remèdes pour traiter les affections communes. Vous trouverez en premier lieu les affections physiques, suivies des troubles émotionnels, accompagnés des prescriptions de cristaux recommandées pour chacune des affections citées. Ces sections sont présentées séparément pour faciliter les références, car de nombreux symptômes physiques, comme je l'ai expliqué ci-dessus, découlent parfois d'une cause émotionnelle. La seconde section concerne l'épanouissement - cristaux-remèdes pour l'épanouissement spirituel et pour l'amélioration de la qualité de vie. Vous y trouverez des cristaux pour vous aider au niveau de votre développement personnel, allant des pierres efficaces pour la protection psychique à celles favorisant la communication avec les animaux ou inspirant davantage votre esprit créatif.

Dans le sens des aiguilles d'une montre, à partir du haut
Fluorite pourpre polie, apatite brute (par trois), citrine polie, œil-de-tigre poli (au centre), ambre polie (en bas à gauche) et cornaline polie.

Ci-dessus
Œil de tigre poli et pointe de citrine (à gauche).

Cristaux-remèdes pour les affections physiques

Les cristaux opèrent en équilibrant nos énergies subtiles (connues également sous l'appellation *chi*, *prâna* ou énergie de la force de vie universelle). Tandis que ces énergies trouvent lentement leur niveau d'équilibre, notre état de bien-être s'améliore. Les symptômes de toute affection se réduiront ou disparaîtront alors complètement.

Toute affection physique présente des causes sous-jacentes, et les cristaux vous permettront de les confronter directement. Un symptôme physique peut résulter de plusieurs causes différentes, par conséquent, si vous n'obtenez pas d'amélioration en travaillant avec un cristal particulier, essayez-en un autre. Je propose fréquemment plusieurs cristaux pour traiter une affection spécifique. Essayez en priorité le ou les cristaux indiqués en **caractères gras**. S'il ne se produit aucune réaction après 30 minutes, essayez l'un des cristaux alternatifs proposés ou recherchez une autre description de votre affection. En cas de doute, essayez le **cristal de quartz**, l'azeztulite, l'épidote, la phénacite ou la sugilite, car ces pierres sont souvent utiles pour traiter l'ensemble des affections. La fluorite pourpre permet de traiter la plupart des "mal-adies" à un profond niveau spirituel, et l'élixir de shattuckite pourra être bénéfique pour le traitement de toutes les affections bénignes. La gemme de silice intensifiera les autres cristaux-remèdes. Lorsque le signe + est indiqué dans l'une des affections répertoriées, les cristaux cités devront être utilisés en association. Plus vous travaillerez souvent avec un cristal particulier ou une association de cristaux pour traiter la même affection, plus vous obtiendrez un effet rapide et efficace.

Les cristaux canalisant vos énergies, vous vous sentirez peut-être plus mal avant de vous sentir mieux. Ne vous en inquiétez pas, cela ne durera que quelques minutes, bien qu'il arrive que dans certains cas, cette sensation puisse durer jusqu'à 21 jours. Les cristaux pouvant purifier ou désintoxiquer le système des chakras, vous trouverez peut-être que vos symptômes physiques se modifient ou semblent se déplacer dans votre corps. La raison étant que les cristaux font émerger des problèmes et questionnements profondément enfouis à l'intérieur de vous et auxquels vous refusez de vous confronter. Si vous permettez à ce procédé de se mettre en action, vous en ressentirez finalement tous les bienfaits.

Selon ma propre expérience partagée par de nombreuses personnes, une session complète de guérison par les cristaux mènera à une amélioration de l'état de bien-être général du patient. Soyez conscient que les symptômes sont toujours l'expression d'une affection ou d'une "mal-adie" sous-jacente. Par conséquent, si vous ne vous sentez pas très en forme, il vous est fortement recommandé de chercher conseil près d'un médecin ou d'un praticien de médecine alternative qualifié de votre choix. Bien que la science ait prouvé que les cristaux agissent de diverses manières, aucune preuve expérimentale n'existe à ce jour démontrant que les cristaux, quels qu'ils soient, produisent un effet direct sur les affections physiques du corps humain.

ABCÈS Pressez de l'**améthyste** contre l'abcès ou appliquez de l'élixir de jade sur la partie affectée.

ACIDITÉ, EXCÈS DE Portez sur vous la dolomite ou le **péridot**.

ACIDOSE Portez sur vous un péridot.

ACNÉ Portez sur vous l'un des cristaux suivants (ou conservez un cristal plus large près de votre lit ou dans tout endroit que vous utilisez fréquemment) : **améthyste**, ambre, dravite, jade ou sélénite. Appliquez quotidiennement l'un de ces cristaux sur la partie la plus affectée. Vous pouvez également préparer un élixir d'ambre et l'appliquer directement sur la peau.

ACOUPHÈNES Faites tourner une pointe de quartz lentement dans le sens des aiguilles d'une montre dans l'oreille jusqu'à amélioration des symptômes. Répétez ce procédé si ces symptômes réapparaissent.

ADDICTION La **kunzite** est efficace contre les addictions extrêmes, la **lépidolite** pour les cas plus légers et la **calcédoine bleue** pour les addictions liées à des problèmes remontant à l'enfance. L'améthyste peut aider en cas de symptômes de repli sur soi. **La calcédoine bleue + le jaspe breschia + la lépidolite + le péridot + la topaze**, la smithsonite ou la zéolite permettront d'aider les alcooliques. La lépidolite ou staurolite pourront vous libérer de votre addiction. La baryte accélérera le retour à la normale après qu'une addiction a été brisée.

ADN/ARN L'amétrine, la bowénite, la chalcopyrite, le diamant herkimer et la **rhyolite** léopard stimuleront la réplication des cellules, vitale à la guérison et à la croissance.

AFFECTION HÉPATIQUE Tenez une **émeraude** ou une perle dans votre main.

AFFECTIONS DE LA POITRINE Voir CŒUR, POUMONS et SPLEEN

AFFECTIONS DES PAUPIÈRES (Par exemple, la blépharite). Appliquez une pétalite sur les paupières.

AFFECTIONS DES TENDONS (Par exemple, tendinite). Appliquez ou fixez avec du sparadrap une **dumortiérite**, une lépidolite ou une magnésite sur la zone affectée.

AFFECTIONS DU SEIN Pour les grosseurs non-cancéreuses et les troubles fibro-cystiques de la poitrine, appliquez une **okénite** sur la partie concernée.

AFFECTIONS PHYSIQUES LIÉES AU STRESS (incluant l'asthme, les allergies, les troubles de la peau, la colite ulcérative et les maladies cardiaques). Portez sur vous l'azurite/malachite, la cleavelandite, la **kunzite**, la lépidolite ou la néphrite. Manipulez ces cristaux fréquemment.

ALLERGIE Portez sur vous la cleavelandite, la muscovite, le bois fossile, la topaze, la **turquoise** ou le zircon en prévention et en traitement des allergies. Un élixir de **quartz d'esprit** sera également bénéfique aux allergies de la peau. La **chlorite** est utile pour soulager immédiatement les symptômes liés aux réactions allergiques.

ALOPÉCIE Appliquez une pétalite sur la partie affectée.

AMYGDALITE Placez une shattuckite sur la gorge pendant 30 minutes chaque jour jusqu'à disparition des symptômes.

ANGINE Portez sur vous la bornite, la **dioptaze** ou l'émeraude. Placez-en un large fragment près de votre lit, sur votre bureau ou dans le lieu où vous passez le plus de temps. Portez de la magnésite afin d'améliorer la santé des artères cardiaques.

ANÉMIE Portez sur vous 24 heures sur 24 une pierre de sang, une bornite, une bronzite, une citrine, un fer de tigre, une goéthite, un **grenat**, une hématite, une météorite, une préhnite, un rubis ou une sphalérite. Poursuivez ce traitement pendant 3 mois minimum, après amélioration de la condition, afin de prévenir une rechute.

ANOREXIE Portez sur vous de la cornaline ou de la **fluorite**. Méditez chaque jour avec la fluorite (voir chapitre 2), et tenez-la dans votre main avant les repas.

APAISEMENT PHYSIQUE Tenez une calcite orange dans votre main.

APONÉVRITE Placez une aventurine ou une sélénite sous votre matelas la nuit.

APPARENCE DE JEUNESSE Ajoutez du quartz rose brut à votre bain, et portez sur vous la kunzite, l'okénite, la pierre de lune, le

POUR UNE STRUCTURE OSSEUSE EN BONNE SANTÉ

Pour la santé des os, travaillez avec les cristaux suivants (portez-les sur vous, appliquez-les sur les zones concernées et/ou placez un cristal plus large dans votre environnement immédiat) : améthyste, azurite/malachite, **bois fossile**, corail, dolomite, émeraude, **fluorite**, fluorite pourpre, grenat, howlite, jade, lapis-lazuli, magnésite, magnétite, obsidienne flocons de neige pyrite, rhodonite, scapolite et septaria (comme élixir) ; ces cristaux renforceront les os.

quartz rose, le quartz rutile, la rhodocrosite, le saphir, la sélénite ou la sodalite.

APPÉTIT La cornaline augmentera l'appétit tandis que l'apatite permettra de le réduire.

ARC (LIÉ AU SIDA) Voir **SIDA** et les symptômes spécifiques.

ARTÉRIOSCLÉROSE Appliquez une **cleavelandite** ou une magnésite sur la zone affectée.

ARTHRITE Appliquez les cristaux suivants sur les articulations les plus affectées pendant au moins 30 minutes par jour : agate dentelle bleue, apatite, azurite, bois fossile, chalcanthite, **chrysocolle + cuivre**, grenat, magnétite, malachite, mélanite, or, rhodonite, schorl ou turquoise. Vous remarquerez peut-être que lorsque vous ressentirez une amélioration au niveau d'une articulation, une autre semblera empirer. Un élixir d'améthyste pourra également vous soulager des symptômes chroniques.

ARTICULATIONS, CALCIFICATION (Incluant l'arthrite). Appliquez du silex sur chacune des articulations affectées de 20 à 30 minutes chaque jour.

ARTICULATIONS, MALADIES DÉGÉNÉRESCENTES Appliquez une cleavelandite sur les articulations affectées de 20 à 30 minutes chaque jour.

ARTICULATIONS, SOUPLESSE Portez sur vous ou appliquez sur les articulations concernées les cristaux suivants : **azurite/malachite**, pétalite ou septaria.

ASTHME Les cristaux suivants réduiront les symptômes de l'asthme : ambre, améthyste, azurite/malachite, cornaline, chrysocolle, cleavelandite, jade, malachite, morganite, quartz rose et vanadinite. Portez sur vous de la **turquoise** si votre asthme est dû à une allergie aux pollens. Portez l'**émeraude** si votre asthme est génétique et non pas aggravé par le pollen.

ASTIGMATISME Appliquez un péridot sur la paupière.

ASTRINGENT Frottez doucement un cristal de saphir contre votre peau pendant quelques secondes afin d'aider les pores de l'épiderme à se refermer.

CRISTAUX ANTISEPTIQUES

L'**émeraude**, la malachite et l'ambre possèdent des propriétés antiseptiques, elles seront utiles pour traiter les coupures et éraflures légères. Appliquez l'émeraude ou la malachite sur votre peau, ou appliquez un élixir d'ambre (voir page 23 pour les instructions sur la méthode de préparation d'un élixir).

AUTISME Portez sur vous la **charoïte**, la **goshénite**, l'or ou la **sodalite**. Placez le cristal sous l'oreiller ou à proximité du lit pendant la nuit.

BALLONNEMENTS ABDOMINAUX DOULOUREUX Appliquez sur la région abdominale douloureuse ou portez sur vous une agate, une agate turritelle, une chlorite, une **citrine**, un jaspe, une obsidienne, un œil-de-tigre, une thulite, une turquoise ou une variscite.

BÉGAIEMENT Portez sur vous l'**agate dentelle bleue**, l'argent, la célestine ou le quartz fumé

BLESSURE DU LIGAMENT Appliquez la **dumortiérite**, la magnésite ou la stilbite sur le ligament endommagé.

BLESSURE INFECTÉE Appliquez du cuivre à la blessure.

BLESSURE OU RAIDEUR DU GENOU Appliquez une **larme d'Apache** ou du quartz fumé sur le genou.

BLESSURE Appliquez sur la blessure l'almandine, le grès, la **pierre de sang**, le silex, la topaze ou turquoise. Nettoyez la blessure avec un élixir de pyrolusite ou de quartz rutile.

BLOCAGE D'ÉNERGIE (PROVOQUANT UNE "MAL-ADIE" PHYSIQUE) Placez une pierre de Boji, une **kyanite**, une obsidienne acajou ou une rhodolite sur la partie du corps où vous ressentez le blocage, pendant 30 à 60 minutes. Cette localisation pourra être établie par rapport à des symptômes physiques ou être simplement intuitive. Portez le cristal sur vous et répétez le procédé quotidiennement. Vous remarquerez la disparition du blocage. Les symptômes physiques disparaîtront peut-être, ou vous sentirez régénéré, ou calme et paisible. La fuchsite, la rhodolite, la serpentine et la **wavellite** permettront d'intensifier le flot d'énergie. Vous pourrez également porter sur vous la chalcopyrite ou la **kunzite** et les appliquer sur la zone de blocage de l'énergie (si vous parvenez à la localiser).

BONNES BACTÉRIES, DÉVELOPPEMENT / STIMULATION Portez sur vous la chlorite.

BOUCHE, AFFECTIONS Placez une pierre de citrine roulée et lavée dans votre bouche de 10 à 15 minutes plusieurs fois par jour, portez la **covellite** ou tenez-la dans votre main en vous focalisant mentalement sur votre bouche.

BOUCHE, ULCÈRE Appliquez la citrine ou la **dioptaze** sur les points blancs.

BOULIMIE Portez une fluorite et prenez-la dans votre main une heure avant les repas.

BOUTONS Appliquez une dravite ou une **smithsonite** sur chaque bouton pendant 10 à 15 minutes par jour.

BRONCHITE Portez un pendentif de cornaline, de chalcopyrite, de **chrysocolle**, de jaspe, de nebulastone, de pyrite, de pyrolusite, de rutile, de tourmaline ou de turquoise.

BRÛLURE Pour les légères brûlures, appliquez le **quartz rose** sur la zone affectée. Pour les brûlures sévères, placez le cristal à proximité de la partie affectée en évitant tout contact avec les tissus endommagés.

CALCULS BILIAIRES Appliquez le péridot sur la partie du corps où vous ressentez de l'inconfort.

CALCULS RÉNAUX Appliquez un silex sur la zone des reins pendant 30 minutes par jour.

CANAL SPINAL, DOMMAGES AU Portez sur vous du corail.

CANAUX LACRYMAUX Placez une fluorite bleue sur votre visage (sous vos yeux, près du nez).

CANCER Portez sur vous **l'améthyste + citrine + cornaline**, l'azeztulite, la bronzite ou la covellite, la dolomite, la mélanite, le **péridot**, la pétalite, la sélénite ou la sugilite. Appliquez le cristal sur toutes les parties du corps où vous ressentez de l'inconfort quotidien, aussi longtemps que possible et aussi souvent que nécessaire. Vous pouvez également fixer les cristaux aux endroits affectés. La malachite peut aider en cas de tumeurs bénignes. La fluorite pourra soulager lors des phases initiales de la maladie.

CANCER DES OS Portez sur vous la calcite, le **péridot**, le quartz titane et le jaspe zébré à tout moment. Appliquez-les également sur toutes les parties du corps où vous ressentez de l'inconfort.

CANCER DES TESTICULES Portez une opale + péridot dans la poche de votre pantalon et placez-les à proximité de votre lit durant la nuit.

CARTILAGE, BLESSURE DU Appliquez le jaspe dalmatien, le **larimar** ou une pierre de soleil sur l'articulation affectée pendant au moins 30 minutes par jour. Permet également de soulager la douleur.

CATARACTE Effectuez un bain de l'œil avec un élixir de **nacre abalone**, ou appliquez une scapolite ou une turquoise sur la paupière fermée.

CELLULITE Appliquez un élixir d'agate mousse verte.

CERVEAU, BLESSURE OU ENDOMMAGEMENT Appliquez contre la tête l'aigue-marine, l'épidote, l'indicolite, la kyanite, l'œil-de-tigre, la pyrite, le rubis ou la **verdélite**.

CHEVEUX, PERTE Portez sur vous une aragonite, une opale bleue, une galène, du grès ou de la sélénite.

Préparez des élixirs de cristaux avec de l'eau que vous pourrez boire ou appliquer sur la peau. Par mesure de sécurité, vérifiez que les cristaux utilisés sont bien appropriés pour les élixirs avant toute préparation - voir le Guide pratique des cristaux (pages 32 à 103).

CHEVEUX TERNES Portez sur vous l'**aragonite**, le bois fossile, l'**opale bleue**, le larimar, la magnétite ou la zincite. Effectuez un massage du cuir chevelu avec l'élixir de jade ou de pierre de lune. La **chalcopyrite** favorisera la pousse des cheveux.

CHEVILLE, INCONFORT Appliquez le quartz fumé sur la cheville douloureuse.

CHEVILLES FAIBLES Appliquez le quartz fumé sur les chevilles.

CHIMIOTHÉRAPIE, EFFETS SECONDAIRES Portez sur vous ou placez une chalcopyrite près de votre lit.

CHOC ANAPHYLACTIQUE La pierre de lune assure un prompt rétablissement une fois l'incident sous contrôle.

CHOLÉRA Tenez une **malachite** ou placez-la près de votre lit. Portez sur vous une opale afin de vous protéger de la maladie.

CHOLESTÉROL, DÉSÉQUILIBRE Portez sur vous la bowénite, la chalcanthite, le **chrysobéryl**, la fluorite jaune ou la magnésite afin d'équilibrer les différents niveaux de cholestérol dans le sang.

CICATRICE Appliquez une ambre ou une **citrine** sur la cicatrice pendant 30 minutes par jour, afin d'accélérer la guérison.

CIRCULATION SANGUINE Afin d'améliorer la circulation du sang, portez sur vous l'agate, l'améthyste, l'azurite/malachite, la calcite dorée, la chiastolite, la chlorite, le corail, le cuivre, la dioptaze, la galène, le **grenat**, la lépidolite, le marbre Picasso, l'okénite, l'opale, l'or, la pierre de lune, la pierre de sang, la pyrite, le quartz rose, la rhodocrosite, le rubis, la sphalérite, la tektite, la turquoise ou la variscite.

CIRRHOSE DU FOIE Portez sur vous la charoïte à tout moment.

COLIQUE Appliquez l'**hessonite** ou la **néphrite** sur la partie douloureuse.

COLIQUE ABDOMINALE Appliquez un cristal de **citrine** ou de corail blanc sur l'endroit où la douleur est la plus virulente pendant 30 minutes. Portez de la citrine sur vous afin de réduire ou de prévenir d'autres crises.

COLITE Portez sur vous une association d'**agate + citrine + obsidienne + œil-de-tigre + péridot** ou une fluorite verte, et appliquez ces cristaux sur les parties du corps où vous ressentez de l'inconfort jusqu'à amélioration.

COMPLEXION TERNE Portez sur vous l'aventurine ou le **quartz rose**, ou lavez votre visage avec de l'élixir de quartz rose. Portez l'**almandine** ou le grenat.

CONDITIONS CRITIQUES Le clinochlore permettra de vous stabiliser, et devra être utilisé en fonction de chaque cas particulier.

CONSTIPATION Immergez une **ambre** dans un verre d'eau pendant une heure, puis buvez cet élixir. Appliquez une agate du Brésil ou une lépidolite, une pierre de lune ou une verdélite contre votre abdomen (ou portez-les sur vous en cas de constipation chronique).

CONTUSIONS Appliquez l'angélite, la **fluorite**, la magnétite, l'or, la pyrolusite ou la rubellite sur les zones contusionnées.

CONVULSIONS Portez sur vous une **goéthite** ou une magnésite à tout moment afin de réduire les crises.

COORDINATION Portez sur vous de l'or et tenez-le dans votre main pendant quelques minutes avant d'effectuer des tâches compliquées.

COR Trempez les pieds dans un élixir tiède de marcassite.

COUP DE CHALEUR Tenez une brazilianite dans votre main.

Placez une pyrite sous votre oreiller afin d'atténuer les ronflements.

COUP DE SOLEIL Appliquez un **œil-de-faucon + péridot**, du quartz rose ou le sphène sur la partie affectée. Appliquez l'élixir sur votre peau ou buvez de l'élixir de brazilianite.

COUPURE ET ÉRAFLURE Appliquez le **jaspe** sur la blessure, ou appliquez un élixir de cornaline sur la peau.

CRAMPE Portez sur vous l'aventurine, l'**hématite**, la jadéite, le jaspe, le jaspe dalmatien, la lépidolite ou la **magnétite**. Appliquez également sur les muscles affectés. La **chrysocolle** peut être efficace pour les crampes au niveau des bras et des jambes.

CRISE D'APOPLEXIE Placez la cleavelandite ou une **mélanite** à proximité du lit.

CYCLE MENSTRUEL Afin de réguler le cycle menstruel, portez sur vous le jade, la **pierre de lune**, le quartz rose, le **rubis** ou la sélénite à tout instant pendant trois cycles complets.

CYSTITE Portez sur vous le **jade** ou l'**uvarovite**. Appliquez sur toutes les parties où vous ressentez de l'inconfort, au niveau de la région abdominale ou des reins.

DÉFICIENCE EN CALCIUM Portez sur vous la **calcite**, la chlorite, le grenat, la septaria, la sodalite, la stilbite ou la thulite.

DÉFICIENCE EN FER Portez la bronzite, la chlorite, la **pierre de sang** ou la vanadinite. L'opale bleue est utile en cas d'excédent de fer.

DÉFICIENCE EN IODINE Portez le grenat.

DÉFICIENCE EN MAGNÉSIUM Portez sur vous la chlorite, le grenat ou la **serpentine**.

DÉFICIENCE EN MINÉRAUX Portez sur vous le jaspe ou l'**or**.

DÉFICIENCE EN SÉLÉNIUM Portez sur vous la galène, ou placez-la à proximité du lit.

DÉFICIENCE EN VITAMINES Portez sur vous un jaspe zébré ou l'**or**. En cas de déficience en vitamines A, portez l'aragonite, l'argent, la chlorite, le grenat ou la grossularite. En cas de déficience en vitamine B, portez sur vous le fer de tigre, la pyromorphite ou la rhyolite. En cas de déficience en vitamine C, portez sur vous une larme d'Apache ou une chrysoprase. En cas de déficience en vitamine D, portez une aragonite, un grenat ou une larme d'Apache. En cas de déficience en vitamine E, portez l'argent, la chlorite ou le grenat.

DÉFICIENCE EN ZINC Portez sur vous la galène.

DENTS/MAL DE DENTS Portez sur vous l'aigue-marine, l'améthyste, l'azurite/malachite, la cavansite, le corail, la dolomite, l'émeraude, la **fluorite**, l'howlite, le jaspe zébré, la magnésite, la malachite ou le sphène. Appliquez sur la peau à proximité de la douleur dentaire. Utilisez un élixir de septaria en bain de bouche.

DERMATITE Appliquez la wavellite sur les parties affectées de la peau.

DESCENTE DE L'UTÉRUS Portez sur vous le jade, sur ou au pourtour de votre ventre.

DÉSÉQUILIBRE EN SEL Portez sur vous une bornite ou placez-la à proximité de votre lit.

DÉSÉQUILIBRE HORMONAL Portez sur vous une ambre, une **améthyste**, de l'or, le saphir ou une topaze impériale. La cassitérite et l'elbaïte pourront aider à équilibrer les niveaux hormonaux. L'améthyste et la **pierre de lune** sont particulièrement utiles pour aider en cas de déséquilibre hormonal de la femme.

DÉSHYDRATATION Tenez dans votre main une **agate mousse verte**, une épidote, une muscovite ou un quartz titane. Gardez les cristaux auprès de vous jusqu'à ce que vous vous soyez rétabli.

DEXTÉRITÉ Tenez dans votre main une chrysoprase, une hématite ou un **quartz fumé** chaque jour de 20 à 30 minutes.

DIABÈTE Portez sur vous à tout moment la chrysocolle, la muscovite, l'opale, l'opale rose, le **cristal de quartz + sodalite**, la rhyolite de la forêt tropicale ou la serpentine.

DIARRHÉE Portez sur vous une **aventurine + œil-d'aigle** ou la dioptase. L'okénite est utile pour les cas plus bénins.

DIFFICULTÉS D'AUDITION Portez sur vous une améthyste, une célestine, un lapis-lazuli ou un **cristal de quartz**.

DISTENSION ABDOMINALE Appliquez une idocrase sur la partie affectée.

DIVERTICULITE Portez sur vous l'idocrase ou l'**œil-de-tigre**. Appliquez sur les parties où vous ressentez de l'inconfort ou de la douleur aussi souvent et aussi longtemps que nécessaire.

DOULEUR (EN GÉNÉRAL) Tenez une pointe de **cristal de quartz** légèrement au-dessus de la zone douloureuse, et faites-la tourner lentement dans le sens des aiguilles d'une montre. Continuez jusqu'au soulagement de la douleur. Les cristaux suivants peuvent également soulager la douleur : améthyste à chevrons, célestine, chlorite, hémimorphite, howlite, pierres de Boji et quartz rose – appliquez ou fixez-les avec du sparadrap sur la partie affectée. Un élixir de dioptase pourra être utilisé en analgésique.

DOULEURS GÉNÉRALES DES JAMBES Appliquez sur la zone affectée la **goshénite** ou le quartz fumé. Placez également l'un de ces cristaux au fond de votre lit pendant la nuit. La **chrysocolle** sera efficace contre les crampes dans les jambes.

DOULEURS LOMBAIRES Des nerfs coincés, compressés ou gonflés peuvent provoquer une douleur aiguë. Allongez-vous et posez une cornaline, un cristal de quartz, une fuchsite, un grenat, de l'or, un linga, une **sélénite** ou une pierre de soleil sur ou sous votre dos. Portez ces cristaux sur vous en cas de conditions chroniques.

DOULEURS MENSTRUELLES Portez sur vous la **chrysocolle**, le jade, la kunzite ou la pierre de lune. Appliquez sur les zones douloureuses jusqu'à réduction de la douleur. Portez les cristaux sur vous à tout instant pendant trois mois afin d'aider à vous prémunir de la douleur.

DOULEURS POSTOPÉRATOIRES Buvez de l'élixir de dioptase selon la nécessité.

DYSLEXIE Portez sur vous l'or, la scapolite, le schorl ou la **sugilite**.

ECZÉMA Appliquez une **fuchsite**, une kyanite ou une sélénite sur la partie la plus affectée pendant 30 minutes chaque jour. Ne vous inquiétez pas si une zone s'améliore tandis qu'une autre semble empirer – sélectionnez la partie de la peau la plus affectée chaque jour. Après deux semaines, la condition de l'épiderme se sera remarquablement améliorée. Essayez également un élixir d'aragonite.

EFFETS SECONDAIRES D'UNE MÉDICATION Portez sur vous ou tenez dans votre main une mélanite.

ÉLOCUTION Portez sur vous l'agate dentelle, l'**agate dentelle bleue**, l'argent, la célestine, la cornaline, la citrine ou la fluorite bleue, ou tenez le cristal dans votre main lorsque vous devrez vous exprimer sur des sujets importants.

ÉLOCUTION, DÉFAUTS Portez l'argent.

EM (ENCÉPHALOMYÉLITE MYALGIQUE) Portez sur vous la **rhodocrosite + rhodonite + topaze** à tout moment. Travaillez avec d'autres cristaux spécifiques pour soulager les symptômes. La cornaline, l'agate grise à bandes, la pétalite et le quartz pourront s'avérer utiles.

ÉMAIL DENTAIRE, ENDOMMAGEMENT Portez sur vous l'idocrase.

EMPHYSÈME Portez ou fixez sur la poitrine une chrysocolle, une **labradorite**, une morganite, une opale feu ou une rhodonite.

ENDOMÉTRIOSE Portez sur vous ou appliquez le jade sur les parties douloureuses ou inconfortables.

ENDOMMAGEMENT DU PANCRÉAS Appliquez la charoïte sur la zone douloureuse.

ENDURANCE, MANQUE Portez sur vous ou placez autour de vous les cristaux suivants : **anhydrite**, dumortiérite, jaspe dalmatien, okénite ou quartz de métamorphose. Le jaspe zébré est particulièrement utile aux athlètes. Buvez un élixir de rhyolite.

ENDURANCE (PHYSIQUE) Portez sur vous l'halite, la magnétite, la malachite, la météorite, la septaria, la sodalite ou la **stibnite**. Un jaspe zébré placé dans les salles d'entraînement des athlètes sera efficace.

ÉNERGIE PHYSIQUE Portez sur vous l'almandine, la bornite, la calcite dorée, la citrine, la cornaline, le cristal de quartz, le diamant, le jaspe jaune, l'or, la pierre de soleil, le quartz fumé, le quartz rutile, le rubis, le soufre, la spinelle ou la topaze.

ENGELURES Appliquez l'or sur les parties affectées.

ÉPAULE GELÉE Appliquez l'azurite/malachite sur le côté de l'épaule affectée.

ÉPILEPSIE Portez sur vous la **malachite + sugilite** à tout moment. Vous pouvez également essayer la bornite, l'or, le jais et la sélénite.

ÉPUISEMENT Prenez dans votre main une aragonite, du **cuivre**, une tanzanite ou une vanadinite, ou portez-les sur vous en cas de symptômes chroniques.

ÉQUILIBRE NUTRITIONNEL Portez sur vous une dioptaze à tout moment. Placez-la à proximité de votre lit pendant la nuit.

ÉQUILIBRE, PROBLÈMES Les cristaux suivants pourront vous aider : améthyste, angélite, apatite, calcite orange, cornaline, **cristal de quartz**, dioptaze, émeraude, jade, malachite, moldavite, œil-de-tigre, pierre de sang, pierres de Boji (en paire), quartz rutile, rubis, sodalite et tourmaline. Tenez l'un de ces cristaux dans votre main, en position assise, chaque jour pendant 30 minutes, jusqu'à l'amélioration de votre équilibre.

ÉRUPTIONS CUTANÉES Appliquez une rhyolite sur la peau pendant 5 à 10 minutes et répétez aussi souvent que nécessaire.

ÉRYTHÈME Appliquez l'**or** ou la sélénite sur la partie affectée durant 20 à 30 minutes plusieurs fois par jour, jusqu'à disparition de la rougeur. Répétez quotidiennement pendant au moins une semaine après la réduction des symptômes.

ÉTOURDISSEMENT Tenez dans votre main une dioptaze ou un **lapis-lazuli** jusqu'à l'arrêt des symptômes.

EXCÈS D'ÉNERGIE Tenez une fluorite, une calcite orange ou une **calcite rouge** (portez-les sur vous pour obtenir un soulagement à long-terme).

EXCROISSANCE DES TISSUS FIBREUX Appliquez du soufre sur la partie affectée.

FAIM Tenez une muscovite dans votre main.

FATIGUE Portez sur vous une **agate grise à bandes**, une agate turritelle, le **cuivre** ou une opale bleue. L'énergie pourra être rétablie en tenant dans votre main une **agate turritelle**. Portez-la sur vous, particulièrement lorsque vous conduisez la nuit.

FATIGUE DUE AU DÉCALAGE HORAIRE Portez sur vous de l'hématite + turquoise pendant les voyages en avion.

FATIGUE DUE AUX ÉCRANS ÉLECTRONIQUES Placez une **fluorite** (les cristaux naturels seront plus efficaces) ou une pieterzite entre vous et l'écran (ou sur votre bureau, à proximité de l'ordinateur).

FERTILITÉ, STIMULATION Portez sur vous la bowénite, la chyroprase, le cinabre, l'émeraude, le gypse, le jade, le linga, l'opale noire, la perle, la **pierre de lune**, le quartz d'esprit, le **quartz rose**, la tektite ou l'unakite, et appliquez le cristal sur le ventre pendant un minimum de 10 minutes chaque soir. Méditez avec la grossularite.

FIBROME Appliquez l'aventurine + jade + soufre sur la région abdominale quotidiennement pendant 30 minutes, et portez un rubis.

FIBROMYALGIE Portez sur vous une **améthyste + nacre abalone + quartz rutile + sélénite** et appliquez sur les zones d'infection et aux endroits où vous ressentez de l'inconfort.

FIÈVRE Appliquez ou placez l'un de ces cristaux à proximité de votre lit : **aigue-marine**, bornite, brazilianite, chalcopyrite, chiastolite, iolite, magnésite, okénite, opale, opale verte, pieterzite, pyrite, quartz titane, rubis, sphène, staurolite ou tektite. Buvez un élixir d'hématite.

FLATULENCES Portez sur vous l'hessonite, l'**œil-de-tigre** ou la thulite.

FLUIDE SPINAL, DÉSÉQUILIBRE Allongez-vous et posez un grenat sur ou sous votre dos.

FOIE, DISFONCTIONNEMENT Portez sur vous les cristaux suivants : aigue-marine, almandine, améthyste, améthyste à chevrons, azurite/malachite, calcite blanche, calcite dorée, chrysobéryl, citrine, cornaline, danburite, **émeraude**, fluorite jaune, héliodore, iolite, jaspe, péridot, pierre de sang, silex, topaze impériale ou tsilasite. Appliquez sur la région du foie pour soulager de l'inconfort.

FRACTURE Appliquez l'agate dentelle bleue, la **chrysocolle + cuivre**, l'hématite ou le lapis-lazuli sur l'os endommagé. Vous pouvez également fixer ces cristaux avec du sparadrap sur les parties affectées.

FRIGIDITÉ L'uvarovite permet de dépasser les barrières sociales et sexuelles.

FURONCLE Appliquez une galène ou un **saphir** sur la partie affectée ou buvez de l'élixir d'okénite.

GANGLIONS ET VAISSEAUX LYMPHATIQUES, INFLAMMATION Portez sur vous l'agate, la calcite blanche, l'hessonite, le jade, la sodalite ou la **tourmaline**.

GASTROENTÉRITE Placez près du lit l'agate, la **citrine**, l'obsidienne, l'œil-de-tigre, le péridot ou la topaze. Appliquez sur les zones d'inconfort selon la nécessité.

GINGIVITE Appliquez délicatement le corail, la **fluorite**, le jaspe zébré ou la pyromorphite sur les parties affectées.

GLANDES ENDOCRINES, TROUBLES Appliquez une **améthyste**, une calcite dorée ou une pietersite sur les parties affectées et portez-les sur vous durant la journée. L'ambre, l'améthyste, le **quartz bleu** ou le saphir seront très bénéfiques à l'ensemble du système endocrine. Posez-les sur votre table de chevet durant la nuit.

GLANDES ENFLÉES Appliquez une aigue-marine + saphir sur la zone enflée durant 10 à 30 minutes. Répétez ce procédé plusieurs fois par jour si nécessaire.

GLANDE PINÉALE La glande pinéale est impliquée dans un certain nombre de troubles incluant le cancer, le disfonctionnement sexuel, l'hypertension, l'épilepsie et la maladie de Paget. Allongez-vous et placez une améthyste, une opale, une pietersite, une sugilite ou un zircon sur votre front ou votre troisième œil pendant 30 minutes par jour.

GLANDE PITUITAIRE, DYSFONCTIONNEMENT Appliquez ou posez sur et vers le haut de votre nuque une améthyste, une aventurine, une malachite, une opale, une pierre de lune, une pietersite, un saphir, une **sugilite** ou un zircon. Ceci accroîtra la rapidité de guérison.

GLAUCOME Placez une scapolite sur la paupière pendant une courte durée. Répétez le procédé fréquemment.

GLOBULES ROUGES Afin de traiter les troubles comme l'anémie, portez sur vous la bronzite, l'**érythrite**, le grenat ou le sphène.

GOITRE Appliquez la zéolite à l'avant du cou de 20 à 30 minutes minimum quotidiennement. Répétez aussi souvent que vous le souhaitez.

La chrysocolle permet de soulager les douleurs et raideurs musculaires.

GONFLEMENT Appliquez l'**agate turritelle**, la chlorite, la perle ou la zéolite sur votre abdomen. Appliquez une **aigue-marine**, une anhydrite, une bornite, une malachite, une pierre de lune ou du soufre sur la zone affectée.

GORGE, AFFECTIONS Par exemple, nodules et polypes des cordes vocales. Portez sur vous les cristaux suivants : adamite, **agate dentelle bleue**, aigue-marine, ambre, angélite, anhydrite, apatite, bornite, covellite, fluorite bleue, fulgurite, goéthite, **indicolite**, **kyanite**, lapis-lazuli, œil-d'aigle ou **turquoise**. Appliquez contre la gorge, comme indiqué. Pour les problèmes à long-terme, appliquez le cristal sur la gorge pendant 30 minutes par jour.

GORGE, INFECTION Placez une **calcite bleue**, une érythrite ou une rhodonite sur la gorge pendant 30 minutes par jour jusqu'à résorption des symptômes.

GORGE, MAL DE Appliquez sur la gorge une **fluorite verte** ou une pierre de soleil pendant quelques minutes jusqu'à disparition de la douleur.

GOUTTE Appliquez la **bornite** ou la préhnite sur les articulations affectées.

GRAINS DE BEAUTÉ Appliquez un élixir de marcassite sur votre peau.

GRIPPE COMMUNE Portez sur vous une **cornaline**, une fluorite, du jais, une opale verte ou une topaze. L'agate mousse verte permet également d'aider à traiter les symptômes.

HANCHE, INCONFORT Tenez ou fixez avec du sparadrap une pierre de sang ou une **chrysocolle** sur la zone d'inconfort.

HÉMÉRALOPIE Portez sur vous une nacre abalone durant la journée. Appliquez-la sur les paupières de 15 à 20 minutes dès votre réveil.

HÉMOGLOBINE, ANOMALIES (Par exemple, thalassémie et anémie à hématies falciformes). Portez sur vous l'angélite ou la **bronzite**.

HÉMOPHILIE Portez sur vous la shattuckite.

Cristaux-remèdes 113

HÉMORRAGIE Appliquez la **pierre de sang** ou le rubis sur la partie affectée.

HÉMORROÏDES Placez la **citrine** ou l'œil-de-tigre sous le coussin de votre siège.

HÉPATITE Portez sur vous l'argent.

HERNIE Tenez ou posez une aventurine, une mookaïte ou un **lapis-lazuli** sur la zone affectée pendant 30 minutes par jour.

HERPÈS Portez sur vous une fluorite ou une **nebulastone**.

HYGROMA Appliquez du cuivre sur l'articulation affectée. Pour les cas extrêmes, fixez-le avec du sparadrap directement sur l'articulation.

HYPERACTIVITÉ Tenez une calcite orange dans chaque main, afin de rétablir l'équilibre énergétique.

HYPOGLYCÉMIE Portez sur vous une opale rose ou une **rhyolite de la forêt tropicale**. Placez une **serpentine** à proximité de votre lit.

HYPOSÉCRÉTION ET HYPERSÉCRÉTION HORMONALE Portez sur vous la kunzite.

HYPOTENSION Voir PRESSION SANGUINE (basse).

HYPOTHERMIE Tenez dans votre main une magnésite, une opale verte, de l'or ou une pietersite.

IMMUNITÉ Portez un rubis.

IMPOTENCE Portez sur vous la variscite. Asseyez-vous et tenez attentivement le cristal dans votre main pendant 30 minutes chaque jour.

INCONFORT Faites tourner dans le sens des aiguilles d'une montre une pointe de **cristal de quartz** sur la partie affectée jusqu'à la disparition de l'inconfort. Ou tenez une **sugilite** dans votre main en focalisant votre esprit sur la partie du corps où vous ressentez de l'inconfort.

INCONFORT ANAL (résultant d'hémorroïdes, d'infections bénignes ou de conditions inflammatoires, telle que la maladie de Crohn). Placez un morceau de **citrine**, d'œil-de-faucon ou d'œil-de-tigre sous le coussin de votre siège.

INCONTINENCE Portez sur vous une scapolite.

INDIGESTION Appliquez une aventurine + œil-d'aigle, une citrine ou un péridot sur la zone d'inconfort.

INDIGESTION ACIDE Portez la bornite, la dolomite ou le **péridot** contre votre poitrine, juste au-dessus de la zone d'inconfort. Tandis que l'indigestion diminue, déplacez le cristal vers le bas jusqu'à la disparition de l'inconfort. Portez sur vous un péridot afin d'atténuer ou de prévenir une rechute.

INFECTION Portez sur vous l'un des cristaux suivants : **améthyste**, bois fossile, calcite verte, **cornaline**, émeraude, jade, opale, pyrite, saphir ou soufre. Appliquez à proximité des infections externes pendant 30 minutes et répétez le procédé toutes les deux ou trois heures. Le **soufre** sera particulièrement efficace. La **calcite dorée** peut se révéler efficace au début de l'infection et la **fluorite** est très bénéfique pour les infections graves.

INFECTION BACTÉRIOLOGIQUE Portez sur vous ou appliquez les cristaux suivants sur la partie affectée : ambre, **améthyste**, émeraude, jade ou néphrite. Voir également les symptômes spécifiques de l'infection.

INFECTION FONGIQUE Portez sur vous une agate mousse verte.

INFECTION INTERNE Portez sur vous le chrysobéryl.

INFECTION, PRÉVENTION Portez la calcite verte.

INFECTION VIRALE Appliquez ou placez une **améthyste**, une émeraude, un jade ou une néphrite à proximité de ou sur la zone affectée.

INFERTILITÉ Placez de la sélénite à proximité de votre lit.

INFIRMITÉ Portez sur vous une elbaïte.

INFLAMMATION Appliquez sur la zone d'inflammation la chalcopyrite, l'**émeraude**, l'érythrite, la galène, la malachite ou la pyrite.

INFLAMMATION DES ARTICULATIONS Appliquez du cuivre sur l'articulation affectée durant des sessions de 30 minutes et selon la nécessité.

Porter des cristaux en bijoux vous permettra d'exploiter les propriétés curatives des pierres que vous aurez choisies.

INSECTIFUGE Appliquez un élixir d'angélite sur la peau.

INSOLATION Appliquez une brazilianite ou posez-la à proximité de votre lit.

INSOMNIE Prenez une **malachite** dans votre main une heure avant le sommeil, et continuez à tenir le cristal lorsque vous irez vous coucher. Votre rythme de sommeil s'améliorera dès la première nuit et devrait revenir à la normale après deux semaines. La larkavite, la muscovite et le quartz fraise favoriseront également un sommeil réparateur. Transporter ou porter en soirée l'améthyste, la cérusite, l'hématite, le lapis-lazuli, la manganocalcite, la muscovite, la sodalite ou le zircon pourra également favoriser votre sommeil.

INTOLÉRANCE AU LACTOSE Portez sur vous la spessartine.

INTOXICATION ALIMENTAIRE, PRÉVENTION Portez sur vous une citrine lorsque vous irez manger au restaurant.

IVRESSE Portez sur vous une améthyste lorsque vous consommez des boissons alcoolisées – elle permettra de ralentir les effets de l'alcool et de réduire la tendance à l'excès de boisson.

JAUNISSE Portez sur vous l'aigue-marine, la **citrine**, la cornaline, l'émeraude et le jaspe.

LARYNGITE Appliquez près de la gorge la **calcite bleue**, l'œil-d'aigle ou la stilbite de 20 à 30 minutes selon la nécessité.

LÉTHARGIE Portez sur vous la cornaline, le corail, le **cuivre** ou le péridot. Tenez l'une de ces pierres dans votre main lorsque vous vous sentez particulièrement fatigué. Alternativement, tenez une **calcite orange** dans chaque main, afin de retrouver une énergie équilibrée.

LEUCÉMIE Portez sur vous l'alexandrite, la chrysocolle, le **péridot**, la pierre de sang ou l'uvarovite.

LONGÉVITÉ Portez le bois fossile, le **jade**, le rubis ou la sélénite.

LUMBAGO Fixez avec du sparadrap de la fluorite sur les lombaires, au centre de la zone douloureuse.

LYMPHE, EXCÈS DE FLUIDE Portez une aigue-marine afin d'intensifier le fonctionnement du système lymphatique.

MÂCHOIRE ANKYLOSÉE Appliquez une fluorite sur la zone affectée de 20 à 30 minutes. Répétez le procédé si nécessaire.

MALADIE D'ALZHEIMER Portez sur vous l'**alexandrite** ou la cérusite. L'ambre et la rhodocrosite seront des aides efficaces pour la mémoire.

MALADIE DE CROHN Portez sur vous à tout moment l'**agate mousse verte + aventurine + citrine + chrysocolle + cornaline + œil d'aigle + péridot + tourmaline** en association. Appliquez sur toutes les parties où vous ressentez de l'inconfort.

MALADIE DE LA MOELLE OSSEUSE Portez sur vous la calcédoine, l'érythrite, la fluorite pourpre, le lapis-lazuli, l'onyx ou la pierre de sang. Le **grenat** est associé à la régénération du sang, favorisant la production de globules rouges supplémentaires. Portez-le sur vous.

MALADIE INFECTIEUSE Placez de l'angélite ou une **améthyste à chevrons** à proximité de votre lit.

MALADIE DE MÉNIÈRE Appliquez la dioptaze à l'oreille pendant 30 minutes ou aussi longtemps que cela sera supportable. Répétez le procédé aussi souvent que possible, au moins quotidiennement.

MALADIE DE PARKINSON Portez sur vous l'**alexandrite**, la cérusite, l'épidote, l'opale ou le quartz rutile à tout moment.

MALADIE ET AFFECTIONS DES ONGLES Appliquez une agate dentelle bleue, une dolomite ou du grès sur les ongles de 20 à 30 minutes par jour.

MALADIE VASCULAIRE Portez de l'or.

MALADIE VÉNÉRIENNE Portez l'hémimorphite.

MALARIA Portez sur vous une **iolite** ou une staurolite.

MAL DE DOS Allongez-vous sur le ventre avec un long bâton de **sélénite** posé sur votre colonne vertébrale, ou placez le cristal sous votre matelas pendant la nuit. Portez la fluorite, l'hématite, le jaspe, le lapis-lazuli, le linga, la magnétite, le saphir ou la turquoise. L'**aventurine** ou la topaze vous aideront si la douleur provient d'un endommagement musculaire. Utilisez de la **fluorite** pour les douleurs lombaires (lumbago).

MAL DE L'AIR Portez de l'hématite + turquoise. Manipulez ces pierres afin d'avoir autant de contact direct que possible avec la peau.

MAL DE MER Portez sur vous l'aigue-marine pour vous prémunir du mal de mer. Tenez ce cristal dans votre main pour en soulager les symptômes.

MAL DES TRANSPORTS Portez sur vous l'aigue-marine, l'**hématite + turquoise** ou la pierre de lune. En cas de symptômes sévères, tenez le cristal dans vos mains jusqu'à ce qu'ils disparaissent.

MAL D'OREILLE Faites tourner lentement une pointe de cristal de quartz en petits cercles dans le sens des aiguilles d'une montre, à proximité de l'oreille, jusqu'à disparition de l'inconfort.

Versez de l'eau fraîche sur le cristal que vous avez choisi afin de préparer un élixir (voir page 23). Assurez-vous cependant en premier lieu que votre cristal est bien approprié pour cette utilisation (voir Guide pratique des cristaux, pages 32-103).

MASTITE Appliquez l'améthyste sur la zone douloureuse de la poitrine.

MATERNITÉ Portez sur vous la **chrysocolle**, la pierre de lune ou l'unakite afin de soulager les symptômes inconfortables. Portez la chrysocolle car elle favorisera le bon développement de l'enfant à naître. Appliquez un rubis sur le ventre pour préserver la bonne santé de l'embryon.

MAUX DE TÊTE Appliquez une **améthyste** ou une sugilite sur la région douloureuse.

MÉLANOME Portez sur vous la chlorite ou l'**or**. Appliquez le cristal sur la partie affectée 30 minutes par jour. Placez une septaria dans votre environnement immédiat.

MÉNINGITE Placez un agrégat d'améthyste à proximité de votre lit. Voir les symptômes spécifiques afin d'aider à soulager la douleur.

MÉNOPAUSE Portez la cornaline, le grenat, le linga, la pierre de lune ou le rubis à tout moment. Tenez l'une de ces pierres lorsque les symptômes se manifestent.

MÉNORRAGIE (FLOT MENSTRUEL ANORMALEMENT ABONDANT) Portez sur vous ou tenez dans votre main la goéthite jusqu'à ce que les saignements diminuent.

MÉTABOLISME Afin de stimuler le métabolisme, portez ou placez près de vous le **cuivre**, la pieterite ou la sodalite. Afin de réduire le métabolisme, essayez la chrysocolle, le diamant, le marbre Picasso, la néphrite, l'opale bleue, la pyrolusite ou le **quartz bleu**.

MIGRAINE Appliquez une améthyste pourpre foncée aussi près que possible de la région douloureuse jusqu'à ce que vous ressentiez une amélioration. Portez ce cristal sur vous à tout moment afin de réduire la fréquence des crises.

MONONUCLÉOSE Placez une muscovite dans votre environnement immédiat et à proximité de votre lit durant la nuit.

MONONUCLÉOSE INFECTIEUSE Portez sur vous un saphir ou placez-le près de votre lit.

MORSURES VENIMEUSES Appliquez une **calcédoine** ou du soufre sur la partie affectée.

MUSCLE, ENTORSE/FOULURE Appliquez une agate du Brésil, un jaspe dalmatien, une **solomite** ou un **sphène** sur le muscle affecté.

MUSCLE, RAIDEUR Appliquez une **danburite**, une pétalite ou une stibnite sur le muscle affecté. Pour les conditions persistantes, portez sur vous une **pétalite**.

MUSCLE, SPASME Appliquez sur le muscle affecté une **larme d'Apache**. Placez un **jaspe zébré** au pied de votre lit. Pour des troubles persistants, portez sur vous une larme d'Apache.

MUSCLE, TONIFICATION Buvez un élixir de rhyolite chaque matin.

MUSCLES, DOULEURS Portez sur vous l'**aventurine**, la chrysocolle, le fer de tigre, la fuchsite, le jade, la kyanite, la turquoise ou le zircon. Appliquez sur les blessures ou les parties douloureuses. Un élixir de septaria pourra également apporter du soulagement.

MUSCLES DOULOUREUX Appliquez une pierre d'**aventurine** sur le muscle douloureux pendant 30 minutes minimum. Portez sur vous la charoïte ou le quartz rose pendant la journée. Un élixir d'aragonite pourra également soulager. Si les symptômes persistent, fixez un morceau de magnétite au muscle.

MUSCLES, RUPTURE Appliquez ou fixez avec du sparadrap une **rhyolite de la forêt tropicale** sur la zone douloureuse. Alternativement, appliquez un cristal de **lapis-lazuli** ou de malachite sur le muscle endommagé pendant 20 à 30 minutes. Répétez le traitement fréquemment au cours de la journée.

MYOPIE Portez sur vous une aventurine et posez-la sur une paupière de 20 à 30 minutes par jour. Alternativement, portez un péridot et placez-le sur les paupières de 20 à 30 minutes par jour.

NAUSÉE Tenez une **citrine**, une dioptaze, une fluorite verte, une obsidienne, un œil-de-tigre ou un saphir jusqu'à ce que la sensation diminue. (Considérez également les causes émotionnelles de la nausée).

NERF COINCÉ Appliquez une agate dentelle bleue sur la zone douloureuse.

NERF, ACTIVATION / STIMULATION Appliquez le quartz rutile sur les zones affectées. Pour une stimulation générale, tenez un cristal dans chaque main.

NERF COINCÉ OU PINCÉ Portez sur vous le jaspe ou la **lépidolite** et appliquez la pierre sur la région affectée.

NERF, ENDOMMAGEMENT Portez sur vous l'**alexandrite** et appliquez-la sur la région affectée durant 30 minutes minimum par jour. Afin de stimuler les impulsions nerveuses à la suite d'un endommagement des nerfs, portez sur vous la zincite et appliquez-la sur la zone affectée.

NÉVRALGIE Portez sur vous l'**aigue-marine + aventurine + quartz rutile** ou la cornaline. Appliquez sur la zone douloureuse jusqu'au soulagement de la douleur.

NIVEAU DE SUCRE DANS LE SANG, DÉSÉQUILIBRE Portez la chrysocolle.

OBÉSITÉ Portez sur vous une cassitérite, la **calcédoine + cristal de quartz**, le cinabre ou la citrine à tout instant. Placez un cristal de quartz à proximité de votre lit durant la nuit. Asseyez-vous tranquillement et focalisez vos pensées sur vos cristaux pendant 30 minutes minimum par jour.

ODEURS CORPORELLES Portez la **magnésite** ou une pierre de soleil afin de neutraliser les odeurs corporelles.

OIGNON Appliquez l'**apatite** ou l'aragonite sur la partie affectée.

OLIGO-ÉLÉMENTS Portez sur vous l'agate turritelle pour favoriser l'absorption des oligo-éléments.

ORGELET Appliquez l'or sur l'orgelet.

OS, DOULEURS GÉNÉRALES Appliquez une **magnétite** ou du quartz rose sur les zones affectées.

OSTÉOPOROSE Portez sur vous la cavansite, le jaspe zébré ou la **smithsonite**. Appliquez sur chaque partie douloureuse pendant 30 minutes.

PALPITATIONS CARDIAQUES Prenez un jaspe zébré dans votre main.

PANCRÉAS, MALADIES DU Portez sur vous l'agate, l'agate dentelle bleue, l'alexandrite, l'almandine, l'améthyste à chevrons, le béryl, la calcite, la cassitérite, le chrysobéryl, la **chrysocolle**, la cornaline, l'héliodore, l'herdérite, la malachite, le péridot, la rubellite ou la zoïsite. Vous pourrez également appliquer le cristal sur la région de l'inconfort.

PARALYSIE Portez sur vous de l'or, ou fixez-le avec du sparadrap sur la partie affectée.

PARALYSIE DE BELL Afin de soulager les symptômes, appliquez plusieurs fois par jour de l'aventurine + grenat + zircon sur la zone affectée, de 5 à 10 minutes. Portez ces cristaux sur vous toute la journée et placez-les sous votre oreiller ou à proximité de votre lit pendant la nuit.

PARASITES Placez une serpentine dans les pièces et portez-en un fragment sur vous.

PEAU, APRÈS L'EXPOSITION AU SOLEIL Placez une stilbite à proximité de votre lit après vous être exposé une journée au soleil.

PEAU DURE Appliquez l'aragonite sur la partie affectée.

PEAU, EXCROISSANCES Appliquez une **agate dentelle bleue** sur la zone concernée. Appliquez un élixir de marcassite ou buvez un élixir de silex pour traiter les excroissances superficielles.

PEAU SÈCHE Placez un jaspe zébré à proximité de votre lit.

PEAU SENSIBLE Buvez de l'élixir de **brazilianite** chaque jour et appliquez une sélénite sur la zone affectée.

PEAU, SOUPLESSE Portez sur vous ou appliquez une **sélénite** ou une variscite sur votre peau, ou un élixir de gypse.

PEAU, TROUBLES et irritations, incluant la peau sèche, les démangeaisons, l'eczéma, le psoriasis, la dermatose, le zona, les escarres, l'érythème (rougeur de la peau). Portez sur vous l'un ou plusieurs des cristaux suivants : améthyste, aventurine, cristal de quartz, dolomite, erythrite, **fuchsite**, gypse, jaspe paysage, kunzite, kyanite, magnétite, or, **sélénite**, tanzanite, wavellite ou zincite. Appliquez sur les zones concernées et placez les cristaux à proximité du lit pendant la nuit. Appliquez sur votre peau un élixir d'**agate mousse verte**, d'elbaïte, d'opale rose, de pierre de lune ou de topaze, ou buvez un élixir d'agate dentelle, d'épidote, de jade ou d'obsidienne flocons de neige.

PEAU, TROUBLES LIÉS AU STRESS Buvez un élixir d'**aragonite** ou de turquoise.

PÉRISTALTISME LENT Afin de traiter les symptômes tels que les gonflements, l'indigestion, la nausée et les flatulences, portez l'agate turritelle ou l'œil d'aigle.

PERTE DE POIDS Portez sur vous la calcédoine, la cassitérite, le cristal de quartz, la **fluorite jaune**, l'hémimorphite, l'iolite, le marbre Picasso, la mookaïte ou la verdélite. Prenez le cristal dans votre main pendant 30 minutes chaque soir et focalisez-vous sur votre perte de poids. Buvez un grand verre d'élixir de **chlorite** chaque matin.

Cristaux-remèdes

PERTE DU GOÛT Placez une stilbite ou une **topaze** sur votre langue pendant 5 minutes par jour jusqu'à ce que votre sens du goût se rétablisse.

PHLÉBITE Portez sur vous la galène et appliquez-la sur la zone douloureuse.

PIEDS DOULOUREUX Appliquez le **larimar**, l'onyx ou le quartz fumé sur les parties douloureuses du pied. La pierre de soleil soulagera les pieds très douloureux.

PIQÛRES D'INSECTES Appliquez une émeraude, une pierre de lune ou du **soufre** sur la partie affectée.

PLAIE Appliquez une émeraude sur la zone affectée.

PNEUMONIE Portez l'or ou placez-le près de votre lit.

POINTS DOULOUREUX À LA PRESSION Appliquez une **aventurine + fuchsite** ou une **sélénite** sur la partie affectée pendant 30 minutes deux fois par jour, jusqu'à disparition des symptômes.

POISON Portez sur vous du cuivre, le **diamant**, l'hémimorphite, le péridot, la stilbite, la pierre de soleil ou le zircon en protection ou comme traitement.

POSTURE Portez l'améthyste pour améliorer votre posture.

POUMONS, CAPACITÉ RÉDUITE Portez un pendentif de chrysocolle afin d'accroître la capacité de vos poumons.

POUMONS, MALADIES Portez un pendentif ou l'un ou plusieurs des cristaux suivants : adamite, améthyste à chevrons, aventurine, chalcopyrite, **chrysocolle**, cornaline, dioptaze, elbaïte, grenat, hiddenite, indicolite, kunzite, larkavite, morganite, opale, opale rose, péridot, pyrite, rhodolite, rubellite, silex, topaze, tourmaline pastèque, turquoise, vanadinite, uvarovite ou zoïsite.

PRÉVENIR LA MALADIE

Certains cristaux sont réputés pour vous garder en bonne santé et vous protéger de la maladie. Portez et gardez les cristaux suivants près de vous : fluorite arc-en-ciel, hémimorphite, iolite, jais, jaspe, jaspe orbiculaire, **jaspe rouge**, lapis-lazuli, néphrite, opale boulder, quartz aura d'ange, quartz titane, rubis ou wavellite. Vous pouvez également boire un verre d'élixir de topaze chaque matin pour vous garder en bonne santé.

POUR ACCÉLÉRER/ACCROÎTRE LES EFFETS DES AUTRES CRISTAUX : Portez sur vous ou tenez dans votre main d'autres cristaux, ou placez un diamant ou une **druse de chrysocolle** sur les autres cristaux ou sur le corps.

PRESSION SANGUINE Portez sur vous la **dioptaze** ou la pieterite pour les fluctuations de pression sanguine. Portez le grenat, le **rubis** ou la tourmaline pour une pression sanguine basse. Portez la chrysocolle, la chrysoprase, l'émeraude, le jade, la jadéite, la kunzite ou la sodalite pour une hypertension.

PRISE DE POIDS Portez sur vous le corail, la danburite, la fluorite, la goëthite, le péridot, le quartz rutile, la sphalérite, la **turquoise** ou l'unakite.

PROBLÈMES D'ABSORPTION D'ALIMENTS/NUTRIMENTS/MANQUE DE Ces problèmes découlent généralement d'autres conditions telles que la maladie de Crohn. Portez sur vous l'agate turritelle, la **citrine**, l'idocrase, l'opale jaune, la sphalérite, la tourmaline pastèque inversée ou la turquoise. Ces cristaux favoriseront l'absorption rapide de nutriments, permettant ainsi d'accélérer le processus de guérison.

PROBLÈMES CARDIAQUES De nombreux cristaux sont cités comme étant bénéfiques au système cardiaque, par exemple en améliorant le fonctionnement du muscle auriculaire et ventriculaire, et en permettant de réguler un rythme cardiaque erratique. Portez sur vous ou tenez le cristal dans votre main. Allongez-vous et posez le cristal au centre de votre poitrine. Essayez l'un des cristaux suivants : adamite, agate dentelle, almandine, amazonite, ambre, améthyste, anyolite, aventurine, azurite/malachite, bowénite, charoite, chrysoprase, citrine, dioptaze, elbaïte, émeraude, fuchsite, grenat, jade, kunzite, lépidolite, **malachite**, opale rose, or, tourmaline pastèque, tourmaline vert lime, péridot, pierre de sang, quartz, quartz rose, rhodocrosite, rhodolite, rhodonite, rubellite, rubis, saphir, schorl, unakite, uvarovite, verdélite, ou zoïsite. Buvez quotidiennement de l'élixir d'agate du Brésil.

PROBLÈMES DE L'ŒSOPHAGE Afin de traiter les problèmes tels que la maladie de Crohn ou les douleurs œsophagiques, portez sur vous la citrine, la fulgurite, l'**indicolite**, l'œil-de-tigre ou la stibnite, et appliquez la pierre sur les parties douloureuses.

PROBLÈMES DE VESSIE Afin de traiter les infections ou l'incontinence, portez l'ambre, le jade, le jaspe, la préhnite, la tourmaline ou la vanadinite. Vous pouvez également en fixer un petit fragment sur votre peau. Travaillez avec l'**uvarovite** si vous souffrez d'une infection de la vessie.

PROBLÈMES RECTAUX Portez sur vous une citrine ou un **œil-de-tigre** pour traiter les troubles incluant la descente du rectum ou l'inflammation rectale.

PROBLÈMES RESPIRATOIRES (Par exemple, souffle court, hyperventilation, respiration irrégulière ou apnée du sommeil). Portez sur vous l'or ou la **turquoise**.

PROSTATE, INFLAMMATION (PROSTATITE) Portez sur vous le linga, la **variscite** ou la zincite.

PSORIASIS Appliquez le **gypse**, la **sélénite** ou la turquoise sur les parties les plus affectées pendant 30 minutes par jour. Immergez une aragonite dans l'eau de votre bain afin de réaliser un élixir localisé pour le corps. Considérez également les causes émotionnelles potentielles.

PURIFICATION DU CORPS Portez l'ambre.

PULSION SEXUELLE, EXCÈS La sélénite apaisera une pulsion sexuelle hyperactive.

PULSION SEXUELLE, MANQUE L'agate, la **calcite noire**, le grenat, le jais, la merlinite, le quartz rose, rutile et **fumé** pourront raviver les attractions sexuelles.

RADICAUX LIBRES Afin de combattre les dommages causés au corps par les radicaux libres, portez sur vous la **sélénite**, et placez la **chalcanthite** dans votre environnement immédiat.

RADIATION Protégez-vous en portant sur vous un diamant herkimer. Portez la pietersite, le **schorl** ou la turquoise. La pyrite pourra aider à traiter la maladie des radiations.

RATE, DILATATION Cela peut être dû à de nombreuses maladies ; il est donc vital de traiter les causes sous-jacentes. Portez sur vous ou appliquez sur la région de la rate les cristaux suivants : aigue-marine, alexandrite, calcite, chrysoprase, cornaline, fluorite, héliodore, **hématite**, herdérite, jade, jaspe, malachite, opale rose, péridot, pierre de sang, quartz bleu, quartz rose, rhodocrosite, tsilasite ou zoïsite.

RÉFLEXES/TEMPS DE RÉACTION Afin d'améliorer vos réflexes, portez l'aventurine ou une **tourmaline pastèque inversée**.

RÉGÉNÉRATION DES TISSUS (Par exemple, suite à une blessure ou une intervention chirurgicale). Portez sur vous l'un des cristaux suivants : ambre, apatite, **citrine**, cornaline, grenat, malachite, or, pierres de Boji, pyramide d'apophylite, pyrite, quartz rutile, topaze ou turquoise. Appliquez le cristal sur la zone affectée. Le fer de tigre accroîtra la production des stéroïdes favorisant la réparation des tissus.

REIN, DYSFONCTIONNEMENT Portez sur vous les cristaux suivants : ambre, aigue-marine, bornite, calcite, calcite blanche, chrysobéryl, citrine, **cornaline**, émeraude, jade, jaspe, jaspe paysage, opale, pierre de sang, préhnite, quartz rose, rhodocrosite, tsilasite ou uvarovite.

RESPIRATION, FACILITER LA Portez en pendentif ou prenez une chrysocolle ou une **turquoise** dans votre main. La vanadinite pourra également favoriser le contrôle du souffle.

Appliquer une turquoise au niveau de la gorge pourra être bénéfique aux cordes vocales.

RÉTABLISSEMENT POSTOPÉRATOIRE Placez une almandine, une ambre, du corail, une fuchsite, une jadéite, une pierre de Boji, une rhyolite léopard, une scapolite ou une turquoise à proximité du lit. Manipulez l'une de ces pierres au choix et appliquez-la sur la région du corps où vous ressentez de l'inconfort.

RÉTENTION D'EAU Portez sur vous l'anhydrite, l'**aigue-marine**, la chalcanthite, le grès, l'halite, la mookaïte, la pierre de lune ou le quartz titane. Appliquez sur les parties enflées.

RÉTENTION DE FLUIDE Portez sur vous l'agate dentelle bleue, l'aigue-marine ou le linga et appliquez le cristal sur la partie enflée.

RHINITE Portez à votre nez une fluorite bleue pendant 2 à 5 minutes et répétez le procédé toutes les heures jusqu'à l'arrêt des symptômes.

RHUMATISMES Appliquez la **chrysocolle + cuivre**, le grenat, l'or, la magnétite, la malachite, la mélanite, la pierre de soleil ou la turquoise sur les articulations affectées. Porter ces cristaux permettra également de vous soulager.

RHUME Portez sur vous la fluorite, le **jaspe**, l'opale verte, le quartz rose ou la turquoise. Tenez dans votre main une agate mousse verte pour en atténuer les symptômes.

RHUME DES FOINS Portez sur vous le bois fossile ou la **turquoise**. La cornaline permet de soulager les symptômes.

RIDES Portez l'aragonite, le **quartz rose** ou la sélénite. Buvez un élixir de lépidolite.

RONFLEMENTS Placez une pyrite sous votre oreiller.

Cristaux-remèdes

RUBÉOLE Placez un agrégat d'améthyste près de votre lit.

SAIGNEMENT DE NEZ Appliquez au nez une **pierre de sang** ou une magnétite jusqu'à l'arrêt des saignements.

SANG, CAILLOTS / SAIGNEMENTS (LÉGERS) Appliquez une pierre de sang, un rubis, un saphir ou une shattuckite à l'endroit de la blessure.

SANG, DÉTOXIFICATION / PURIFICATION Portez ces cristaux sur votre cœur : **améthyste**, cuivre, grenat, jade, rubis ou tourmaline.

SANG, TROUBLES Portez sur vous ces cristaux en association (choisissez ceux qui vous attirent) : aigue-marine, **almandine**, cavansite, chrysocolle, cinabre, fer de tigre, galène, **hématite**, malachite, or, pierre de sang, quartz bleu et quartz rose.

SCI (SYNDROME DU CÔLON IRRITABLE) Portez sur vous ou appliquez sur la zone où vous ressentez de l'inconfort les cristaux suivants en association : **agate mousse verte + citrine + dioptaze + obsidienne + œil-d'aigle + péridot** ou l'agate.

SCIATIQUE Portez sur vous le zircon. Appliquez sur les zones douloureuses.

SENSITIVITÉ À LA LUMIÈRE Portez sur vous la **rhodonite**. La **sélénite** permet de soulager les symptômes épidermiques.

SENS OLFACTIF, MANQUE DE Portez sur vous du corail, du jaspe ou l'**idocrase** pour développer votre sens olfactif.

SE RAFRAÎCHIR (EN CLIMAT CHAUD) Portez sur vous une aigue-marine et tenez-la dans votre main en cas de nécessité.

SIDA (SYNDROME D'IMMUNODÉFICIENCE ACQUISE) Les traitements contre le SIDA doivent être appliqués quotidiennement, si possible par un lithothérapeute qualifié. L'**améthyste à chevrons**, la nebulastone, la pétalite, la blende zonée et le quartz titane seront utiles. La dioptaze pourra aider à augmenter votre taux de cellules T.

Voir également SYSTÈME IMMUNITAIRE et les symptômes spécifiques des conditions actives relatives au SIDA.

SINUSITE Portez le jade à votre nez ou votre visage selon la nécessité.

SINUS, PROBLÈMES Portez du **jade** sur vous, ou portez-le à votre nez ou à votre visage selon la nécessité.

SM (SCLÉROSE MULTIPLE) Portez sur vous l'aventurine, le cristal de quartz, l'hématite, le **jade**, le jaspe, l'or ou le quartz titane. Appliquez sur les zones où vous ressentez de l'inconfort. Voir également les symptômes spécifiques.

SOIF Portez un galet de cornaline pour apaiser la soif. Traditionnellement, on suce ce cristal afin d'étancher la soif.

SPM/TPM (SYNDROME PRÉMENSTRUEL/TENSION PRÉMENSTRUELLE) Portez sur vous la **chrysocolle**, le jade, la kunzite, la magnésite, la pierre de lune ou le rubis à tout moment pendant une durée de trois mois. Tenez ces cristaux dans votre main lorsque vous ressentirez les symptômes.

SPONDYLITE Allongez-vous sur le ventre et posez une **dumortiérite + sélénite** sur la zone affectée. En supplément, placez un morceau d'**hématite** en haut et à la base de la colonne vertébrale.

SURDITÉ Portez sur vous un lapis-lazuli.

SYNDROME CERVICAL TRAUMATIQUE Portez sur vous du corail ou la **turquoise**. Appliquez l'aqua aura sur le cou pendant 30 minutes par jour jusqu'à amélioration.

SYNDROME DE FATIGUE CHRONIQUE (SFC) Portez sur vous la pétalite, la **rhodocrosite + rhodonite + topaze**.

SYNDROME DES JAMBES AGITÉES Placez une chrysocolle ou une **jadéite** au fond de votre lit. Si les symptômes persistent, portez ces cristaux sur vous à tout moment.

SYNDROME DU CANAL CARPIEN Appliquez la fuchsite ou le **marbre Picasso** sur le poignet pendant 30 minutes minimum par jour.

SYSTÈME DIGESTIF, PROBLÈMES La **citrine**, la goéthite, l'œil-de-tigre et la rubellite seront utiles pour traiter tous les problèmes digestifs. Portez sur vous le cristal, ou appliquez-le sur la partie affectée pour obtenir un soulagement. Les cristaux suivants pourront également être efficaces : agate mousse verte, chrysocolle, **citrine**, corail, cornaline, jaspe jaune, jaspe orbiculaire, labradorite, lapis-lazuli, lépidolite, marbre Picasso, obsidienne noire, œil-de-tigre, opale, opale noire, or, péridot, perle, pietersite, pyrite, silex, smithsonite et tourmaline.

SYSTÈME IMMUNITAIRE, PURIFICATION Placez une agate mousse verte à proximité de votre lit durant la nuit.

SYSTÈME NERVEUX CENTRAL, DISFONCTIONNEMENT Portez sur vous une opale feu.

SYSTÈME REPRODUCTIF FÉMININ, TROUBLES Appliquez ou portez sur vous du jade - il permettra de soulager la plupart des conditions y compris l'endométriose et le cancer ovarien.

SYSTÈME REPRODUCTIF, TROUBLES (Par exemple, cancer, kystes ovariens, saignement vaginal anormal et maladies sexuellement transmissibles). Placez une **chalcanthite** près de votre lit. Portez sur vous la crocoïte, l'**œil-de-faucon** ou la rubellite. Appliquez également ces cristaux sur les zones du corps où vous ressentez de l'inconfort.

TACHES BRUNES Portez sur vous la **chlorite** ou la sélénite, et appliquez le cristal sur chaque tache de 5 à 10 minutes quotidiennement.

TEMPÉRATURE, BASSE Tenez dans votre main ou portez sur vous de l'or.

TEMPÉRATURE, ÉQUILIBRE Tenez dans votre main ou portez une magnésite, une **opale verte** ou une pietersite.

TEMPÉRATURE, FORTE Prenez dans votre main ou portez sur vous l'aigue-marine.

TENDON D'ACHILLE, BLESSURE Appliquez une **dumortiérite** ou une magnésite sur le tendon.

TENSION (PHYSIQUE) Portez sur vous l'amétrine, la cérusite, le diamant herkimer, la **nacre abalone**, l'obsidienne acajou ou le quartz rose. Tenez le cristal dans votre main pendant 10 minutes avant de vous endormir, puis placez-le à proximité de votre lit.

THALAMUS Portez du corail.

THYMUS, HYPER OU SOUS ACTIF Travaillez avec l'améthyste à chevrons, l'angélite, la citrine, l'indicolite, le lapis-lazuli ou la **verdélite**.

TOUX Portez sur vous du quartz rose.

TRANSPLANTATION Portez sur vous l'amétrine afin d'éviter le rejet des tissus.

TRAVAIL PHYSIQUE Portez du corail. Placez de grands fragments de corail sur votre lieu de travail.

TROMPE D'EUSTACHE, BLOCAGES (provoqués par les grippes, le blocage des sinus et les changements d'altitude, et se produisant parfois lors des voyages en avion). Appliquez un lapis-lazuli derrière l'oreille pendant 10 minutes. Répétez aussi souvent que nécessaire.

TROUBLES ALIMENTAIRES Tenez une cornaline ou une **fluorite** dans votre main une heure avant les repas. Gardez le cristal sur la table pendant que vous mangez. Dans quelques semaines, votre rythme alimentaire commencera à revenir à la normale.

TROUBLES DÉFICITAIRES DE L'ATTENTION AVEC OU SANS HYPERACTIVITÉ TDA/H Portez la **charoïte** et la goshénite et gardez-les à proximité de votre lit pendant la nuit. Tenir de la **calcite bleue** dans votre main permettra de traiter les symptômes immédiats.

Purificateurs de cristaux

La purification et la désintoxication est une partie vitale du processus de guérison. Tandis que les toxines et autres substances polluantes sont éliminées de votre corps, une relaxation naturelle se mettra en action en faisant se dissiper la tension. L'état de votre peau s'améliorera et de nombreuses conditions physiques, d'affections ou de maladies – même à long-terme ou chroniques – sembleront être soulagées ou disparaîtront totalement. Il n'existe pas un seul cristal miraculeux permettant d'accomplir cela pour chacun de nous, mais il existe de nombreux cristaux répertoriés ci-dessous qui pourraient devenir votre cristal magique. Essayez-en un ou deux – allez vers ceux qui vous attirent. Gardez-les toujours sur vous. Posez-les sous votre oreiller ou sur la table de chevet pendant la nuit. Tenez-les dans vos mains en les manipulant, et constatez ce qui se passera au cours des deux prochaines semaines. Travaillez avec ces cristaux, puis ajoutez-en d'autres choisis à partir de cette liste. Certains, comme des amis, vous seront nécessaires pendant quelque temps, tandis que d'autres resteront avec vous pour toujours.

Agate rose à bandes, ambre, améthyste, améthyste à chevrons, argent, baryte, calcite blanche, célestine, chalcopyrite, chlorite, citrine, covellite, cuivre, danburite, diamant, diamant herkimer, fluorite jaune, grenat, hessonite, iolite, jaspe orbiculaire, larme d'Apache, malachite, marbre Picasso, nacre abalone, obsidienne flocons de neige, opale, opale verte, or, péridot, pétalite, pierre de sang, quartz d'esprit, quartz rose, rubis, spath d'Islande, stilbite, topaze, tourmaline, turquoise, ulexite, uvarovite et zéolite. Vous pouvez également essayer les élixirs de charoïte et de nébulastone.

TROUBLES DE LA GLANDE ENDOCRINE (Par exemple, le diabète). Portez une adamite sur vous.

TROUBLES DE LA GLANDE THYROÏDE Thyroïde hyperactive, sous-active et troubles thyroïdiens : portez sur vous l'aigue-marine, la chrysocolle, la citrine, la cornaline, l'épidote, l'halite, l'**indicolite**, le lapis-lazuli ou la mookaïte, et appliquez le cristal sur la gorge si nécessaire. Pour une thyroïde sous-active, portez le **grenat**.

TROUBLES DE LA MEMBRANE DES MUQUEUSES (Par exemple, fibrose cystique). Portez sur vous la fluorite bleue. Appliquez à proximité des zones affectées selon la nécessité.

TROUBLES DE LA PUPILLE ET DE L'IRIS Afin d'améliorer le contrôle de contraction et de dilatation de la pupille (affectant la sensitivité à la lumière), posez une fluorite transparente sur votre paupière fermée. Pour traiter la presbytie, la myopie, le strabisme, l'amblyopie et la vision double, posez une fluorite transparente ou une **scapolite** sur votre paupière pendant 5 à 10 minutes.

TROUBLES DE LA VÉSICULE BILIAIRE (Par exemple calculs biliaires). Portez sur vous l'azurite/malachite, la calcite dorée, la **citrine**, la cornaline, la danburite, l'herdérite, le jade, le jaspe, le péridot, la topaze impériale ou la **tsilasite**.

TROUBLES DE L'ESTOMAC De nombreux troubles peuvent présenter des premiers symptômes similaires. Les cristaux suivants pourront aider à traiter les causes sous-jacentes de ces symptômes. Appliquez ou posez sur l'estomac les cristaux suivants : agate turritelle, améthyste, **citrine**, dioptaze, fluorite verte, jaspe, mookaïte, œil-de-tigre, saphir, smithsonite, stibnite ou tsilasite. Pour les conditions chroniques, portez l'un de ces cristaux sur vous à tout moment. L'**obsidienne flocons de neige** permettra de débloquer le méridien entre le nez et l'estomac ; essayez cette méthode si vous ressentez des symptômes au niveau nasal. Le jais permettra de soulager les maux d'estomac.

TROUBLES DE L'OREILLE INTERNE (Maladie de Ménière, surdité, étourdissement et vertige). Appliquez une fluorite bleue contre l'oreille.

TROUBLES DES GLANDES SURRÉNALES Afin de traiter les problèmes tels que le syndrome de Cushing et l'hyperaldostéronisme, tenez un cristal de **sugilite** dans

L'améthyste favorise une atmosphère apaisante.

votre main pendant au moins 30 minutes par jour. La dolomite, la néphrite, le quartz rose et le schorl, ou un élixir d'aventurine pourront également être utiles.

TROUBLES DES TISSUS CONNECTIFS Portez sur vous l'opale rose ou la **préhnite**.

TROUBLES D'IMMUNODÉFICIENCE Portez sur vous l'un des cristaux suivants : **améthyste**, blende zonée, émeraude, **howlite**, jade, jaspe paysage, lapis-lazuli, malachite, néphrite, opale verte, quartz rutile, rubis, smithsonite, sphène ou verdélite. Placez l'un de ces cristaux dans votre maison ou sur votre lieu de travail.

TROUBLES DU CANAL BILIAIRE Afin de traiter les problèmes tels que le rétrécissement (sténose) du canal biliaire, portez sur vous l'**émeraude** ou le jaspe. Appliquez le cristal sur la peau, au-dessus du foie, pendant 30 minutes minimum chaque jour.

TROUBLES DU SYSTÈME NERVEUX Portez sur vous l'agate à bandes rose, l'aigue-marine, l'**amazonite**, l'aventurine, l'azurite, le béryl, la dioptaze, l'épidote, l'**or**, le quartz tourmaliné, la **sphalérite** ou la variscite. Pour les conditions affectant le système nerveux autonomique/sympathique, telle que la dysautonomie, portez l'améthyste, et placez-la au milieu de votre dos, ou placez un agrégat sur votre table de chevet pendant la nuit.

TROUBLES DU SYSTÈME UROGÉNITAL (Par exemple, infections urinaires, incontinence, maladie ou cancer de la prostate). Portez sur vous l'aventurine, la **dolomite** ou la kyanite. Appliquez ou posez le cristal sur les zones sensibles.

TROUBLES FONCTIONNELS DU CÔLON Portez sur vous une **agate**, une fluorite verte, une fulgurite, une halite, une obsidienne ou un péridot. Appliquez la pierre sur toutes les parties douloureuses.

TROUBLES INTESTINAUX (Incluant l'indigestion, le syndrome du côlon irritable et le cancer). Portez l'améthyste à chevrons, la **citrine**, la dravite, la fluorite verte, la fulgurite, l'halite, l'obsidienne, l'œil-de-tigre ou le péridot. Appliquez le cristal sur les zones où vous ressentez de l'inconfort.

TROUBLES OVARIENS Voir TROUBLES DU SYSTÈME REPRODUCTIF

TUBERCULOSE Portez sur vous la chrysocolle, la morganite, l'or ou la topaze. Posez la pierre à proximité de votre lit.

TUMEURS Portez sur vous la malachite, le **péridot**, la pétalite ou la sélénite. Appliquez la pierre sur les zones douloureuses ou sensibles.

ULCÈRE Appliquez à proximité de la partie ulcérée une azurite/malachite, une **dioptaze**, une fluorite, une hémimorphite ou une pierre de soleil. Dans les cas plus sérieux, portez ces cristaux sur vous.

VARICES Appliquez ou fixez avec du sparadrap sur la partie affectée une agate, une **dioptaze**, une pyrite, un quartz rose ou une rhyolite de la forêt tropicale.

VEINE ENDOMMAGÉE, S'AFFINANT OU S'ÉPAISSISSANT Portez sur vous la galène, l'obsidienne flocons de neige, le quartz rutile, la rhyolite, la **scapolite** ou la smithsonite; appliquez ou fixez le cristal avec du sparadrap sur la zone affectée.

VERRUE Appliquez, tapotez ou frottez légèrement les verrues avec une **labradorite**, ou appliquez un élixir de **marcassite** sur la partie affectée.

VERTIGE Portez sur vous le **lapis-lazuli**, le quartz rose ou le zircon. La **fluorite bleue** appliquée contre l'oreille aidera en cas de vertiges et d'étourdissements.

VIEILLISSEMENT (dégénérescence). Portez le **saphir** et appliquez-le aux moments où vous vous sentez « vieux ». Portez sur vous la sodalite. Voir également APPARENCE DE JEUNESSE.

VIH (VIRUS IMMUNO-DÉFICIENT HUMAIN) Portez sur vous une améthyste à chevrons.

VISION Posez une citrine sur les paupières. Voir VUE AFFAIBLIE.

VISION NOCTURNE Portez sur vous l'agate feu ou l'œil-de-tigre pendant la nuit. Placez le cristal sur les paupières de 5 à 10 minutes juste avant qu'il ne fasse totalement nuit.

VITALITÉ Portez sur vous l'un des cristaux suivants : agate dentelle, anyolite, béryl, calcite orange, cassitérite, cinabre, **cornaline**, dioptaze, émeraude, fer de tigre, **grenat**, lapis-lazuli, opale commune, opale jaune, pierre de sang, quartz bleu, quartz fumé, quartz rutile, obsidienne acajou, or, pierre de soleil, rubellite, schorl, smithsonite, spessartine, topaze ou zincite. La cérusite favorisera votre rétablissement après une maladie.

VOIX Portez sur vous la calcite bleue, la cornaline ou la **kyanite**. Appliquez ou posez la pierre sur la gorge.

VOMISSEMENT Portez le béryl sur vous. Tenez dans votre main une **citrine** ou une hémimorphite jusqu'à la disparition des symptômes. Voir NAUSÉE.

VUE AFFAIBLIE Vous pouvez appliquer les cristaux suivants sur les paupières : agate, agate dentelle, agate dentelle bleue, **agate feu**, aigue-marine, apophylite, baryte, citrine, diamant, émeraude, fluorite transparente, malachite, opale, opale boulder, opale feu ou opale noire. Effectuez un bain d'œil avec un élixir d'obsidienne flocons de neige.

YEUX DOULOUREUX Placez une fluorite transparente sur les paupières.

YEUX, FATIGUE DES Placez une agate feu + aventurine sur les paupières.

YEUX FATIGUÉS Effectuez un bain d'œil avec un élixir d'**agate dentelle bleue** ou appliquez un rutile sur les paupières.

YEUX, MALADIE Placez un œil-de-tigre sur les paupières pendant 10 minutes plusieurs fois par jour.

YEUX, TROUBLES DES Placez l'agate mousse verte, l'eudialyte, le **jade** ou la scapolite sur les paupières pendant 15 à 30 minutes, et répétez le procédé jusqu'à la réduction des symptômes. Vous pouvez utiliser d'une manière similaire l'ensemble des cristaux suivants pour soulager les yeux : agate feu, agate mousse verte, aigue-marine, almandine, améthyste à chevrons, cavansite, célestine, charoïte, covellite, fluorite transparente, indicolite, labradorite, nacre abalone, opale, or, pierre de lune, pyrolusite, scapolite, sphalérite, **tanzanite**, ulexite ou verdélite. Un élixir d'obsidienne flocons de neige pourra également être bénéfique.

ZONA Placez une **améthyste** près du lit et appliquez une **sélénite** sur les cloques de la peau. Travaillez avec une pointe de **cristal de quartz** directement sur les zones douloureuses.

Cristaux-remèdes pour les troubles émotionnels

Essayez en priorité le ou les cristaux indiqués en **caractères gras**, puis les autres cristaux proposés. Aux endroits où le signe + relie deux ou plusieurs cristaux, ils devront être utilisés en association. Plus vous travaillerez avec le ou les mêmes cristaux pour traiter une affection spécifique, plus le résultat sera obtenu rapidement et avec efficacité.

Portez sur vous les cristaux à tout moment en ce qui concerne les troubles émotionnels. Vous pouvez également les tenir et les manipuler. Placez des cristaux de grande dimension dans la pièce où vous passez le plus de temps (par exemple votre chambre, votre salon ou votre lieu de travail). Suivez toutes les indications spécifiques qui vous seront proposées.

Ayez conscience que les symptômes cités dans cette partie peuvent résulter de stress et de traumas liés au présent ou au passé. Les traumas actuels pourront être soulagés avec l'agate arbre, la **manganocalcite** et l'or. Les traumas et les problèmes liés au passé pourront être soulagés avec l'alexandrite, l'anhydrite, la bowénite, la **calcédoine bleue**, l'**eudialyte**, le **jaspe dalmatien**, la larkavite, la muscovite, l'**obsidienne**, le quartz d'esprit, le quartz rose, la scapolite et l'unakite.

Les expériences liées à l'enfance peuvent vous affecter au niveau du conscient ou du subconscient ; la **calcédoine** bleue, le diamant, l'eudialyte, le quartz rose et le quartz tourmaliné permettront à ces expériences de refaire surface, de reconnaître et de vous libérer des mauvaises expériences, de bénéficier des bonnes et de comprendre les leçons spirituelles que le passé vous aura peut-être enseignées. L'amazonite, le **larimar**, la larkavite et la pierre de lune permettront de vous apaiser au cours de ce procédé.

Les conditions émotionnelles sont souvent si bouleversantes que, avant même de les confronter, vous devrez simplement vous apaiser. Les cristaux qui vous seront alors utiles sont les suivants : agate arbre, agate dentelle bleue, aigue-marine, ajoïte, amazonite, ambre, améthyste, aventurine, fluorite bleue, **calcite (toutes variétés)**, fuchsite, jaspe dalmatien, kunzite, kyanite, lépidolite, malachite, manganocalcite, marbre Picasso, merlinite, mookaïte, œil-de-tigre, pierre de lune, pierre de sang, préhnite, quartz fraise, quartz rose, quartz rutile, rhodolite, rhodonite, serpentine, smithsonite, sodalite, thulite, tourmaline, uvarovite, variscite et zircon. L'**amétrine** favorisera la sérénité et le **quartz fumé** peut parfois produire un effet presque tranquillisant.

ABUS, PHYSIQUE, SEXUEL OU VERBAL Tenez dans votre main une **ambre** ou une **sélénite** pendant 30 minutes chaque jour. Effectuez cela quotidiennement, même si vous vous sentez bouleversé, tandis que les émotions refoulées commenceront à émerger. De nombreux mois seront parfois nécessaires pour que ces blessures émotionnelles guérissent. La manganocalcite et la verdélite pourront également aider. La **calcédoine bleue** sera utile dans les cas de maltraitance d'enfant.

ACALCULIE (DIFFICULTÉS AVEC LES CALCULS MATHÉMATIQUES) L'obsidienne flocons de neige permettra de favoriser votre capacité à résoudre de simples calculs mathématiques.

ACCABLEMENT Travaillez avec la magnétite, l'or et la **scapolite**. L'**améthyste** vous aidera à confronter les sentiments négatifs liés à vos responsabilités.

ACHETEUR COMPULSIF Le quartz fumé vous aidera à reconnaître vos besoins essentiels sous-jacents et les changements que vous devrez effectuer pour les satisfaire ; il vous aidera à évoluer vers une vie mieux remplie et plus épanouie et heureuse.

AGITATION Le cuivre et la **manganocalcite** apaiseront l'agitation. L'amétrine, la **manganocalcite** et le quartz aura d'ange favoriseront la tranquillité.

AGITATION MENTALE La **calcite blanche**, la rhodonite, la **sodalite** et le spath d'Islande permettent d'apaiser et de stabiliser l'esprit. Afin de soulager un esprit troublé, essayez l'amazonite ou la **tourmaline**. Pour de sévères traumas mentaux, travaillez avec l'argent et la **fluorite jaune**. Boire un élixir d'**opale rose** peut être apaisant et réconfortant, permettant de favoriser tout type de repos mental, de nécessité moyenne ou plus sérieuse.

AGRESSION, TENDANCE La calcite orange, le cinabre, le larimar et la **pierre de sang** apaiseront les sentiments agressifs. L'**améthyste** et l'**opale rose** permettront d'enrayer les tendances à la violence. L'émeraude ou la **pierre de sang** (variété d'héliotrope) permettront d'apaiser le mauvais caractère.

AMOUR SANS RETOUR La fuchsite aide à guérir le cœur lorsque votre affection n'est pas réciproque.

ANIMOSITÉ La mélanite permet de réduire le sentiment de haine envers autrui.

ANXIÉTÉ L'agate mousse verte, l'aigue-marine, l'**aventurine**, l'azurite/malachite, la calcite (toutes variétés), la cérusite, la chrysoprase, la citrine, la labradorite, le marbre Picasso, le quartz bleu, la rhodonite et le **schorl** permettront d'apaiser l'anxiété.

APATHIE La cornaline ravivera vos centres d'intérêt dans la vie et dans vos activités quotidiennes.

APATHIE MENTALE Travaillez avec le rubis, le quartz fumé et le **quartz rutile** lorsque vous sentez que vous ne pouvez pas faire fonctionner votre cerveau normalement. La **calcite dorée**, la topaze impériale et la tsilasite permettront à votre cerveau de fonctionner à nouveau.

APPRÉHENSION L'excitation et l'appréhension se révèlent parfois difficiles à différencier. Le **quartz bleu** vous aidera à reconnaître et à apprécier l'excitation. La **larkavite** vous libérera de l'appréhension afin de vous permettre d'évoluer.

ATTACHEMENT EXCESSIF La **magnétite** réduira les excès d'attachement et sa dépendance, apportant ainsi une énergie purifiée à votre environnement immédiat. Lorsque vous aurez lâché prise par rapport à une personne, à un problème ou à un objet, vous découvrirez que les êtres ou les choses dont vous avez vraiment besoin sont toujours présents ; certains auront disparu, créant ainsi l'espace nécessaire pour que de nouvelles rencontres puissent se produire dans votre vie. La **préhnite** et la rhyolite de la forêt tropicale vous aideront à vous libérer des sentiments périmés et à évoluer dans votre vie ; par exemple, à la fin d'une relation , d'un emploi ou lorsque vous déménagerez. L'**anhydrite** favorisera votre capacité à accepter la situation, facilitant ainsi une libération supplémentaire. La **magnétite** et l'**iolite** réduiront votre dépendance et votre besoin de vous accrocher à des situations obsolètes.

BLESSURES ÉMOTIONNELLES La **cobaltocalcite** ou le **quartz rose** aideront à guérir les blessures. L'aventurine, le bois fossile et la tourmaline vert lime permettront d'apaiser les émotions. Le **rubis** guérit les souffrances profondes et l'angoisse. La **fuchsite** vous revigorera et vous aidera à vous rétablir à la suite d'une blessure.

BLOCAGE DE LA PERSONNALITÉ Nous pouvons empêcher notre véritable nature de se montrer, délibérément ou inconsciemment. Le diamant permettra d'éliminer les blocages – à la fois imposés par nous-même ou notre éducation – permettant ainsi à la personnalité de rayonner. L'améthyste permettra d'adoucir le tempérament, menant ainsi à une prédisposition d'esprit plus apaisée.

BLOCAGES ÉMOTIONNELS L'ambre, le **diamant** et le péridot permettent de libérer les émotions bloquées. L'agate mousse verte, l'amétrine, la brazilianite, l'**eudialyte**, la **larkavite**, la larme d'Apache, la **muscovite**, la nacre abalone, la pierre de lune, le quartz bleu, le **quartz d'esprit** et le quartz fantôme vous apporteront le courage d'exprimer vos sentiments.

BLOCAGES MENTAUX Pour ces moments où vous ressentez des blocages et où rien ne semble vous inspirer, essayez l'amétrine, le quartz neige, le quartz rutile et la **tourmaline** afin de permettre à vos pensées de circuler librement.

Cristaux-remèdes

Le quartz rose permet de dissiper l'envie.

BLOCAGES SUBCONSCIENTS L'**obsidienne** permettra de libérer l'énergie bloquée inconsciemment dans votre corps ou votre esprit, généralement en raison d'un événement ou d'un problème lié au passé. La **bornite**, la bowénite, la galène, la larme d'Apache et l'unakite vous aideront à percevoir les blocages que vous vous infligez et vous permettront ainsi d'évoluer dans votre vie.

CAPACITÉS SEXUELLES, DÉSÉQUILIBRE Notre personnalité présente à la fois un côté féminin et un côté masculin. Parfois, il arrive que les événements de la vie provoquent un déséquilibre entre ces deux aspects. Afin de rétablir l'équilibre, travaillez avec les cristaux suivants : **agate noire à bandes**, ambre, amétrine, apatite, aventurine, calcite, calcédoine, célestine, chrysoprase, citrine, dioptaze, hématite, iolite, jais, jaspe, jaspe dalmatien, kyanite, lapis-lazuli, magnétite, merlinite, néphrite, œil–de–tigre, onyx, opale commune, pétalite, **pierre de lune**, rhodocrosite, rhodonite, rhyolite, sphalérite, tektite, tourmaline, turquoise, ulexite et unakite.

CAUCHEMARS Placez une **célestine**, une manganocalcite, de l'or, un rubis ou un silex sous votre oreiller.

CHAGRIN Les cristaux suivants soulagent le chagrin et la douleur provoqués par un deuil : améthyste, angélite, aqua aura, bornite, bowénite, dolomite, **larme d'Apache**, magnétite, onyx, jaspe paysage, quartz d'esprit, **quartz fumé** et quartz rose.

CHOC L'agate arbre est très apaisante. Elle vous apaisera physiquement, émotionnellement et spirituellement, et aidera à rétablir votre équilibre.

CŒUR BRISÉ Travaillez avec la **chrysocolle** et la chrysoprase. L'**elbaïte** submergera le cœur d'une énergie d'amour.

CŒUR FERMÉ Parfois votre cœur se referme afin d'éviter la souffrance. L'eudialyte permettra d'ouvrir votre cœur à l'amour.

COLÈRE ET RESSENTIMENT L'**ajoïte**, l'**améthyste**, l'angélite, l'aragonite, la chlorite, la citrine, le diamant, l'hémimorphite, l'howlite, l'idocrase, la magnétite, la **mélanite**, la muscovite, le péridot, le quartz bleu, le quartz fumé, l'or et la sugilite soulagent les sentiments allant de l'irritation légère à la rage extrême. Pour éliminer rapidement la colère, tenez dans votre main une cornaline, l'howlite, l'**obsidienne flocons de neige** ou le quartz lorsque cela sera nécessaire.

COMPLEXE DE SUPÉRIORITÉ L'**agate turritelle** et la chrysoprase vous aideront à vous montrer plus humble. L'**apatite** permettra d'atténuer une attitude distante. L'arrogance pourra être atténuée avec l'azurite/malachite, la chrysoprase ou la **topaze bleue**.

COMPLEXE D'INFÉRIORITÉ La chrysoprase, l'hessonite, l'**or** et la sphalérite sont bénéfiques pour surmonter un sentiment d'infériorité.

COMPORTEMENT ADDICTIF Travaillez avec l'améthyste et la **calcédoine**.

COMPORTEMENT ANTISOCIAL Travaillez avec la galène ou la **perle**.

COMPORTEMENT COMPULSIF Travaillez avec la calcédoine, la kunzite et la **lépidolite**.

COMPORTEMENT DESTRUCTEUR Travaillez avec l'elbaïte.

COMPORTEMENT OBSESSIONNEL Travaillez avec le **quartz d'esprit**. Afin de traiter les TOC (Troubles de l'Obsession Compulsive), travaillez avec l'améthyste, la **calcédoine** et la calcite rouge.

CONFRONTER ÉMOTIONNELLEMENT LA DOULEUR La bixbyite vous permettra de faire face émotionnellement à la douleur ou à la souffrance physique.

CONFUSION L'**apatite** éliminera les troubles de votre esprit. La cornaline, la **magnétite**, la rhodonite et la sodalite pourront aider lorsque vous vous trouverez perplexe face aux situations de la vie.

CÔTÉ SOMBRE La wulfénite vous aidera à percevoir, à confronter et à gérer votre côté sombre.

CULPABILITÉ Travaillez avec la chrysocolle, le larimar et le **quartz rose**.

CRAINTE Travaillez avec le quartz fumé + la tourmaline.

CRISE Travaillez avec le **quartz rose**. L'**okénite** vous apportera du réconfort.

CRISE DE COLÈRE Le grès et la muscovite permettent de réduire la fréquence et la férocité des crises de colère.

CRISE DE PANIQUE Dès que vous ressentez l'approche d'une crise, prenez un cristal de **calcite verte** ou de calcite rouge. Focalisez-vous sur la pierre et imaginez-vous que la peur pénètre dans le cristal en se dissipant.

CYCLES ET RÉCURRENCES COMPORTEMENTAUX
L'argent, la charoïte, le **chrysobéryl**, la pierre de lune, la topaze et la tsilasite aideront à briser les cycles récurrents négatifs au niveau du travail, des relations et des autres aspects de la vie. La **chrysoprase** vous aidera à reconnaître les récurrences comportementales et à comprendre la manière dont elles vous entravent.

CYNISME Travaillez avec le **chrysobéryl**, la grossularite, la merlinite, le quartz et le spath d'Islande.

DÉCONCENTRATION La cornaline, la **fluorite** et le **quartz** seront utiles lorsque vous devrez vous concentrer. Ils vous aideront à porter attention plus longtemps et à garder votre esprit focalisé.

DÉLIRE DE LA PERSÉCUTION L'agate turritelle, le **schorl** et la tourmaline vous apporteront une sensation de protection, vous permettant ainsi d'être moins sur la défensive et d'arrêter de blâmer autrui pour vos problèmes.

DÉMENCE SÉNILE L'**alexandrite** et la calcédoine vous permettront de ralentir la dégénération. Ils seront plus particulièrement efficaces au début de la maladie.

DÉPRESSION L'aqua aura, la bowénite, le corail, le grenat, l'idocrase, le jais, la kunzite, le lapis-lazuli, la lépidolite, la malachite, la mookaïte, l'œil de tigre, l'opale noire, l'or, le péridot, le quartz, le quartz fumé, le quartz rutile, le **quartz tourmaliné**, le saphir, la staurolite et le zircon seront tous très bénéfiques. La **danburite** sera utile en cas de dépression post-opératoire.

DÉPRESSION MENTALE Si vous avez l'impression que le monde est en train de s'écrouler, la calcédoine, le **quartz rutile**, la rhodocrosite et la tourmaline vous permettront de revenir au monde en douceur.

DÉPRESSION NERVEUSE Voir DÉPRESSION MENTALE

DÉSÉQUILIBRE ÉMOTIONNEL Les cristaux suivants vous apporteront la stabilité au niveau de vos émotions : agate dentelle, agate dentelle bleue, aigue-marine, alexandrite, améthyste, argent, béryl, calcite, cuivre, grenat, jade, larme d'Apache, malachite, pierre de lune, quartz bleu, quartz rose, saphir et turquoise. L'agate dentelle bleue, la dioptaze, le grenat, le schorl et la variscite vous aideront à contenir vos émotions.

DÉSESPOIR La célestine, le quartz fumé, le quartz rutile, la sugilite et la variscite vous aideront lorsque vous ressentirez un manque de réponses à vos questionnements, et que vous aurez l'impression de ne plus rien avoir à donner.

DÉTRESSE La crocoïte ou le rubis permettront de soulager l'inquiétude et la souffrance.

DEUIL Voir CHAGRIN

DISTANCE ÉMOTIONNELLE Le silex favorise le rapprochement entre les gens, aidant la relation à se développer.

ÉGOÏSME L'**agate arbre**, l'azurite/malachite, l'**hémimorphite**, l'howlite, la marcassite, l'or et le péridot vous aideront à rééquilibrer l'opinion que vous avez de vous-même. Voir également SUFFISANCE

ÉMOI Le jade favorisera les sentiments de paix et de tranquillité à l'intérieur de vous.

ÉMOTION EXCESSIVE L'adamite, la calcite, le corail, la crocoïte, la pierre de lune, le **quartz rose**, la serpentine, la tourmaline pastèque et l'unakite vous aideront à équilibrer les émotions. La **mélanite** apaisera les émotions excessives.

ENNUI Travaillez avec la citrine, le grenat, le quartz et la spessartine.

ENTÊTEMENT La dumortiérite vous permettra de vous assouplir.

L'AMÉTHYSTE POUR SURMONTER LES CHOCS ÉMOTIONNELS

L'améthyste favorisera le calme après une expérience stressante, comme à la suite d'une confrontation, et travailler avec ce cristal pourra également vous aider à gérer les effets de stress accumulés durant la journée, au cours du mois et même sur plusieurs années.

Lorsque vous commencez à vous sentir stressé, il est essentiel de vous éloigner aussi rapidement que possible de la situation ayant provoqué le stress. Prenez dans chaque main un cristal d'améthyste. Attendez une minute ou deux, jusqu'à ce que vous remarquiez que vous vous apaisez et que votre respiration est revenue à la normale. Si vous travaillez avec vos cristaux chaque fois que vous vous sentez légèrement stressé, vous remarquerez rapidement que les éléments extérieurs vous affecteront de moins en moins, et que vous vous relaxerez plus facilement après chaque événement stressant. L'aigue-marine, la célestine, le lapis-lazuli et le quartz fumé favoriseront également la relaxation de l'esprit et du corps.

ÉQUILIBRE, SANTÉ ET GUÉRISON MENTAL Les cristaux suivants permettront d'entretenir le bien-être mental : aigue-marine, **alexandrite**, améthyste, **argent**, bois fossile, **célestine**, chrysoprase, dioptaze, grenat, héliodore, idocrase, moldavite, œil de tigre, or, péridot, phénacite, rhodonite, rubis, **quartz rutile**, rutile, sodalite, soufre, **sugilite** et **tourmaline**.

ESPRIT AGITÉ Le chrysobéryl, la morganite, l'obsidienne flocons de neige, la pétalite, la pierre de lune, le quartz fraise, la **tourmaline**, la turquoise et la **verdélite** apaiseront votre cerveau et favoriseront votre sérénité d'esprit.

ESPRIT FLOU Tenez dans votre main en focalisant vos pensées sur le cristal, une **fluorite**, une labradorite, une perle, une phénacite, un **quartz** ou une zincite. Après 10 à 20 minutes, toute confusion mentale aura disparu, vous permettant de vous concentrer sur ce que vous désirez.

ESPRIT SOUPÇONNEUX La **turquoise** réduira la suspicion obsessionnelle et vous permettra ainsi d'être plus confiant. La **lépidolite** et la mélanite pourront également être utiles.

ESPRIT SURCHARGÉ L'achroïte, la covellite, l'opale boulder, l'opale rose, le **quartz neige**, la turquoise et l'ulexite clarifient l'esprit, en lui ménageant un espace de réflexion. La **chrysoprase**, le **diamant**, l'ulexite et la calcite blanche vous aideront à discerner au travers du brouillard mental.

EXCENTRICITÉ La sugilite vous aidera à assumer et à vivre avec vos excentricités.

EXCÈS D'ÉNERGIE La brazilianite et le **quartz fraise** canaliseront au loin l'énergie inusitée, permettant ainsi de vous détendre et vous faisant bénéficier d'une paisible nuit de sommeil.

EXCÈS D'ENTHOUSIASME La **calcite** calme l'excitation sans pour autant diminuer l'intérêt. Le cuivre et la **fluorite** permettent d'atténuer la surexcitation.

FAIBLE CONCENTRATION Travaillez avec l'amazonite, l'aventurine, le bois fossile, la fulgurite, la pyrite et le **quartz neige**. La kyanite, le **lapis-lazuli** et l'okénite vous permettront de vous concentrer plus longtemps.

FAIBLESSE La kyanite favorise la persévérance et dissipe la fragilité et la faiblesse.

FATIGUE NERVEUSE Le quartz tourmaliné libèrera votre énergie nerveuse.

FINS L'**apatite** et la pierre de lune apaisent les émotions liées à la fin d'une situation (par exemple la fin d'une relation ou la perte d'un travail). Ces situations bénignes sont parfois dures à vivre en raison de leur caractère imprévisible ; les situations plus sérieuses sont également parfois difficiles à vivre, car vous vous y préparez tellement que vous risquez de bloquer vos émotions.

FLUCTUATIONS D'HUMEUR L'**halite** et le grès permettront d'apaiser ces fluctuations émotionnelles.

FORCE INTÉRIEURE, MANQUE DE L'**adamite** et l'agate noire vous permettront de vous connecter à votre puissance intérieure.

FRUSTRATION Travaillez avec le quartz rose.

FRUSTRATION SEXUELLE Travaillez avec la **chrysoprase** et le quartz rose.

HAINE DE SOI L'ajoïte et l'**okénite** vous aideront à éliminer les sentiments négatifs que vous entretenez vis-à-vis de vous-même. L'**eudialyte** et le diamant favorisent l'amour de soi.

HOSTILITÉ La **chlorite** et la sugilite sont bénéfiques. La **calcite orange** apaisera la belligérance et favorisera la douceur.

ILLUSION Travaillez avec la rhyolite de la forêt tropicale.

IMMATURITÉ La kunzite est utile pour toute personne se comportant de manière significative et consistante comme quelqu'un de plus jeune qu'elle ne l'est réellement.

IMPATIENCE L'aragonite, la dumortiérite, l'**émeraude**, le jaspe orbiculaire, la marcassite, l'obsidienne satinée, la septaria et le quartz d'esprit favoriseront la patience.

INADAPTATION Le **quartz rose** et la sodalite atténueront les sentiments d'échec.

INCOHÉRENCE La météorite est bénéfique à la compréhension mentale et émotionnelle.

INCONSISTANCE Une attitude contraire peut vous apporter personnellement tout autant de confusion qu'à autrui. La rhodonite pourra vous aider à donner de la cohérence à vos actions et à vos émotions.

INDÉCISION Travaillez avec l'améthyste, l'aventurine, la brazilianite, la bronzite, la cérusite, la citrine, la fluorite, la mookaïte, la muscovite, l'onyx, le quartz titane, le spath d'Islande, la stibnite, la **topaze**, le rubis ou la wavellite.

INHIBITION La baryte, l'œil-de-tigre et l'**opale** permettent d'atténuer la timidité et vous empêcheront de vous mettre en retrait.

INQUIÉTUDE Travaillez avec la célestine, le **marbre Picasso**, la muscovite et l'œil-de-tigre.

INQUIÉTUDE LIÉE À L'OPINION D'AUTRUI Le corail et la **tourmaline** vous apporteront un sentiment de protection et une force intérieure vous libérant des inquiétudes liées à la manière dont les autres vous perçoivent ou à ce qu'ils pensent de vous.

INQUIÉTUDES LIÉES AU VOYAGE La pierre de lune et la **turquoise** apaiseront les inquiétudes liées aux voyages.

INSÉCURITÉ L'**agate**, l'angélite, l'aventurine, la **labradorite**, la larkavite, la magnétite, la muscovite et l'opale boulder vous apporteront un sentiment de sécurité et protègeront vos émotions.

INSENSIBILITÉ ET HYPERSENSITIVITÉ La **pierre de lune**, la rhodonite et la sélénite favorisent la sensitivité. La **sodalite** vous endurcira. L'**améthyste** vous apportera l'équilibre. Travaillez soit avec la pierre de lune ou la sodalite, associée à l'améthyste.

INTROVERSION La cérusite, l'œil-de-tigre et le **quartz bleu** vous aideront à être plus extroverti.

IRRATIONALITÉ L'**azurite/malachite**, la grossularite, la kyanite et le soufre intensifient la rationalité et le raisonnement.

IRRITABILITÉ Travaillez avec la calcédoine et la **perle**.

JALOUSIE/ENVIE Travaillez avec la cornaline, la **mélanite**, le péridot et le **quartz rose**.

MAL DU PAYS L'**améthyste**, la cérusite et la météorite permettent de soulager la nostalgie de retourner dans son pays et vous rappelleront que votre foyer est à l'endroit où vous vous trouvez au moment présent.

MALVEILLANCE Le jade réduit les tendances néfastes et favorise la bienveillance.

MANIPULATIONS PSYCHOLOGIQUES Le spath d'Islande vous aidera à percevoir la tromperie et à éviter toute confusion.

MANQUE D'AMOUR Les cristaux suivants favoriseront et vous permettront de trouver l'amour : almandine, baryte, bowénite, célestine, **diamant**, elbaïte, kunzite, magnésite, manganocalcite, morganite, nacre abalone, obsidienne arc-en-ciel, opale rose, quartz aura d'ange, quartz fraise, **quartz rose**, tourmaline pastèque et turquoise.

MANQUE D'ANCRAGE Les cristaux suivants pourront vous aider à y remédier : agate noire, bixbyite, bois fossile, calcite noire, calcite rouge, cassitérite, cérusite, galène, **hématite**, jade, jaspe, larkavite, magnétite, marbre Picasso, mookaïte, obsidienne, obsidienne noire, œil de tigre, opale noire, opale verte, pierre de Boji, pieterite, quartz bleu, quartz fumé et stilbite. L'**agate** et la calcite vous permettront de mettre vos sentiments en perspective.

MANQUE DE CENTRAGE L'aventurine, le **quartz titane** et la pierre de sang vous aideront à vous centrer.

MANQUE DE CONFIANCE EN SOI L'**agate dentelle**, la bronzite, la dumortiérite, le jade, la pierre de lune, la pyromorphite et la sugilite stimuleront votre confiance (en vous). La **muscovite** et l'okénite permettent d'éliminer le doute de soi.

MANQUE DE CONTRÔLE L'agate feu, l'œil-de-faucon, la perle, la **pierre de lune** et la septaria vous aideront à contrôler vos émotions si nécessaire. Cependant, le contrôle émotionnel est une solution à court-terme et peut provoquer des blocages. Les émotions doivent être libérées en final, plutôt qu'emmagasinées et contrôlées.

MANQUE DE COURAGE L'agate dentelle, l'aigue-marine, la cornaline, le diamant, le grenat, l'hématite, l'hessonite, l'idocrase, le jade, la nebulastone, l'**œil-de-tigre**, la pierre de sang, la rhodocrosite, la sardonyx, la sugilite et la turquoise vous permettront d'avoir la force d'être courageux.

MANQUE DE FÉMINITÉ Travaillez avec l'**agate rose à bandes**, la calcite noire, la chrysocolle, la kunzite, la nacre abalone, la **perle**, la **pierre de lune** et le quartz rose.

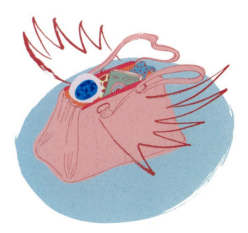

Portez une turquoise dans vos bagages pour soulager le stress lié aux voyages.

MANQUE DE MASCULINITÉ Travaillez avec le linga, l'**obsidienne**, l'obsidienne noire, le **quartz fumé** et la variscite.

MANQUE D'EMPATHIE Le quartz aura d'ange, l'azurite et l'**idocrase** favoriseront la compassion, la sympathie et la compréhension.

MANQUE DE CLARTÉ D'ESPRIT L'anyolite, la **célestine**, la **fluorite jaune**, la spessartine et la **tsilasite** favorisent des pensées claires, permettant aux idées de faire surface et d'ouvrir votre esprit à des niveaux d'inspiration potentiellement surprenants.

MANQUE DE MAÎTRISE DE SOI L'**onyx** permet de développer la maîtrise de soi. Le **jaspe dalmatien** et la pierre de lune favorisent le sang-froid.

MANQUE D'ÉNERGIE ÉMOTIONNELLE L'agate, l'améthyste, la **bornite**, le jais, la pierre de lune et la spinelle stimuleront votre énergie émotionnelle. L'**obsidienne acajou** vous apportera la force si nécessaire.

MANQUE D'ENVIE DE VIVRE L'agate noire, l'azeztulite et le **rubis** favoriseront le désir de vivre et pourront être d'une grande influence pour les conditions critiques de santé.

MANQUE DE RÉSISTANCE ÉMOTIONNELLE L'okénite vous soutiendra si vous vous sentez maltraité émotionnellement.

MANQUE DE TACT La chrysocolle favorise le tact et la diplomatie.

MANQUE DE SPONTANÉITÉ Travaillez avec le diamant herkimer, la larme d'Apache et le **quartz bleu**.

MANQUE D'EXPRESSIVITÉ L'**azurite**, l'howlite, la muscovite et la sodalite vous permettront d'exprimer vos sentiments.

MANQUE D'INDULGENCE Le chrysobéryl, l'**eudialyte**, la larme d'Apache, le quartz rose et la sugilite favoriseront une attitude indulgente.

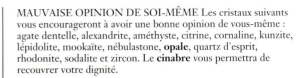

L'œil-de-tigre vous permettra de rentrer en contact avec vos sentiments instinctifs.

MAUVAISE OPINION DE SOI-MÊME Les cristaux suivants vous encourageront à avoir une bonne opinion de vous-même : agate dentelle, alexandrite, améthyste, citrine, cornaline, kunzite, lépidolite, mookaïte, nébulastone, **opale**, quartz d'esprit, rhodonite, sodalite et zircon. Le **cinabre** vous permettra de recouvrer votre dignité.

MORT ET FIN DE VIE L'agate noire à bandes, l'almandine, l'anhydrite, la chiastolite, la crocoïte, la lépidolite et la **morganite** favoriseront l'acceptation de la mort et permettront de faciliter le passage de l'esprit, du corps physique vers l'autre monde.

NARCISSISME Travaillez avec l'okénite.

NÉGATIVITÉ Il s'agit d'un état d'esprit particulièrement sensible à votre environnement. Lorsque vous vous sentez négatif, vous attirez à vous la négativité, et lorsque l'atmosphère qui vous entoure est remplie d'énergie négative, vous serez facilement attiré vers le bas. Les cristaux suivants vous protégeront de la négativité : aigue-marine, **ambre**, apatite, aqua aura, argent, **cassitérite**, corail, **diamant**, hématite, hessonite, jade, jaspe dalmatien, merlinite, œil-de-tigre, or, pyrite, pyrolusite, quartz, **quartz fumé**, quartz neige, quartz rutile, rhyolite de la forêt tropicale, **schorl**, silex, **topaze**, **tourmaline**, **turquoise**, **verdélite** et zoïsite. Ils vous aideront à vous libérer de l'énergie négative retenue au niveau de votre aura, et intensifieront votre sentiment de bien-être. La **chrysocolle** sera utile pour transmuer les émotions négatives en sentiments positifs.

NÉGATIVITÉ REFOULÉE La larme d'Apache vous permettra de vous libérer de toute négativité retenue, que vous en ayez conscience ou non.

NÉGLIGENCE DE SOI Vous utilisez parfois tant de temps et d'énergie à vous occuper d'autrui que vous vous en oubliez vous-même. Le chrysobéryl vous permettra de penser également à vous.

NERVOSITÉ ET TENSION L'agate mousse verte, l'**amazonite**, l'améthyste, l'améthyste à chevrons, la calcite dorée, la chrysocolle, la lépidolite, la muscovite, la **nacre abalone**, l'or et la **tourmaline pastèque** apaiseront les nerfs et atténueront la tension.

OBSESSION La fixation sur toute chose ou tout être est destructrice et mènera au sacrifice de vos besoins personnels quotidiens, endommageant en conséquence votre bien-être et éventuellement votre santé. La calcédoine vous aidera à surmonter l'obsession.

OBSTINATION Le soufre atténue les comportements entêtés ou obstinés. Voir également ENTÊTEMENT

OPPRESSION Travaillez avec la dioptaze.

PARANOÏA Travaillez avec la calcédoine.

Cristaux pour se déstresser

Parfois, vous vous sentez si accablé par ce que vous avez à accomplir dans une journée que vous vous sentez stressé - comme épuisé physiquement et émotionnellement. Vous avez besoin de sommeil, mais le sommeil peut vous faire défaut – et vous ne vous sentez absolument pas reposé lorsque vous vous levez le lendemain matin. Lorsque vous êtes dans cet état, prenez dans votre main l'un des cristaux répertoriés ci-dessous. Asseyez-vous tranquillement en tenant le cristal que vous avez choisi, et commencez par vous détendre en prenant davantage conscience de votre respiration. Visualisez une averse tombant au dehors. Puis progressivement, prenez le temps de ralentir. Sentez que vous vous apaisez et que vous vous centrez intérieurement. Imaginez ensuite que la pluie s'arrête et que le soleil apparaît. Imaginez un magnifique arc-en-ciel dans le ciel.

Vous pouvez pratiquer cet exercice efficace de visualisation lorsque vous en ressentirez la nécessité, pendant quelques minutes chaque jour ou plus longtemps si vous en avez le loisir. Choisissez parmi la liste suivante de cristaux : agate mousse verte, amazonite, aragonite, bois fossile, calcite, calcédoine, célestine, chrysocolle, chrysoprase, diamant herkimer, fluorite, hématite, howlite, labradorite, marbre Picasso, obsidienne arc-en-ciel, péridot, pierre de sang, pierre de soleil, quartz, quartz rose, rhodocrosite, staurolite ou topaze. Le cristal devra être adapté à la taille de votre main – ni trop petit, ni trop grand, de manière à s'intégrer naturellement à la paume de votre main et être agréable au toucher. Gardez vos cristaux à proximité de vous, soit dans votre poche ou dans votre sac, de manière à ce que vous puissiez les manipuler pour vous apaiser en cas de nécessité.

PARESSE/LÉTHARGIE Le corail, la cornaline, le **péridot** et la zoïsite permettront de vous stimuler et de vous faire avancer.

PASSION EXCESSIVE L'améthyste apaise la passion. Voir également PASSION OBSESSIONNELLE

PASSION, MANQUE DE L'herdérite, la magnésite, l'**opale**, la **pierre de lune**, la rhodocrosite et le rubis stimulent la passion et lui permettent de s'exprimer.

PASSION OBSESSIONNELLE Travaillez avec la **stibnite** et la topaze bleue. La **chrysoprase** vous aidera à percevoir et à briser les récurrences de comportement.

PERTE L'aqua aura et la **morganite** sont bénéfiques en cas de perte. L'**unakite** permettra d'apaiser la perte d'un idéal ou d'un rêve.

PESSIMISME La **muscovite** et la pierre de lune vous permettront d'être dans une prédisposition plus optimiste.

PEUR Travaillez avec les cristaux suivants pour surmonter la peur : agate dentelle, agate feu, aigue-marine, ajoïte, aventurine, calcite, cornaline, chlorite, chrysoprase, **diamant herkimer**, idocrase, **jais**, jaspe paysage, magnétite, mookaïte, nebulastone, œil-de-tigre, pierre de lune, pierre de soleil, pietersite, préhnite, quartz rose, quartz tourmaliné, sodalite, topaze et **tourmaline**. La **bowénite** soulagera l'acrophobie, et le **quartz d'esprit** sera utile si vous craignez le succès.

PHOBIES L'aigue-marine, la **chrysocolle** et le quartz rose aident à dissiper les peurs irrationnelles.

PRÉJUGÉS L'aigue-marine, l'ajoïte, l'**amétrine**, la cassitérite, la septaria et la sugilite permettront d'atténuer les préjugés et favoriseront la tolérance. La **chrysoprase** ou la cleavelandite vous aideront à accepter autrui. Les jugements catégoriques seront atténués par l'aigue-marine, la **chrysoprase** et le **quartz de métamorphose**. La bigoterie en général et l'étroitesse d'esprit seront atténuées par l'**œil de tigre** ou le saphir.

PRESSION DES EXAMENS L'**amazonite** calme les nerfs ; l'aventurine sera bénéfique en cas de tension physique ; et le **quartz neige** permettra de clarifier l'esprit, vous permettant à la fois d'étudier tout en restant focalisé sur les examens. Ces trois cristaux fonctionneront merveilleusement en association.

PROCRASTINATION La rhyolite de la forêt tropicale vous permettra de reconnaître et de surmonter les obstacles qui vous empêchent d'agir.

PSYCHOSE MANIACODÉPRESSIVE La kunzite, la **lépidolite** et la malachite seront efficaces pour traiter les changements extrêmes émotionnels.

REJET La cassitérite vous aidera à le confronter.

REJET DE SOI La chrysoprase vous aidera à vous percevoir et à vous accepter tel que vous êtes réellement. Elle dissipera les nuages assombrissant votre cœur et vous permettra de regarder au plus profond de votre âme.

SCHIZOPHRÉNIE Travaillez avec les cristaux d'amazonite + ambre + aventurine + chrysoprase + jade + rhodonite + tourmaline.

SENTIMENTS D'ABANDON L'**agate rose à bandes**, la calcédoine et le quartz aura d'ange apportent un sentiment de réconfort.

SENTIMENT D'ERRANCE La thulite vous permettra de trouver votre orientation dans la vie.

SENTIMENT D'IMPUISSANCE L'opale boulder vous inspirera de l'optimisme quand tout semblera avoir échoué.

SENTIMENTS D'INDIFFÉRENCE La pierre de lune favorise un comportement attentionné envers autrui.

SENTIMENTS INSTINCTIFS, ACCÈS La magnétite, l'**œil-de-tigre** et l'opale jaune vous aideront à reconnaître et à faire confiance à vos sentiments instinctifs, vous permettant ainsi d'éviter le stress.

SENTIMENTS, MANQUE DE CONSCIENCE CONCERNANT LES La verdélite vous aidera à savoir ce que vous ressentez à propos d'une situation donnée, sans interférence ou jugement provenant du monde extérieur.

SE SENTIR DÉPRIMÉ Le **jaspe** aidera à vous remonter le moral. L'amazonite, la calcite, la cornaline, la chrysocolle, la chrysoprase, le cuivre, la lépidolite, le péridot et le **quartz** sont tous des cristaux de « réconfort ». Ils vous réconforteront et vous permettront d'améliorer la qualité de votre vie. Gardez-les près de vous, même si vous vous sentez en pleine forme - la vie semblera encore plus belle.

SOLITUDE Lorsque vous êtes seul et vous sentez isolé, le jaspe, la mookaïte, l'obsidienne flocons de neige, le **quartz d'esprit** et l'uvarovite vous aideront à gérer la situation.

SOUFFRANCE Le rubis permet de soulager la douleur.

STRESS Voir ANXIÉTÉ et INQUIÉTUDE

STRESS DU XXIᵉ SIÈCLE Ceci équivaut à courir dans tous les sens, en essayant d'en faire trop et d'être partout à la fois. Le béryl, la rhodocrosite, la rhodonite, la topaze et la **topaze impériale**, permettront d'atteindre le cœur du problème. En cas d'épuisement total, l'**opale feu** permettra de vous revitaliser.

STRESS POST TRAUMATIQUE Travaillez avec l'agate arbre, l'argent, la **bowénite**, le corail, la fluorite jaune, la fluorite verte, le grenat, la manganocalcite, l'or ou la rhodocrosite.

SUFFISANCE L'**opale commune** vous aidera à trouver un équilibre entre trop ou trop peu de réflexion vous concernant. La vanité s'atténuera avec l'azurite/malachite et la **thulite**. Le **jade** favorise la modestie.

SUPERFICIALITÉ Le jaspe zébré apportera substance et profondeur à votre personnalité.

SUSCEPTIBILITÉ Voir IRRITABILITÉ

TENDANCES À LA DISPUTE Travaillez avec la **grossularite** et le silex.

TIMIDITÉ La **baryte** vous aidera à surmonter votre timidité et favorisera votre audace.

TOXINES/POISONS ÉMOTIONNELS La citrine purifie la douleur que vous ressentez en raison des paroles et des actions d'autrui.

Ancrage émotionnel

Lorsque vous êtes ancré, l'énergie circule librement au travers de votre corps et tout excès s'éloigne de vous pour pénétrer dans la terre. Cela signifie que vos énergies subtiles restent équilibrées et qu'au niveau émotionnel, vous vous sentez focalisé, présent et en contrôle. L'effet à court terme découlant d'un manque d'ancrage correspond à un sentiment de malaise décrit par de nombreuses personnes comme de la nervosité ou de l'agitation. Les choses qui ne vous inquiéteraient pas habituellement auront un effet négatif et vous vous sentirez facilement irrité ou troublé.

Les effets à long-terme du manque d'ancrage correspondent à un déséquilibre de l'énergie subtile pouvant mener à un épuisement total - où vous sentirez que vous ne pouvez simplement plus faire face à la situation - ou à des problèmes de santé. Cependant, si vous prenez conscience des périodes où vous perdez pied et où votre centre est destabilisé, vous pourrez agir en conséquence afin de rétablir la situation.

Essayez l'exercice suivant.
Asseyez-vous au sol, les jambes croisées ou dans tout autre position confortable. Tenez un fragment d'hématite dans vos mains. Contemplez la pierre. Touchez-la et sentez sa texture et ses contours. Regardez-la puis fermez les yeux et visualisez-la mentalement. Répétez ce procédé plusieurs fois. Portez votre conscience sur le point de contact entre votre corps et le sol. Laissez tout poids et toute tension vous accablant retomber dans votre corps et circuler en dehors en pénétrant dans la terre. Imaginer que vous êtes une plante pourra vous aider – la partie supérieure de votre corps, semblable à la tige et aux feuilles, est légère, libre et souple. La partie inférieure est alourdie et connectée au sol comme par de fortes racines vigoureuses.
Pour terminer, ouvrez les yeux et mettez-vous très lentement en position debout.

La rhyolite de la forêt tropicale enrayera la procrastination, vous aidant ainsi à prendre des décisions.

TPM/SPM (TENSION/ SYNDROME PRÉMENSTRUELS) Les changements hormonaux au cours des cycles menstruels peuvent provoquer des symptômes émotionnels ainsi que physiques. Vous vous sentirez peut-être fatiguée et grincheuse, et souffrirez de fluctuations d'humeur imprévisibles. La **chrysocolle**, le jade, la kunzite, la pierre de lune et le rubis permettront d'apaiser l'ensemble des symptômes associés à la tension ou au syndrome prémenstruels.

TRAGÉDIE La nebulastone vous aidera à faire face à des circonstances éprouvantes.

TRAUMA Le grenat, le quartz rose et la **rhodocrosite** aideront à apaiser les chocs émotionnels. La fluorite verte sera bénéfique pour les cas moins graves.

TRISTESSE L'aqua aura, la **cornaline**, la **dolomite**, la **météorite** et le quartz aident à soulager la tristesse et à dissiper la mélancolie. La bornite, le jaspe dalmatien, l'obsidienne arc-en-ciel, le **cristal de quartz**, le quartz bleu et le saphir favorisent le bonheur.

TROUBLES DU SUBCONSCIENT Par définition, nous ignorons totalement le contenu de notre subconscient. Cependant, des pensées inconnues peuvent nous affecter négativement. Le marbre Picasso et l'**opale boulder** permettront de faire circuler les pensées au niveau de la conscience.

VAMPIRES PSYCHIQUES Certaines personnes avec lesquelles vous êtes en contact vous draineront littéralement de votre énergie, vous faisant vous sentir fatigué ou même épuisé. L'aventurine permettra d'empêcher ces personnalités de vous pomper votre énergie.

VANITÉ L'**azurite/malachite**, la covellite et la thulite vous aideront à percevoir au-delà de votre propre apparence et à vous prendre moins au sérieux.

VIEILLISSEMENT Le **diamant**, le quartz rutile, la **rhodocrosite**, le saphir et la sodalite permettront d'aider les symptômes mentaux et émotionnels associés au vieillissement. Vous pouvez également placer plusieurs cristaux bruts de quartz rose dans votre bain – allumez des bougies et détendez-vous en écoutant une musique douce ou une méditation dirigée. L'ajoïte, l'alexandrite, l'almandine, l'okénite et la **wulfénite** permettront de favoriser la jeunesse d'esprit envers la vie.

VULGARITÉ L'howlite modérera les excès d'hilarité.

Cristaux-remèdes pour l'épanouissement spirituel

Nous suivons tous notre chemin spirituel individuel au travers de l'existence. Lorsque nous restons sur ce chemin, l'énergie circule, la vie va vers l'avant et nous nous sentons en forme et heureux. Lorsque nous nous éloignons de ce chemin, l'énergie stagne, notre existence semble régresser ou dévier, et nous nous sentons stressé et tendu. Si vous n'êtes pas sûr de la nature de votre chemin ou objectif de vie, la baryte, la **cobaltocalcite**, l'idocrase, la préhnite, le quartz titane, la stibnite, la sugilite et la thulite pourront vous indiquer la direction à suivre. L'**opale rose** sera très bénéfique au début de votre parcours spirituel – elle favorisera votre éveil intérieur. Si vous vous sentez retardé sur votre parcours spirituel, l'**obsidienne satinée** est très efficace. La charoïte, la fluorite transparente, le lingan et l'obsidienne pourront vous aider à intégrer vos expériences spirituelles à votre univers physique et à votre vie quotidienne. L'amétrine vous apportera la compréhension. L'agate arbre, la **cobaltocalcite**, l'obsidienne arc-en-ciel et l'opale boulder pourront vous aider à percevoir la beauté en toute chose. Essayez en priorité le ou les cristaux indiqués en **caractères gras**, puis les autres qui vous seront proposés.

ACCÈS AUX ANGES-GARDIENS ET AUX ESPRITS L'angélite, la goéthite, la pétalite et le quartz aura d'ange intensifieront votre connexion aux royaumes angéliques.

ACCÈS AUX ANNALES AKASHIQUES La merlinite, la nébulastone, la pietersite, le quartz aura, le saphir et le **rubis gardien des annales** vous permettront d'accéder à ces connaissances mystiques.

ACCÈS AUX VIES ANTÉRIEURES L'alexandrite, le **bois fossile**, la cérusite, la dioptaze, l'eudialyte, le quartz d'esprit et l'**unakite** faciliteront l'accès aux vies antérieures. L'apatite, la calcite dorée et l'opale boulder vous permettront de vous en rappeler.

AMOUR L'**agate dentelle bleue**, l'agate rose à bandes, l'**améthyste**, l'elbaïte, le **quartz rose**, la rhodonite et la sugilite favorisent une atmosphère d'amour inconditionnel, spirituel ou universel.

ANIMAUX-TOTEMS L'angélite, la pétalite, la rhyolite léopard et la **stibnite** vous aideront à vous identifier et à entrer en relation avec votre esprit animal.

AURA, PROTECTION CONTRE LES ÉNERGIES INDÉSIRABLES Portez sur vous une agate ou un diamant. Le diamant serti dans un bijou sera utile, cependant, n'utilisez pas une bague de fiançailles, spécifiquement réservée à l'amour, à la loyauté et à la dévotion.

AURA, PURIFICATION Votre aura enregistre tous les événements qui se sont produits dans votre vie. Parfois, les « couleurs sombres » du champ énergétique de l'aura représentant la maladie et le stress s'accumulent. L'énergie circulant naturellement dans l'aura pourra dissiper ces zones sombres, cependant, si ce n'est pas le cas, une mal-adie se localisera dans la partie du corps située à proximité de cet endroit. Portez sur vous l'amazonite, l'amétrine, l'**aqua aura**, la citrine, le corail, la dravite, la fluorite transparente, le grenat, l'iolite, le jaspe, le quartz aura d'ange, l'or (les bijoux en or sont constitués d'un alliage de métal et n'opèreront pas efficacement dans ce cas ; travaillez plutôt avec une pépite d'or ou de l'or dans du quartz), l'obsidienne arc-en-ciel, l'opale boulder, la pétalite, la pierre de Boji, la pyrolusite, le rutile, la tourmaline et le zircon.

AURA, RENFORCEMENT Afin de stimuler votre champ d'énergie, portez une agate ou un **zircon**.

AURA, STABILISATION (Se traduisant par l'impression de se sentir « patraque »). Portez sur vous du corail ou une **labradorite** et gardez-en un fragment près de votre lit.

CENTRAGE SPIRITUEL Cela signifie atteindre un point de sérénité intérieure à partir duquel vous pourrez contempler le monde en évolution autour de vous. L'aigue-marine, la bixbyite, la galène, la kunzite, l'opale verte et une **paire de pierres de Boji** vous aideront à atteindre ce niveau. Ces cristaux sont bénéfiques aux personnes en mouvement constant mais dans l'incapacité de s'arrêter. Les cristaux ne vous empêcheront pas d'agir ; ils vous permettront simplement de vous relaxer tandis que vous accomplirez vos tâches quotidiennes - vous découvrirez un certain confort à l'intérieur de vous-même. Continuez à travailler avec ces cristaux afin de trouver une signification plus profonde à votre existence. Voir également MÉDITATION

CÉRÉMONIE Le béryl, la calcédoine, la cérusite, le gypse, la **kyanite**, la **morganite** ou la staurolite favoriseront l'atmosphère d'une cérémonie ou d'un rituel. Portez-les ou placez-les à l'intérieur du cercle sacré ou de l'espace de cérémonie. L'agate dentelle bleue, le **diamant herkimer** et la kyanite amplifieront le processus de réceptivité. Le **quartz fumé** vous protègera de toutes les énergies indésirables pouvant être présentes.

CHAKRAS Tous les cristaux opèrent sur votre système énergétique des chakras. (Voir chapitre 3 pour les chakras associés aux cristaux spécifiques). L'apatite et une **paire de pierres de Boji** équilibreront l'ensemble de vos centres d'énergie. La **fluorite verte** favorise la désintoxication ; l'**aigue-marine** élimine les blocages ; la **kyanite** permet d'aligner les chakras principaux ; et la labradorite favorise la circulation de l'énergie entre votre aura et vos chakras.

CONNEXION AUX ANCÊTRES La bowénite, la nacre abalone, l'onyx et l'**obsidienne** vous mettront en contact avec vos racines.

CONNEXION À DIEU Il existe de nombreuses appellations pour une entité ou une énergie suprême : Dieu, Déesse, Bouddha, Jésus, Mohamed, le Tao, l'Énergie de la Force de Vie Universelle, Tout Ce Qui Est, et de nombreuses autres. L'agate feu, l'améthyste, la bixbyite, la chalcopyrite, l'onyx, l'**or**, la pétalite, le quartz bleu, le **quartz neige**, le quartz tibétain, la turquoise et le **rubis** intensifieront votre connexion à une entité ou un plan supérieur. Votre propre compréhension de la spiritualité sera stimulée par le chrysobéryl, l'**émeraude**, l'hiddénite et l'œil-de-tigre.

CONNEXION À L'ESPRIT Travaillez avec les cristaux suivants afin de percevoir les esprits guides et la quintessence de toutes créatures vivantes : agate feu, **ajoïte**, **améthyste**, angélite, **anyolite**, apophylite, aventurine, baryte, cornaline, **fluorite bleue**, goéthite, kyanite, morganite, pétalite, pierre de soleil, quartz bleu, saphir, sugilite, **tanzanite** et wulfénite.

DÉSINTOXICATION SPIRITUELLE Le **diamant**, le linga, la **phénacite**, le cristal de rubis étoilé et l'ulexite purifieront votre esprit des énergies indésirables.

DÉVELOPPEMENT SPIRITUEL L'aigue-marine, l'amazonite, la célestine, l'obsidienne flocons de neige, la pierre de lune et la **tourmaline** stimuleront votre développement spirituel.

PROTECTION PSYCHIQUE

Nos énergies psychiques sont mises au défi quotidiennement. Les attaques intentionnelles ou les paroles blessantes, les remarques inconsidérées, les attitudes et la négativité en général provenant de personnes de votre entourage peuvent vous accabler.

La réduction d'énergie peut également s'avérer plus insidieuse. Les personnes travaillant en tant que thérapeutes ou exerçant une profession dispensant des soins à autrui peuvent être contaminées durant la journée par les douleurs et même les symptômes empathiques provenant de leurs patients. Cependant, vous n'aurez pas à faire partie du personnel soignant pour vivre une expérience similaire – les personnes vous confiant leurs problèmes peuvent également vous déprimer. Les voisins venant vous voir pour quelques minutes resteront en fait une heure, et sans le savoir, ils vous prendront votre énergie, vous laissant fatigué et épuisé. Cependant, certains cristaux pourront empêcher cela de se produire.

Essayez l'un ou l'autre des cristaux suivants : agate du Brésil, agate feu, aqua aura, blende zonée, calcite noire, cassitérite, diamant, dravite, jade, jaspe dalmatien, kunzite, magnétite, néphrite, obsidienne, obsidienne noire, pyrite, quartz aura d'ange, quartz d'esprit, rutile, schorl, sphalérite, staurolite et tourmaline. Boire un élixir d'angélite chaque jour pourra également être efficace. L'ambre et le jais vous protègeront de la violence et le jaspe rouge associé au jais de la sorcellerie. L'héliodore protègera vos proches et vos possessions (voiture, maison…) en votre absence – un cristal idéal à laisser chez soi lorsque vous serez en déplacement. L'idocrase vous préviendra des dangers afin que vous les évitiez. La sardonyx vous protègera contre le crime et la stibnite contre les « esprits mauvais ». Le quartz fumé permettra de renvoyer toutes les mauvaises intentions à l'envoyeur, par conséquent, la personne responsable en pâtira instantanément, accélérant ainsi les lois karmiques !

DÉVOTION Travaillez avec la chiastolite, le grenat, le jaspe dalmatien, la kyanite, le **rubis** et le **saphir**.

ÉQUILIBRE SPIRITUEL L'améthyste, le **quartz**, le **rubis** et le **saphir** assureront la stabilité de votre cheminement spirituel.

GUÉRISON À DISTANCE Travaillez avec l'**apophylite**, l'argent, l'œil-de-tigre, le **rubis** et la topaze.

KARMA Le quartz aura d'ange et l'**okénite** vous aideront à comprendre les principes karmiques. La bornite accélèrera le processus du karma afin que vous n'en soyez pas encombré dans votre prochaine vie.

MOI SUPÉRIEUR ET MOI INTÉRIEUR Les cristaux suivants accroîtront votre prise de conscience et votre intuition, et vous aideront à vous connecter à cette partie intérieure au plus profond de vous, que vous savez être votre réelle personnalité. Certaines personnes l'appellent l'âme, l'esprit, le chi, la force ou l'essence de vie : aigue-marine, almandine, apatite, émeraude, fluorite, grenat, linga, malachite, muscovite, obsidienne arc-en-ciel, obsidienne flocons de neige, pierre de lune, **prasiolite**, quartz bleu, **quartz d'esprit**, **quartz fantôme**, quartz rutile, sodalite, thulite, topaze, **topaze impériale**, tourmaline, **tourmaline bi- et tricolore**, **tourmaline pastèque**, ulexite, uvarovite et wulfénite. L'argent permettra d'ouvrir un chemin à travers vous afin que vous puissiez regarder directement à l'intérieur de votre cœur ; et l'**obsidienne** agira comme un « miroir de l'âme ».

PURETÉ Le **diamant**, l'obsidienne flocons de neige, l'opale boulder, le **péridot**, la **perle** et le **quartz neige** intensifiront la pureté spirituelle.

RÊVES NOCTURNES La **célestine**, le jade, le jaspe rouge, la kyanite, le **lapis-lazuli**, la larkavite, la moldavite, la mookaïte, l'opale verte, la préhnite, le quartz d'esprit et le rubis favoriseront les rêves et vous aideront à vous en souvenir. L'interprétation des rêves sera facilitée par la kyanite, la larvakite, la malachite et le **quartz fumé**.

SAGESSE Le béryl, la cérusite, le corail, le **jade**, le lapis-lazuli, la morganite, l'obsidienne, l'or, la pierre de lune, le quartz neige, le rubis, le saphir, la turquoise et le zircon favorisent l'intuition, la connaissance, la compréhension et le bon jugement.

TROUVER L'ÂME SŒUR La bowénite, l'**uvarovite**, la wulfénite et le zircon peuvent vous aider à trouver et à vous lier avec votre partenaire spirituel, impliquant ou non une relation physique.

VERTU Il s'agit d'une des valeurs spirituelles traditionnelles communes à de nombreuses cultures et favorisée par le saphir.

136 CES PIERRES QUI GUÉRISSENT…

Cristaux-remèdes pour l'amelioration de la qualité de vie

ABONDANCE, ARGENT ET PROSPÉRITÉ Les cristaux suivants pourront être utiles pour l'acquisition de richesses et d'objets matériels : adamite, agate mousse verte, améthyste, **cinabre**, **citrine**, diamant, dioptaze, grenat, lépidolite, œil de tigre, or, phénacite, pierre de soleil, quartz d'esprit, rubis, tektite, topaze, tourmaline et verdélite. La citrine, connue sous le nom de « pierre de l'argent » attire les richesses - gardez-en un cristal dans votre poche, votre porte-monnaie ou votre portefeuille. L'améthyste, le **cinabre** et le rubis vous aideront à vous concentrer sur les questions financières, et la iolite ainsi que la stibnite seront bénéfiques à votre gestion financière. Si vous êtes trop dépendant du matérialisme, essayez de travailler avec le **larimar** pour vous en dégager.

ACCIDENT, PRÉVENTION Si vous êtes sujet aux accidents, le **jade**, la pyrite et la tourmaline pastèque inversée vous protégeront.

AFFIRMER VOTRE PERSONNALITÉ L'aigue-marine, l'ajoïte, la bronzite, la covellite, la dumortiérite, la goshénite, l'**indicolite**, la kynaïte, l'opale bleue, la pétalite et la **turquoise** favoriseront l'intégrité et le courage de vivre sa vie en fonction de sa propre spiritualité.

AISANCE SOCIALE La **danburite** et la sardonyx vous permettront de communiquer aisément en société.

AMBITION, RÊVES, OBJECTIFS ET IDÉAUX Le **saphir** vous aidera à équilibrer vos ambitions. Il apportera du réalisme aux personnes trop ambitieuses et de la motivation ainsi que de l'orientation si nécessaire. (Le mot-clé est « nécessaire » et non pas « désiré »). L'achroïte, l'ambre, la bowénite, la chalcanthite, la cleavelandite, la covellite, la dioptaze, le jade, le jaspe, le jaspe dalmatien, l'howlite, l'obsidienne acajou, la scapolite et la vanadinite seront tous très utiles dans cette quête d'une vie plus épanouissante. L'améthyste, le cinabre, le **rubis**, la topaze et la verdélite favorisent le succès.

AMITIÉ La baryte, la bowénite, le **quartz rose** et la turquoise vous aideront à vous faire de nouveaux amis. L'**opale bleue** et le **quartz bleu** vous aideront à entrer en contact avec autrui et sont également bénéfiques pour établir un réseau de relations.

ANIMAUX, GUÉRISON ET COMMUNICATION AVEC La **rhyolite de la forêt tropicale** aide à soigner les animaux, et la **pierre de Boji** vous permettra de communiquer avec eux.

APPÉTIT DE VIVRE Le cristal de quartz stimulera votre enthousiasme et vous aidera à vivre intensément.

APPRÉCIATION La nebulastone vous permettra de réaliser la valeur de toute chose dans votre environnement. Elle favorisera la gratitude envers autrui, votre environnement et l'univers.

ARRÊTER DE FUMER La **kunzite** et la staurolite vous aideront à vous défaire de cette dépendance.

BEAUTÉ La spinelle intensifiera votre apparence physique et votre personnalité.

BIEN-ÊTRE Le quartz bleu vous apportera un sentiment général de bonne santé et de bonheur.

CAPACITÉS DE NÉGOCIATION L'**améthyste** et la **tourmaline** vous aideront à parvenir à un accord.

CHANCE Chacun a besoin d'un peu de chance à l'occasion. L'alexandrite, le gypse, l'hémimorphite, l'œil-de-tigre, l'onyx, la pierre de lune, la sardonyx, la staurolite et la **turquoise** permettront de faire pencher la balance en votre faveur.

CHANGEMENT Le **quartz de métamorphose** vous permettra de considérer les changements que vous avez besoin d'apporter à votre vie et facilitera la transformation. L'**eudialyte** et la iolite faciliteront le processus de changement et apaiseront vos émotions, en submergeant en douceur votre centre du cœur d'une énergie guérisseuse. Les cristaux suivants peuvent également favoriser le changement : agate noire à bandes, agate turritelle, améthyste, amétrine, bowénite, cérusite, chiastolite, diamant, dioptaze, grenat, larme d'Apache, lépidolite, marbre Picasso, obsidienne satinée, pierre de lune, pyrolusite, quartz titane, rhyolite, rubis et scapolite. La **crocoïte** facilitera les changements importants se produisant dans votre vie.

COMMUNICATION ET EXPRESSION Ces cristaux favoriseront à la fois la communication orale et écrite : **agate dentelle bleue**, aigue-marine, angélite, apatite, **aqua aura**, baryte, calcédoine bleue, calcite bleue, **chalcanthite**, fluorite pourpre, fulgurite, héliodore, howlite, **indicolite**, kyanite, lapis-lazuli, opale bleue, shattuckite, sodalite, tanzanite, topaze, **topaze bleue**, tourmaline pastèque inversée et **turquoise**. La **mookaïte** améliore les capacités de communication. L'**érythrite** favorise la conversation. Le **quartz bleu** vous permet d'exprimer ce que vous avez sur le cœur. La baryte favorise la présentation des idées, et l'**achroïte** l'expression des pensées profondes. Votre expression physique par le langage du corps pourra être améliorée avec le **quartz fumé**, tandis que le **silex** vous aidera à être réceptif envers autrui. Les discours en public seront facilités avec l'améthyste, la **septaria** et la turquoise.

CRÉATIVITÉ Les cristaux suivants inspireront votre créativité : agate rose à bandes, ajoïte, alexandrite, amazonite, amétrine, aventurine, azurite, bixbyite, calcite dorée, cavansite, **célestine**, cérusite, chiastolite, chrysocolle, **citrine**, crocoïte, diamant, elbaïte, fer de tigre, **fluorite jaune**, goshénite, hémimorphite, **indicolite**, marbre Picasso, mookaïte, obsidienne noire, opale bleue, pierre de lune, pierre de sang, quartz rose, rhyolite, rubélite, rubis, schorl, sodalite, sphalérite, stilbite, topaze, topaze impériale, tourmaline, tsilasite, ulexite, verdélite et zincite.

DÉSIR La **brazilianite**, la kunzite et la magnétite feront émerger vos désirs, vous permettant ainsi d'en connaître la véritable intensité. Le saphir en favorisera le contrôle.

DIVERTISSEMENT ET HUMOUR La goéthite, la pyromorphite et la **tourmaline pastèque** vous permettront de percevoir le côté drôle des situations et de la vie en général.

DIVORCE La **crocoïte** et la mélanite permettront de faciliter cette période difficile et vous aideront à rester rationnel et en contrôle de vous-même durant la procédure. La grossularite et la **smithsonite** pourront vous aider à résoudre toute dispute.

ÉDUCATION/ÉTUDES L'aigue-marine, la calcite, la citrine, la cornaline, la **fluorite pourpre**, la galène, l'hiddénite, l'howlite, le jaspe dalmatien, la lépidolite, l'obsidienne, l'or, le **quartz neige** et le rubis favorisent la quête de connaissances.

ESPRIT D'ÉQUIPE (DANS LE SPORT, LES AFFAIRES OU TOUT TYPE DE PARTENARIAT) La fluorite, la **fluorite jaune**, le grès, l'herdérite, la jadéite, le quartz d'esprit, la sodalite, la tourmaline et la zincite favorisent le travail d'équipe.

ESPRIT D'INITIATIVE L'aventurine, l'herdérite, l'onyx, la **pyrite** et la smithsonite favorisent l'esprit d'initiative. Le **lapis-lazuli** favorise le sens de l'organisation et la fluorite permet de rétablir l'ordre à partir du chaos.

FAVORISER L'ACTIVITÉ Portez sur vous le béryl ou placez-le sur votre lieu de travail.

FLOT Les cristaux suivants feront circuler chaque chose de manière plus fluide dans votre vie : aigue-marine, améthyste, charoïte, goshénite, grenat, gypse, kunzite, larme d'Apache, merlinite, mookaïte, okénite, quartz d'esprit et rhodocrosite. Les situations bloquées deviendront fluides – la vie ira de l'avant. L'opale noire et le **topaze** peuvent vous apporter du dynamisme si nécessaire.

FORCE Portez sur vous l'anhydrite, l'hématite, la nacre abalone, la pierre de soleil ou le **quartz rutile** si vous avez davantage besoin de force physique (pierres bénéfiques aux sportifs).

GÉRER LES ENFANTS La mookaïte vous aidera à faire face aux demandes des enfants.

GESTION DU TEMPS La morganite et la **staurolite** vous permettront d'organiser votre temps avec efficacité.

HÉMISPHÈRES DU CERVEAU, ÉQUILIBRE GAUCHE/DROITE Il s'agit de l'endroit où l'intellect rencontre l'intuition et où science et magie convergent. La **bornite**, le **diamant**, la labradorite et la **tourmaline** apporteront un niveau d'équilibre entre les hémisphères gauche et droit de votre cerveau.

INSPIRATION L'agate feu, l'achroïte, l'**amétrine**, la calcite orange, la cornaline, la labradorite, la nebulastone, l'opale, la **préhnite**, la rhodolite, le soufre et la **tourmaline** libèreront votre esprit, permettant aux ondes cérébrales et aux inspirations géniales de se produire. Le **diamant**, la dolomite, l'idocrase et la tsilasite inspireront les inventions. Le **béryl** vous permettra de prendre des initiatives. L'individualité et l'originalité seront favorisées par l'**azurite/malachite** et la topaze. La bixbyite, le corail, le **diamant**, l'opale, le quartz rose et l'ulexite permettront à votre imagination de circuler librement. L'adamite et la **scapolite** favoriseront la pensée latérale.

LIEU DE RÉSIDENCE Si vous cherchez à vendre votre propriété, placez un cristal de **citrine** dans chaque pièce afin d'en accélérer l'achat. L'expérience du déménagement sera facilitée avec la **bowénite**, et si vous avez choisi de résider à l'étranger, la **météorite** pourra favoriser cette transition.

MEILLEURS ASPECTS DE LA PERSONNALITÉ Le **chrysobéryl** et le zircon feront émerger les meilleurs aspects de votre personnalité en toutes circonstances. L'**azeztulite** vous permettra de tirer le meilleur parti de toute situation.

NOUVEAUX CHALLENGES La tourmaline vous aidera à faire face à de nouveaux challenges en vous apportant de la force et du courage. Elle vous ouvrira l'esprit aux bienfaits positifs de ce défi et vous aidera à percevoir la voie en avant.

NOUVEAUX DÉPARTS Le début de toute chose nouvelle tels un projet, une relation ou un emploi, sera favorisé par l'agate noire à bandes, la blende zonée, la citrine, le diamant, le **diamant** herkimer, l'elbaïte, l'**hessonite**, l'œil-de-tigre, la pierre de lune, la pyromorphite, le rubis, la smithsonite et la **tourmaline**.

PRISES DE DÉCISION Les choix à effectuer seront facilités avec les cristaux suivants : ambre, **améthyste**, aventurine, brazilianite, bronzite, cérusite, chalcanthite, **citrine**, fluorite, grès, mookaïte, onyx, rhyolite de la forêt tropicale, rubis, spath d'Islande et stibnite. La **muscovite** pourra vous aider à prendre les décisions très importantes dans votre vie. L'agate noire et l'agate rose à bandes, l'**améthyste à chevrons**, l'aragonite, la chiastolite, le **jade**, la muscovite, l'opale bleue, l'opale verte, le **quartz fantôme**, le quartz tourmaliné, la rhyolite et la scapolite vous aideront à trouver des réponses aux problèmes de la vie.

QUESTIONS ENVIRONNEMENTALES Le **septaria** accentuera votre prise de conscience concernant les problèmes environnementaux. L'agate turritelle, la **chrysocolle** et le larimar favorisent la guérison de la Terre. La **dravite** est un cristal efficace avec lequel travailler si vous désirez sauvegarder la planète. La **magnétite** pourra vous aider si vous souffrez du stress géopathique. La **dravite**, l'obsidienne arc-en-ciel, la prasiolite et le schorl vous permettront de renforcer votre connexion à la nature.

RELATIONS L'hématite, la magnétite, la **stibnite** et la topaze impériale vous aideront à attirer de nouveaux partenaires. L'**opale boulder** accroîtra votre attraction sexuelle. Les cristaux suivants favoriseront les relations saines et aimantes : brazilianite, cérusite, citrine, cleavelandite, fluorite, grès, goshénite, iolite, jaspe dalmatien, lapis-lazuli, pyrolusite, **quartz rose**, zincite et zircon. La **chrysocolle** revitalise, la jadéite et la **morganite** rétablissent le contact et la **charoïte** aide à se libérer des relations obsolètes. L'**agate** et la stibnite favorisent la fidélité, et la **sardonyx** le mariage et le partenariat. Le **quartz rose** et la turquoise favoriseront la romance. La sexualité pourra être libérée avec la crocoïte, le **cuivre** ou l'œil-de-faucon.

REVITALISATION La danburite vous aidera à réintégrer le monde après une absence, suite à une maladie, une convalescence, une cure de désintoxication ou une période d'emprisonnement.

VIVRE AU PRÉSENT Le présent est le seul instant existant en réalité – le passé a disparu et l'avenir n'est pas encore là, par conséquent ne vous y attardez pas. La **dioptaze**, la **iolite** et l'**unakite** vous aideront à vivre le moment présent. La **merlinite** vous aidera à saisir l'instant présent.

VOISINAGE BRUYANT Posez une pyrite sur chaque appui de fenêtres et votre vie deviendra instantanément plus tranquille.

VOYAGE Un voyage peut concerner une ballade à pied jusqu'à l'épicerie du coin, une croisière autour du monde ou simplement le parcours de votre chemin de vie. Quel que soit votre voyage, l'**aigue-marine**, la blende zonée, la cleavelandite, le jaspe jaune, la pierre de lune, la tourmaline pastèque inversée et la **turquoise** vous protègeront.

Glossaire

Amas Matière ne présentant pas de structure cristalline définie.

Animal-totem Esprit ou caractéristique animal vous guidant sur votre chemin de vie.

Annales akashiques Archives regroupant des connaissances spirituelles localisées sur un autre plan.

Astérisme Effet d'optique ayant l'apparence d'une étoile.

Astigmatisme Défaut visuel provoqué par la courbure inégale d'une ou plusieurs des surfaces réfractives de l'œil, généralement de la cornée.

Aura Champ énergétique situé au pourtour du corps.

Botryoïdale (structure) Décrit des minéraux bulbeux ayant l'apparence d'une grappe de raisin.

Chakra Mot sanskrit signifiant « roue ». Les chakras sont les centres d'énergie du corps (ils apparaissent sous forme de roue aux personnes ayant la faculté de percevoir l'énergie). L'usage correct est « chakrum » (au singulier) et « chakra » (au pluriel), cependant « chakra » et « chakras » sont tellement utilisés que cette forme a été adoptée dans ce livre.

Channelling Communication et transmission de messages ou d'informations provenant du monde des esprits par l'intermédiaire d'un médium.

Chatoyance Reflet lumineux rappelant la pupille fendue d'un chat, connu également sous le terme « effet œil de chat », visible dans divers cristaux polis. Les cristaux œil-de-chat apportent la chance, le bonheur et la sérénité. Ils font émerger l'intuition, favorisent l'éveil de la conscience et apportent la protection, pouvant également aider en cas de troubles oculaires et de vision nocturne, ou de maux de tête. Les correspondances astrologiques des cristaux œil-de-chat sont le Capricorne, le Taureau et le Bélier.

Chi En médecine et en philosophie chinoise, le chi est l'énergie ou la force de vie universelle, circulant autour du corps et présente dans toutes créatures vivantes. Certaines cultures appellent le chi sous d'autres noms : par exemple, ki (Japon) et prâna (Inde).

Clairaudience La faculté de percevoir auditivement les manifestations psychiques.

Clairsentience La faculté de ressentir les énergies psychiques.

Clairvoyance La faculté de percevoir visuellement les manifestations psychiques.

Dendrite Un minéral se cristallisant en forme d'arbre ou de branche, ou se développant au travers d'un autre cristal ou d'un roc, donnant ainsi une impression d'arbre ou de branche.

Diverticulite Infection du diverticule (hernies de la muqueuse intestinale).

Dodécaèdre Une figure solide présentant douze faces pentagonales égales et de trois à vingt sommets.

Druse Croûte de surface d'un roc constituée de petits cristaux d'un minéral similaire ou différent.

Effet piézoélectrique Courant électrique produit par certains cristaux lorsqu'ils sont soumis à une pression mécanique.

Effet pyroélectrique Production de charges électriques sur les faces opposées de certains cristaux provoquées par un changement de température.

Énergie Fournisseur ou source d'énergie : électrique, nucléaire, mécanique, ou subtile telle que le chi.

Esprits guides Êtres ou énergies des âmes défuntes transmettant des informations, des connaissances et la sagesse, afin de vous aider sur votre chemin de vie.

Facultés psychiques Elles incluent l'intuition, le channelling, la clairvoyance et la clairaudience, la clairsentience, la sensation des énergies et des auras, la perception visuelle et l'interprétation des auras, la télépathie, la perception extra-sensorielle, la perception accrue en divination et dans l'interprétation des tarots.

Feldspath Groupe de minéraux silicatés.

Flot Concept taoïste permettant aux choses de se produire naturellement. Lorsque vous suivez votre véritable chemin de vie, les choses se produisent aisément, comme si vous vous laissiez porter par un courant. Lorsque vous vous éloignez de votre chemin de vie, les choses deviennent plus difficiles à atteindre, jusqu'à ce que des événements bouleversants ou la maladie vous arrêtent dans votre progression.

Gardien des annales Décrit un cristal présentant des aspérités en triangles situées sur la face de son extrémité.

Guérison à distance Procédé consistant à transmettre de l'énergie, de bonnes pensées ou des prières à une personne absente - comme par exemple résidant dans un autre pays.

Guérison chamanique L'une des formes les plus anciennes de guérison traditionnelle.

Héméralopie Vision affaiblie en lumière du jour (cependant vision nocturne normale).

Hypoglycémie Niveau anormalement bas de sucre dans le sang.

Inclusion Minéral trouvé à l'intérieur de la structure d'un minéral différent.

Irisation Couleurs perceptibles à l'intérieur d'un cristal, produites par la diffraction ou la réfraction de la lumière à l'intérieur de la structure cristalline.

Irisation Feu Voir Irisation.

Lame Décrit un cristal ressemblant à la lame d'un couteau.

"Mal-adie" État de mauvaise santé à tous niveaux (physique, émotionnel, mental ou spirituel) pouvant affaiblir les systèmes de défense naturels du corps et augmenter le risque de maladies ou d'infections. Cet état est lié à des causes sous-jacentes et non pas à une maladie ou affection spécifique. Voir Guérison à distance

Méridien Parcours de l'énergie au travers du corps. Les méridiens font circuler le chi comme les veines et les artères permettent de faire circuler le sang.

Octaédrique Ayant la forme d'un octaèdre (un volume présentant huit faces).

Orthorhombique Système cristallin présentant trois axes de longueurs différentes se croisant à angle droit.

Oxydation Réaction chimique dans laquelle l'oxygène est ajouté à un élément ou à un composé, produisant généralement un aspect rouillé.

Piézoélectricité Effet transducteur causé par l'application d'une pression sur un cristal, produisant la transmutation de l'énergie électrique en énergie mécanique. Elle produit une vibration physique qui, dans le cristal de quartz, résonne en fréquences régulières et constantes. Cet effet est particulièrement stable, par conséquent, si vous possédez une montre à quartz - et que le cristal de quartz est pur et coupé à l'angle précis de son axe - elle sera d'une grande précision.

Plagioclase Série de feldspath, incluant la labradorite et la pierre de soleil.

Pléochroïque Propriété physique selon laquelle certains cristaux transmettent différentes couleurs lorsqu'ils sont perçus sous des axes différents.

Projection astrale La capacité de faire voyager consciemment une partie du corps astral/spirituel en dehors du corps physique - tout en y restant connecté - jusqu'à une localisation spécifique.

Pseudomorphe Un minéral en remplaçant un autre à l'intérieur de la structure initiale du cristal, le nouveau minéral présentant en conséquence la forme externe du minéral absent.

Pyroélectricité Mouvement des électrons résultant en une migration de charges positives et négatives aux extrémités opposées d'un cristal. Produit par les changements de température. Visible dans de nombreux cristaux, plus particulièrement avec la tourmaline et les cristaux de quartz. Un effet plus faible peut être observé dans les cristaux présentant un axe polaire.

Reiki Forme de guérison par les mains venant du Japon regroupant des milliers de praticiens dans le monde entier.

Rhombique Décrit les cristaux présentant une forme parallélogramme (un parallélogramme présente quatre côtés égaux et des angles obliques).

Rhombododécaédrique Décrit les cristaux présentant douze côtés égaux et des angles obliques.

Rhomboédrique Voir Rhombique

Scalénoédrique Décrit les cristaux présentant douze faces, chacune présentant trois côtés inégaux.

Sphénoïde En forme de coin.

Stress géopathique Énergie émanant de la terre et nocive à la santé des hommes. Deux sources de cette énergie peuvent être la présence d'eaux souterraines en mouvement ou de radiations provenant des mâts de téléphonie mobile. Le stress géopathique est lié à une longue liste d'affections, allant des maux de tête au cancer.

Syndrome des jambes agitées Crampes dans les jambes interrompant le sommeil.

Tabulaire Décrit les cristaux larges et plats.

TDA Troubles déficitaires de l'attention.

TDAH Troubles déficitaires de l'attention avec hyperactivité.

Tétraèdre Décrit les cristaux présentant quatre faces.

Trapèze Quadrilatère présentant deux côtés parallèles.

Trapézoédrique Décrit les cristaux présentant des faces de forme trapézoïdale.

Vision à distance La faculté de voir des lieux et des événements à distance. Voir également : Voyage astral

Voyage astral La capacité de faire voyager une partie du corps astral/spirituel en dehors du corps physique - tout en y restant connecté.

Index

accident, prévention 137
achroïte 89
actinolite 46
activité, favoriser l' 137
adamite 51
addictions 107, 125, 132
affections physiques 8-9, 106-123
agate 65
   arbre 53
   dentelle 98
   dentelle bleue 26, 70
   du Brésil 98
   feu 61
   grise à bandes 96
   mousse verte 55
   noire 90
   noire à bandes 90
   rose à bandes 57
   turritelle 98
agression 125
aigue-marine 70
aimant naturel 92
ajoïte 50
alexandrite 47
almandine 37
amazonite 50
ambition 137
ambre 42
âme sœur, trouver 136
améthyste 18, 26, 29, 35
amétrine 78
amitié 138, 139
amour 31, 125, 127, 128, 131, 133, 136
ancêtres, connexion aux 135
ancrage 127, 132
angélite 70
anges 134
anges gardiens 134
anhydrite 80
animaux 28, 136, 137
animaux nuisibles 29
annales akashiques 134
anxiété 125, 133
anyolite 54
apaisant 21, 110, 127, 132
apathie 125, 129
apatite 41
apophylite 80
appétit de vivre 133, 139
appréciation 137
appréhension 125, 126, 127, 130
apprentissage/études 29, 130, 138
aqua aura 75
aragonite 98-99
argent 97
arrêter de fumer 139
attachement 130
aura 134
aventurine 48

azeztulite 80
azurite 70-71

baryte 80-81
beauté 31, 133, 137
béryl 55
bien-être 10, 104, 106, 123, 127, 129, 139
bixbyite 90
blende zonée 31, 43
bois pétrifié 102
bornite 61
bowénite 53
brazilianite 51
bronzite 99

calcédoine 65
   bleue 71
calcite 69
   blanche 81
   bleue 71
   cobaltocalcite 57
   dorée 41
   manganocalcite 57
   noire 90
   orange 39
   rouge 36
   verte 51
capacités de négociation 138
cassitérite 91
cavansite 71
célestine 72
centrage 9, 21, 125, 134-135
cérémonie 135
cérusite 29, 81
cerveau
   troubles du 109, 112, 116, 122
   équilibre des hémisphères droit/gauche 137
chagrin 125, 127, 132, 133
chakras 24-27, 135
chalcanthite 72
chalcopyrite 63
chance 138
changement 137
charoïte 78
chiastolite 99
chlorïte 47
choc 127, 130, 131, 132, 133
chrysobéryl 42
chrysocolle 29, 50
chrysoprase 54
cinabre 36
citrine 18, 26, 30, 41
cleavelandite 81
clinochlore 48
colère/ressentiment 125
communication 31, 127, 137
confiance 125, 128

contentement 29
corail 82
cornaline 26, 39
courage 126
covellite 72
créativité 138
crise 126
cristaux 6
   bienfaits 10
   élixirs de 23
   énergie 8, 12, 16, 22, 29
   grilles de 31
   nettoyage 16-17
   position 27
   préparation de votre espace 18-19
   présentation 28-29
   programmation 19
   propriétés curatives 7, 8-9, 10, 27, 106
   sélection 12-14
   travailler avec 10, 18, 19, 20-31, 106
cristaux arc-en-ciel 61-64
cristaux blancs 80-89
cristaux bleus 70-77
cristaux bruns 98-103
cristaux gris 96-97
cristaux jaunes 41-44
cristaux multicolores 65-69
cristaux noirs 90-95
cristaux orange 39-40
cristaux transparents 80-89
cristaux rouges 36-38
cristaux roses 57-60
cristaux verts 45-56
cristaux violets 78-79
crocoïte 30, 40
cuivre 42
culpabilité 128
cynisme 126

danburite 82
décision, prise de 128, 138
dépression 126, 127, 128-129
désespoir 126
désir 138
détresse 126
développement spirituel 9, 136
dévotion 135
diamant 82-83
   herkimer 84
Dieu, connexion à 135
dioptaze 52
disputes 29, 30, 31, 125, 127, 128
divorce 30, 138
dolomite 83
dyslexie/ acalculie 111, 125

eau, adoucir 30

échelle de Mohs 6
effets piézoélectriques 7
effets pyroélectriques 7
elbaïte 60
élixirs de cristaux 23
émeraude 52
émotions, libération des 9, 13
émotions, problèmes 126, 128, 130, 132
empathie 127
endurance 112, 121, 126, 127, 128
énergie
   des chakras 24, 26
   des cristaux 8, 12, 16, 22, 31
   équilibre de 29, 104-105, 106
   problèmes de 112, 123, 127, 127
enthousiasme 128, 129, 130, 132, 139
épanouissement de la qualité de vie 10, 137-139
épanouissement spirituel 134-136
épidote 45
équilibre
   des chakras 24
   des énergies 29, 104-105, 106
   problèmes de 108
   spirituel 136
érythrite 57
esprit, clarté/concentration 9, 21, 125, 128, 129, 131, 133

esprit d'équipe 30, 139
esprit d'initiative 138
eudialyte 58
excentricité 126
excitation 125
expression 127, 137

faiblesse 127, 128, 139
féminité 127, 132
fer de tigre 64
fin de cycle 30, 127
flot 138
fluorite 68
   arc-en-ciel 63
   bleue 73
   jaune 43
   pourpre 78
   transparente 83
   verte 29, 55
force 139
frustration 127, 132
fuchsite 48
fulgurite 100

galène 96
géode 17, 28
gérer les enfants 31, 137

gestion du temps 139
goéthite 91
goshénite 83
grenat 36-37
grès 103
grossularite 54
guérison à distance 135
gypse 69

haine/hostilité 125, 128, 130, 131, 133
halite 39
héliodore 43
hématite 96
hémimorphite 73
herdérite 83
hessonite 100
hiddénite 56
howlite 84
humour 138
idocrase 48
illusion 128
immaturité 128
impatience 128
inadaptation 128
indicolite 77
insomnie 115, 131
inspiration 138
iolite 73

jade 45
jadéite 45
jais 91
jalousie/envie 128
jaspe 66
　dalmatien 82
　jaune 43
　orbiculaire 49
　paysage 100
　rouge 26, 36
　zébré 95

karma 136
kunzite 30, 58
kyanite 74

labradorite 62
lapis-lazuli 26, 74
larimar 74
larkavite 91
larme d'Apache 93
lépidolite 79
lieu de travail 29, 30, 31
linga 100
magnésite 84
magnétite 92
maison, cristaux dans la 28, 29, 30
maison, vente/déménagement 30, 138
malachite 26, 49, 71
maladie
　prévention 118
　convalescence 30, 139
mal du pays 128
manque de contrôle 125, 131
manque de tact 133

marbre Picasso 94
marcassite 97
masculinité 129, 132
méditation 21-22
meilleurs aspects de la personnalité 137
mélanite 30, 92
mémoire 107, 131
méridiens/nadis 24
merlinite 92
météorite 101
moi intérieur 126, 128, 131, 132, 136
moi supérieur 136
moldavite 56
mookaïte 37
morganite 58
mort/fin de vie 30, 126
muscovite 101

nacre abalone 61
nebulastone 46
négativité 29, 30, 129
néphrite 49
nerfs 110, 117, 118, 120, 122, 127, 130
nettoyer vos cristaux 16-17
nettoyer/purifier 30, 106, 121, 136
nouveaux challenges 137
nouveaux départs 138-139

objectifs / idéaux 30, 137
obsession 130
obsidienne 93
　acajou 101
　arc-en-ciel 62
　flocons de neige 94
　noire 93
　satinée 93
œil-d'aigle 76
œil-de-faucon 38
œil-de-tigre 44
　rouge 38
okénite 85
onyx 29, 66
opale 62
　bleue 73
　boulder 62-63
　commune 29, 85
　feu 63
　jaune 43
　noire 94
　rose 58
　verte 50
　or 42-43

paix/harmonie 31
pardon 127
paresse/léthargie 128
pendule, choisir/utiliser 14-15
péridot 18, 55
perle 85
personnalité 126, 128, 129, 130, 131, 132, 133
pessimisme 130
perte 127, 128, 138

pétalite 86
peur 126, 127, 130
phénacite 86
pierre de lune 29, 84-85
pierre de sang 47
pierre de soleil 40
pierres de Boji 99
pieterstite 74
plaisir 132, 138
plantes 28, 31
pointe de cristal, technique 27
poisons 113, 119, 126
prasiolite 56
préhnite 30, 52
préjugés 130-131
préparation de l'espace de travail 18-19
problèmes environnementaux 138
problèmes sexuels 113, 114, 120, 123, 125, 132
propriétés curatives 7, 8-9, 10, 26, 106
pureté 136
pyrite 97
pyrolusite 94
pyromorphite 51

quartz 18, 27, 29, 30, 34
　aura d'ange 87
　bleu 75
　de métamorphose 86
　d'esprit 31, 79
　fantôme 87
　fraise 59
　fumé 102
　neige 87
　rose 18, 31, 59
　rutile 87
　tibétain 86
　titane 64
　tourmaliné 88

relations 29, 30, 31, 125, 127, 130, 131, 136, 138, 139
responsabilités 125
revitalisant 123, 139
rhodocrosite 59
rhodolite 59
rhodonite 60
rhyolite 68
　léopard 63
　de la forêt tropicale 47
richesse 137
rubis 38
rutile 102
sagesse 136
santé mentale 9, 129, 131, 133
saphir 75
sardonyx 64
scapolite 88
sautes d'humeur 127, 128, 129
schorl 95
sélénite 88
sentiments 127, 128, 133
septaria 103

serpentine 46
se sentir déprimé 127
solitude 128
shattuckite 76
silex 96
smithsonite 60
sociabilité 139
sodalite 76
soufre 30, 44
spath d'Islande 81
spessartine 39
sphalérite 95
sphène 31, 46
spinelle 37
sportifs/athlètes 112, 121, 139
staurolite 103
stibnite 97
stilbite 88
stress 105, 120, 121, 127, 130, 131, 132, 133
sugilite 79
suspicion 133
surmenage 127

tanzanite 76
tektite 95
tension 122, 130
thulite 60
timidité 132
topaze 89
　bleue 77
　impériale 44
tourmaline 67
　pastèque 64
troubles du comportement 125, 126, 133
troubles menstruels 116, 118, 131
tsilasite 44
turquoise 77
ulexite 89
unakite 49
uvarovite 52

vanadinite 40
variscite 53
verdélite 56
vérité, exprimer la 139
vertu 136
vieillissement 9, 116, 118, 123, 125, 131
vies antérieures, accès aux 136
vivre le moment présent 138
voisinage bruyant 139
voyage 139
　problèmes liés au 107, 112, 115, 120, 123, 133

wavellite 53
wulfénite 40

zéolite 30, 89
zincite 18, 69
zircon 38
zoïsite 5

REMERCIEMENTS

Je souhaiterais remercier mon épouse, Lyn Palmer, pour son amour et son soutien inconditionnel ; les membres de mon personnel à iSiS Crystals, et tous à Cico Books : Liz, Kesta, Jerry, Sally, Nick et Cindy en particulier pour son bon sens appliqué à la publication de ce livre ; ainsi que les personnes qui m'apportèrent l'inspiration d'écrire - mon père Cyril, Cassandra Eason, Melody, l'ensemble de mes clients et élèves, ainsi qu'Ian, qui en connaîtra la raison.

Mes sincères remerciements à tous les autres auteurs ayant traité du thème des cristaux, dont j'ai lu ou non les ouvrages, et à toutes les personnes inspirées pour se guérir elles-mêmes ou guérir autrui avec l'aide de ce livre.

Vous pouvez contacter Philip Permutt à thecrystalhealer@isis-crystals.com et via son site internet www.thecrystalhealer.co.uk